W0181368

Britten **Keine Angst vor der Angst!**

Rhonda Britten

KEINE ANGST
VOR DER ANGST!
Das Fearless-Living-Programm

Aus dem Amerikanischen von Ursula Bischoff

ARISTON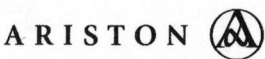

Die Originalausgabe erschien 2001 unter dem Titel *Fearless Living*
bei Dutton / Penguin Putnam Inc., New York / USA.

Fearless Living™ ist ein eingetragenes Warenzeichen von
Rhonda Britten.

Die Deutsche Bibliothek – CIP-Einheitsaufnahme
Britten, Rhonda:
Keine Angst vor der Angst : das Fearless-living-Programm / Rhonda
Britten. Aus dem Amerikan. von Ursula Bischoff. – Kreuzlingen ;
München : Hugendubel, 2002
    (Ariston)
    ISBN 3-7205-2300-4

Umschlaggestaltung: Zembsch' Werkstatt, München
Redaktion: Barbara Imgrund
Produktion: Maximiliane Seidl
Satz: EDV-Fotosatz Huber/Verlagsservice G. Pfeifer, Germering
Druck: GGP Media, Pößneck
Printed in Germany

ISBN 3-7205-2300-4

Inhalt

Meiner Mutter war es nicht sehr lange vergönnt, ihre neu gewonnene Freiheit zu genießen. Doch sie befähigte mich durch ihr Beispiel dazu, dort anzuknüpfen, wo der Faden gerissen war.
Diese Arbeit ist mein Geschenk an sie.

Danke, dass du mir den Mut gegeben hast, ohne Angst zu leben.
Ich liebe dich, Mom

Vorwort

Wenn Ihnen die Möglichkeit eines Fehlschlags zu bedrohlich erscheint, um etwas zu wagen, das Sie ans Ziel Ihrer Wünsche bringen könnte ... Wenn Sie sich nicht überwinden können, einem anderen Menschen Ihre Gefühle zu offenbaren ... Wenn Sie sich an den Status quo klammern, um das Boot ja nicht zum Schaukeln zu bringen, statt Ihr Leben zu verbessern ... Wenn Sie sich von anderen einschüchtern lassen, ohne sich Ihrer Haut zu wehren ... Wenn Sie aus Angst, nicht liebenswert zu sein, an einer zerrütteten Beziehung festhalten ... Wenn Sie aus Angst, verletzt zu werden, keinem Menschen mehr vertrauen ... Wenn Sie aus Angst vor Kritik schweigen, statt den Mund aufzumachen ... Wenn Sie aus Angst, die Zuneigung Ihrer Kinder zu verlieren, die eigenen Bedürfnisse ständig hintanstellen ... Wenn Sie aus Angst, einer Herausforderung nicht gewachsen zu sein, im alten Trott verharren, statt einen neuen Kurs einzuschlagen ... dann bietet Ihnen dieses Buch das Rüstzeug, um Ihr Leben grundlegend zu verändern.

Sie stehen mit Ihren Ängsten nicht allein da. Im Zuge meiner Tätigkeit als Referentin und Lebens- und Karriereberaterin habe ich entdeckt, dass die meisten Menschen insgeheim unter lähmenden Ängsten leiden, die sie oft hinter der Fassade scheinbarer Selbstsicherheit verbergen. Diese Dämonen in unserem Innern haben die Neigung, uns ständig Einwände ins Ohr zu flüstern, die unseren Argwohn oder Zweifel an allem wecken, was den Status quo bedrohen könnte: Ist das wirklich ratsam? Bist du schon bereit für einen Schritt von solcher Tragweite? Wäre es nicht besser, noch eine zweite Meinung einzuholen? Bist du sicher, dass dieses Vorhaben nicht eine Nummer zu groß für dich ist? Was werden die Leute sagen?

Solche bedrohlichen Botschaften dienen, ob bewusst oder unbewusst, letztlich als logische Begründung für die Entscheidung, auf eine Chance zu verzichten, »weil es besser für mich ist«. Das gilt gleichwohl nicht für Menschen mit pathologischen emotionalen Störungen wie Depressionen und Angstattacken, die professioneller Hilfe bedürfen. Um Missverständnissen vorzubeugen: Ich rede nicht einer draufgängerischen Tollkühnheit oder einem klassischen Heldentum das Wort. Ich rede vom allgemeinen Hang des Menschen, Entschuldigungen zu finden und die Angst zu leugnen, die uns lähmt und daran hindert, ein Risiko einzugehen. Von jenen unterschwelligen, nagenden Befürchtungen, die zur Folge haben, dass unser Leben in vielen Aspekten vom »Rad der Angst« beherrscht wird, einem Teufelskreis, in dem wir uns unablässig drehen.

Sogar scheinbar geringfügige Begebenheiten und Erfahrungen auf unserem Lebensweg können zu diesen Ängsten beitragen. Wenn Sie im Alter von fünf Jahren Ihre Mutter im Supermarkt verloren haben, wurde dadurch unter Umständen die Angst vor dem Verlassenwerden geschürt, die Sie zeitlebens verfolgt. Die grausamen Worte eines kleinen Tyrannen haben möglicherweise schon in frühester Kindheit den Grundstein für die Angst gelegt, nicht besonders intelligent zu sein. Der Trainer der Fußballmannschaft, in der Sie als kleiner Junge gespielt haben, kann der Auslöser für das mangelnde Selbstwertgefühl sein, unter dem Sie heute noch leiden. *Fearless Living* ist ein Programm, das Ihnen ermöglicht, solche Ängste zu erkennen und zu bezwingen. Das heißt nicht, dass Sie nie wieder Angst haben werden, sondern dass Sie vielmehr wissen, mit welchen Strategien Sie Ihre Angst überwinden und die Häufigkeit ihres Auftretens reduzieren.

Was extreme traumatische Erlebnisse betrifft, so bin ich das beste Beispiel, dass auch diese verarbeitet und in eine positive Kraft umgewandelt werden können. Bevor ich als Gast in der Talkshow von Oprah Winfrey auftrat, wo ich das schreckliche Geheimnis schließlich doch noch preisgab, über das ich in der Einleitung sprechen werde, hatte ich bereits mit den verschiedensten Mitteln versucht, meine eigene problematische Vergangenheit zu bewältigen. Alkoholabhängigkeit, Nervenzusammenbrüche und mehrere Selbstmordversuche stellten gescheiterte Bemühungen dar, meine Ängste in den Griff zu bekommen. Dann entwickelte ich mein Fearless-Living-Programm – und siehe da, meine selbstzerstörerischen Verhaltensmuster verblassten nach und nach, bis sie nur noch eine Erinnerung waren. Wenn ich heute mein Leben betrachte, versetzt mich der Wandel, der damit einherging, immer wieder aufs Neue in Erstaunen. Ich habe wunderbare Freundschaften, intakte Familienbeziehungen, ein erkleckliches Einkommen, ein gemütliches Zuhause und kreative Erfüllung in meiner Tätigkeit als Referentin und als Autorin gefunden. Am wichtigsten finde ich jedoch, dass mein Gefühl mir selbst gegenüber intakt ist und dass ich Selbstvertrauen, innere Kraft und klare Ziele habe. Mit anderen Worten: Ich bin frei und habe gelernt, mein Leben so zu gestalten, wir ich es mir vorstelle.

Ich habe dieses Buch geschrieben, um Ihnen mit meinem Fearless-Living-Programm zu helfen, Ängste zu bezwingen, die Sie daran hindern, ein rundum erfülltes Leben zu führen. Dieses Selbsthilfeprogramm hat bereits das Leben zahlreicher Menschen grundlegend verändert. Statt grauer Theorie bietet es praktische Anleitungen, die Sie befähigen, bedrohliche Situationen zu meistern, mit denen Sie im wirklichen Leben konfrontiert sind. Im ersten Teil des Buches werden Sie erfahren, wie Ängste sich auswirken, manifestieren und festsetzen. Im zweiten Teil werden Sie die Macht eingeschliffener Aktions- und Verhaltensmuster entdecken, die Angst schüren oder Ihnen helfen, Sie zu überwinden.

Es gibt keinen »richtigen« Zeitpunkt, um mit einem angstfreien Leben zu beginnen. An welcher Stelle Ihres Weges Sie sich auch befinden, es ist immer der richtige Ausgangspunkt. Begleiten Sie mich auf eine Reise, die Ihr Leben von Grund auf verändern wird.

Willkommen in einer Welt, in der Sie angstfrei leben werden.

Rhonda Britten
Juni 2000

Angst ist zerstörerisch.
Sie zerstört Hoffnungen.
Sie zerstört Träume.
Sie zerstört Karrieren.
Sie zerstört Beziehungen.
Sie zerstörte das Leben meiner Eltern in
Sekundenbruchteilen.
Sie zerstörte beinahe auch mein Leben.

Zerstört sie Ihr Leben?

Einführung: Meine Geschichte

Es war ein kalter Junimorgen, und der Regen prasselte unaufhörlich gegen die Fensterscheiben meines Kinderzimmers im Norden Michigans. Ich kroch tiefer unter die tröstliche Wärme der Bettdecke und wünschte mir, ich könnte dem entgehen, was mir an diesem Tag, dem Vatertag, bevorstand. Wir schrieben das Jahr 1975; ich war vierzehn Jahre alt. In der Kleinstadt, in der wir lebten, gingen die Familien am Vatertag gemeinsam zum Essen; damals galt der Brunch als das Nonplusultra der gehobenen Küche in den Restaurants, die es in unserer Gegend gab. Ich freute mich auf die Salatbar und leckere Roastbeef-Scheiben, aber vor der Gemeinsamkeit graute mir. Meine Eltern lebten seit fast einem Jahr getrennt. Die obligatorische Zusammenkunft mit meinem Vater würde eine nervliche Zerreißprobe und alles andere als vergnüglich sein.

Ich fragte mich, ob sich meine beiden Schwestern und meine Mutter wohl genauso unbehaglich bei dem Gedanken daran fühlten wie ich. Was soll's, sagte ich mir, es wird schon nicht so schlimm werden. Wir treffen uns schließlich in aller Öffentlichkeit mit ihm. Jeder wird der Höflichkeit Genüge tun und sich von seiner besten Seite zeigen. Trotz allem, was sich hinter verschlossenen Türen zwischen meinen Eltern abgespielt hatte, hatten sie es immer verstanden, den Schein zu wahren. Ihnen lag zu viel daran, was die Nachbarn denken könnten.

Beruhigt schlug ich die Bettdecke zurück, stand auf und beschloss, das neue weiße Baumwollkleid anzuziehen, das meine Mutter gerade erst für mich genäht hatte. Als gelernte Schneiderin legte sie viel Wert darauf, ihre Töchter selbst einzukleiden. Mir gefiel alles, was sie für mich gemacht hatte, aber dieses Kleid war eines meiner liebsten. Sie hatte mir ein weißes Halstuch mit schwarzen Punkten dazu genäht, ein Accessoire, das mir das Gefühl gab, sehr erwachsen und kultiviert zu sein. Ich trug es als sichtbaren Beweis ihrer Liebe. Meine Liebe zu ihr war so groß, dass es beinahe schmerzte. Ich habe ein Foto von uns beiden – nur von uns beiden –, das war kurz vor der Geburt meiner jüngeren Schwester Linda. Ich saß rittlings auf ihrer Hüfte. Mein Kopf lehnte an ihrer Schulter. Auf die Rückseite hatte sie geschrieben: »Als du das Baby im Haus warst, Rhonda.« Das Bild und die Botschaft gaben mir Kraft und das Gefühl, etwas Besonderes zu sein. Ich betrachtete das Foto und las die Worte, immer wenn mir die Fährnisse des Teenagerlebens schlimm zusetzten.

An diesem Sonntagmorgen war ich früh angezogen, und während meine Schwestern noch um das Bad kämpften, ging ich am Schlafzimmer meiner Mutter vorbei. Sie erspähte mich durch die offene Tür.

»Siehst du hübsch aus!«, rief sie fröhlich. »Komm mal her. Ich möchte dir etwas zeigen.«

Mein Herz klopfte. Als mittlere von drei Schwestern war mir jede Minute lieb und teuer, die ich mit meiner Mutter allein verbringen durfte. Sie stellte ihre allgegenwärtige Kaffeetasse ab, nachdem sie einen Schluck getrunken hatte, und schminkte sich fertig. Ich hockte mich behutsam auf die Bettkante, um die Tagesdecke nicht in Unordnung zu bringen, und sah zu, wie sie blauen Lidschatten auftrug und Rouge auf die Wangen tupfte. Auch ohne kosmetische Unterstützung war sie eine Schönheit. Ich wollte einmal genauso werden wie sie.

»Wie ist dein neuer Freund?«, fragte sie, nachdem sie sich die Lippen geschminkt und mit Parfum besprüht hatte. Ein Gespräch unter Freundinnen. Ich liebte diese Augenblicke, in denen wir uns so vertraut und nahe waren. »Ganz in Ordnung«, kicherte ich. »Bis jetzt, jedenfalls. Und wie läuft`s mit Bill?«

Ihre Augen leuchteten auf. Bill war der erste Versuch meiner Mutter, eine neue Liebe zu finden, und meine Schwestern und ich drückten ihr die Daumen. Er war ein großer Mann mit einem entsprechend großen Herzen. Seit sie ihn kannte, lächelte meine Mutter viel häufiger.

»Schau mal, das wollte ich dir zeigen«, sagte sie. Sie wischte sich die Hände ab, holte ein blau-rot gestreiftes Polohemd aus dem Korb, der neben ihr stand, und hielt es hoch.

»Das habe ich Bill zum Geburtstag genäht. Glaubst du, dass es ihm gefällt?«

»Und ob! Es ist toll!« Ich hatte das Gefühl, meine Mutter sei gleichzeitig meine allerbeste Freundin.

Es läutete an der Tür, und der kostbare Augenblick mit meiner Mutter war zu Ende. »Das ist dein Vater.« In fieberhafter Eile faltete sie das Polohemd zusammen und versteckte es unter dem Bett. Keine von uns beiden wollte etwas im Zimmer hinterlassen, das auf Bills Existenz hindeutete. Mein Vater war trotz der Scheidung unfähig, meine Mutter loszulassen, und rasend eifersüchtig auf Bill.

»Sei so nett und mach ihm die Tür auf. Ich komme gleich.« Ihre Miene drückte aus, was ungesagt blieb: Sei nett, lächle, umarme deinen Vater zur Begrüßung und behalte unser kleines Geheimnis für dich.

Ich stand auf. Zögernd ging ich zur Tür und tat wie geheißen. Mein Vater hatte mich eine Woche vor dem Vatertag angerufen, obwohl ich seit Monaten kein Wort mehr mit ihm gewechselt hatte, und mich gebeten, bei ihm zu leben. Ich hatte mich irgendwie aus der Affäre gezogen. Warum ausgerechnet ich? Sein Liebling war Linda, meine jüngere Schwester. Einmal, als ich ihn aus irgendeinem Grund verärgert hatte, war er mir nachgerannt, hatte mich gepackt und gewürgt. Meine Schreie hatten Linda herbeigerufen. Ihretwegen hatte er mich losgelassen. Und jetzt wollte er, dass ich bei ihm lebte, nicht Linda. Er sagte, eines Tages würde ich ihm dankbar sein. Für den Schmerz, den er mir zufügte? Glaubte er, dadurch einen besseren Menschen aus mir zu machen?

Ich öffnete die Haustür. Der Regen hatte nachgelassen. Mein Vater stand auf der Vortreppe, ein wenig nass, aber gut aussehend und völlig normal – genau wie in der Zeit, als ich ein kleines Mädchen gewesen war. Keinerlei Anzeichen von Wut und Jähzorn, an die ich mich bei ihm gewöhnt hatte. Erleichtert umarmte ich ihn, bevor ich ihn hereinbat.

Als er eintrat, kam meine Mutter die Treppe herunter, schlüpfte in ihren Regenmantel und murmelte, sie wolle schnell ihren Wagen anlassen. Ihr gelber Buick Apollo Baujahr 1973 war das strahlende Symbol ihrer neu gewonnenen Freiheit. Meinen Vater nach fast zwei Jahrzehnten verbaler Misshandlungen zu verlassen, hatte sich für sie als unglaublich befreiend erwiesen. Mom war auf einer Farm aufgewachsen und hatte nie etwas anderes getan, als Traktor zu fahren. Dass sie den Führerschein gemacht und den Apollo gekauft hatte, war daher für sie ein wichtiger Schritt auf dem Weg zur Unabhängigkeit gewesen. Ich sah ihr lächelnd nach, als sie mit dem Schlüssel in der Hand in den Regen hinauseilte.

Dann fiel mein Blick auf meinen Vater. Seine Augen folgten meiner Mutter, die auf dem Weg zum Auto um die Pfützen herumbalancierte. »Ich komme gleich wieder. Ich muss noch meinen Mantel aus dem Kofferraum holen«, sagte er abrupt.

Er trottete über den Rasen zu seinem Wagen hinüber, der nur ein paar Schritte neben dem meiner Mutter geparkt war. Ich öffnete den Mund, um meinen Schwestern zuzurufen, dass wir jetzt losfahren würden. Bevor ich einen Ton herausbringen konnte, sah ich, wie mein Vater etwas aus dem Kofferraum holte: Aber es war nicht sein Mantel, sondern ein Gewehr.

Jede Sekunde, die verging, während ich von der Türschwelle bis zur Brüstung der Veranda rannte, hat sich seither unauslöschlich in mein Gedächtnis eingebrannt. Mein Atem stockte, mein Herzschlag stockte. Mein Vater brüllte meine Mutter an: »Du treibst mich dazu!« Seine Hand umschloss den Gewehrkolben, die Mündung war auf meine Mutter gerichtet.

»Daddy, nicht!«, schrie ich. »Dad, ich bleibe bei dir ... Dad, ich kümmere mich um dich!« O Gott, ich musste ihn aufhalten. Vielleicht verschluckte der Regen meine Worte. Vielleicht konnte er mich nicht hören. Vielleicht war es ihm auch egal.

Meine verzweifelten Schreie vermochten ihn nicht von seinem Entschluss abzubringen. Seine Finger umklammerten den Abzug, als er meine Mutter zwischen den beiden Autos in die Enge trieb. Ich flehte ihn an, hoffte inständig, ihn zu einem Sinneswandel bewegen zu können. Aber meine Stimme hatte keine Kraft. Warum hörte er mich nicht? Warum hörte Linda mich nicht? Sie war die Einzige, die ihn zur Vernunft bringen konnte. Wo war sie? Und wo war meine ältere Schwester Cindy?

Meine Mutter sagte mit rauer Stimme: »Nicht, Ron, tu das nicht. Tu das nicht!«

»Du treibst mich dazu«, entgegnete er. »Es ist alles deine Schuld. Du lässt mir keine andere Wahl. Wenn ich dich nicht haben kann, soll dich auch kein anderer haben. Niemand.«

Während er so tobte, blickte sie ihm unerschrocken in die Augen, bewies ihren Mut im Angesicht des Mannes, der sie so lange unterdrückt hatte. Instinktiv schlang sie die Arme um den Körper, in der vergeblichen Hoffnung, das Unheil damit abzuwenden. Ich war wie gelähmt, aber in meinem Kopf spielte ich fieberhaft ein Szenario nach dem anderen durch. Ich musste sie retten. Ich musste loslaufen und mich zwischen sie und das Gewehr stellen. Ich musste irgendetwas tun, um ihn abzulenken, vielleicht mit einem Stuhl nach ihm werfen oder auf die Mülltonne aus Blech hämmern, damit sie weglaufen konnte. Aber ich war zur Salzsäule erstarrt.

Der Schuss riss ein Loch in mein Leben. Alles schien plötzlich im Zeitlupentempo abzulaufen, als könnte ich die Hand ausstrecken und die Kugel im Flug aufhalten. Das Bild meiner Mutter, bevor und nachdem die Kugel sie in den Bauch traf, ist mir am deutlichsten in Erinnerung geblieben. Sie war so schön, voller Angst und ganz allein. Als die Kugel sie traf, kippte sie leicht nach vorn, ihr Körper war gekrümmt. Sie griff sich an den Bauch, als sei ihr übel. Ich erinnere mich an ihr schmerzverzerrtes Gesicht, immer noch Auge in Auge mit ihrem Mörder. Sie flehte ihn stumm an aufzuhören. Ich denke, für den Bruchteil einer Sekunde konnte mein Vater nicht fassen, was er angerichtet hatte. Ich weiß, dass ich gellend geschrien habe, aber alles, woran ich mich erinnere, ist gespenstische Stille und ein Gefühl wie unter einer Glocke.

Das Klicken des Hahns, der erneut gespannt wurde, durchbrach die Stille. Der Blick meines Vaters und das Gewehr richteten sich plötzlich auf mich. Ich war sicher, dass es nun an mir war zu sterben. Aber das Gewehr schwang herum, kehrte zu meiner Mutter zurück. Als die zweite Kugel sie traf, fiel sie nach hinten, durch die geöffnete Tür in ihr heiß geliebtes Auto. Die Kugel durchschlug ihren Körper und blieb im Lenkrad stecken. Das Plärren der Hupe schreckte die Nachbarn aus der Beschaulichkeit auf, die an einem Sonntagmorgen in einer Kleinstadt herrscht. Bis zum heutigen Tag bringt mich das Geräusch einer Autohupe schier um den Verstand, und ich muss meine gesamte innere Kraft aufbieten, um mich von der Angst zu befreien.

Die Hupe ertönte noch immer, als mein Vater auf mich zulief. Vom Regen durchweicht, sank er auf die Knie, direkt vor meine Füße, das Gewehr aufrecht neben ihm. Er legte die Schläfe an den Lauf und drückte ab. Seine Bewegungen waren flüssig, als habe er diesen Schlussakt bis ins Kleinste geplant und geprobt. Das Krachen des Schusses in unmittelbarer Nähe war ohrenbetäubend. Blut spritzte auf mein weißes Kleid, das letzte Geschenk meiner Mutter. Sein Körper brach neben mir zusammen.

Dann herrschte lautlose Stille, bis auf meine eigenen keuchenden Atemzüge; sie machten mir bewusst, dass es kein Albtraum, sondern Wirklichkeit war. Ich begann am ganzen Körper zu zittern. Und in ebenjenem Augenblick wurde die übermächtige Angst geboren, dass ich es nicht verdiente, am Leben zu sein. Wieso war ich verschont geblieben? Schließlich hatte mein Vater ja bewiesen, dass es sich nicht lohnte, meinetwegen zu leben. Ich war ihm offenbar nicht einmal eine Kugel wert gewesen. Und ich, der einzige Zeuge auf dem Schauplatz, hatte meine Mutter nicht retten können, hatte versagt. Was sollte ich noch auf dieser Welt?

Ich drehte mich um und rannte ins Haus, in das Allerheiligste meiner Mutter, in ihr Schlafzimmer, wo ich mich noch vor ein paar Minuten sicher und auserwählt gefühlt hatte, weil sie mir ein Geheimnis anvertraute. Ich sank auf die Knie und faltete meine Hände auf der Tagesdecke. Der Duft ihres Parfums lag noch in der Luft. Ich betete mit aller Inbrunst, zu der ich fähig war: »Bitte, lieber Gott, lass sie nicht tot sein!« Aber da wusste ich im Grunde schon, dass ich sie verloren hatte.

Die Schreckensnachricht verbreitete sich in Windeseile in unserer Kleinstadt. Vorkehrungen wurden getroffen, und binnen weniger Stunden waren wir im Haus meiner Tante untergebracht. Ich erfuhr später, dass ich völlig hysterisch gewesen war und dann verstummte. Ich nehme an, dass ich das blutverschmierte Kleid ausgezogen habe. Ich weiß nicht mehr im Einzelnen, was in den Stunden geschah, nachdem ich im Schlafzimmer meiner Mutter gebetet hatte. Ich erinnere mich, dass ich meinen Freund anrief und ihm hastig erzählte, was passiert war, aber die Zeit danach ist wie ausgelöscht. Meine Tante hatte Cindy davon überzeugt, dass es besser sei, mir ein Beruhigungsmittel zu geben. Ich nahm die Tablette, mehr ihretwegen als meinetwegen. Ich weigerte mich, auch nur einen Bissen zu mir zu nehmen. Diese Leute, meine Verwandten, meinten, Essen wäre ein Allheilmittel.

Sie hatten keine Ahnung. Ich hatte versagt, hatte sie nicht retten können. Ich verdiente keine Fürsorge. Jedes Mal, wenn ich die Ereignisse vor meinem inneren Auge Revue passieren ließ, klagten sie mich noch unerbittlicher an. Benebelt von Medikamenten und Selbsthass, redete ich mir immer wieder ein, ich hätte meinen Vater daran hindern müssen, meine Mutter zu töten. Ich hätte mich vor den Lauf des Gewehres werfen müssen. Ich hätte überzeugender argumentieren müssen. Zumindest aber hätte ich danach zum Auto laufen müssen, wo sie über dem Lenkrad zusammengesunken war. Vielleicht war sie noch nicht tot und hatte gehofft, mich noch einmal zu sehen. Vielleicht wäre sie am Leben geblieben, wenn ich schnell genug bei ihr gewesen wäre. Aber ich hatte mich nicht vom Fleck gerührt, hatte sie dort liegen lassen. Rückblickend weiß ich, dass die Angst, die sich in den innersten Kern meines Seins brannte, nicht zuletzt in dem furchtbaren Gedanken bestand, andere könnten mich ebenfalls für das Geschehen verantwortlich machen. Vielleicht würden sie für das, was mein Vater getan hatte, mit dem Finger auf *mich* zeigen. Schließlich hatte er mir einmal vorgehalten, es sei meine Schuld, dass meine Mutter ihn verlassen hatte. Ich wusste nicht, was er damit meinte, aber befürchtete trotzdem, dass er Recht haben könnte.

Am selben Abend ging ich, wie jeden Sonntag, ins Eisstadion. Ich klammerte mich an diese Gewohnheit aus meinem alten

Leben, die ich lieb gewonnen hatte. Zum Schlittschuhlaufen kam ich indes kaum. Im Stadion musste ich mich um meine Freundinnen kümmern. Sie hatten gehört, was geschehen war, und wussten nicht, wie sie damit umgehen sollten. Zuerst waren sie verlegen und mieden meinen Blick – ein Verhaltensmuster, das mir in den kommenden Monaten und Jahren nur allzu vertraut werden sollte. In einer Welt, in der es kaum noch etwas gab, was man nicht offen ansprechen konnte, erwies sich ein Mord mit anschließendem Selbstmord als eines der letzten Tabuthemen, jedenfalls wenn es die Eltern der einzigen Augenzeugin betraf.

Schließlich reagierte meine Freundin Julie. Sie umarmte mich, weinte an meiner Schulter. Ich war froh, dass sie wenigstens weinte. Meine Angst arbeitete bereits auf Hochtouren, hielt mich davon ab, meine wahren Gefühle zu zeigen. Ich hielt Julie umschlungen, während sie ihrem Kummer und ihrem Zorn Luft machte und ich mit meinen Empfindungen hinter dem Berg hielt. Ich hatte Angst, dass ich nie wieder aufhören würde zu weinen, wenn ich einmal damit anfing. Ich hatte Angst vor mir selbst. Hatte Angst, menschliche Schwäche zu offenbaren. Die Folgen wären unvorstellbar und unerträglich gewesen.

Am nächsten Tag ließ meine Schwester Cindy – die volljährig war und die Vormundschaft für uns übernommen hatte – Linda und mich in der Obhut unserer Tante zurück, während sie mit Sharon, der Freundin meiner Mutter, in unser Elternhaus zurückkehrte, um ein paar von unseren persönlichen Sachen zu holen. Cindy erzählte mir später, Sharon habe geweint, als sie die Lieblingstasse meiner Mutter auf dem Schminkkasten entdeckte, noch zur Hälfte mit längst erkaltetem Kaffee gefüllt. Die Tasse kam mir nie wieder unter die Augen. Ich wünschte, ich hätte sie noch einmal gesehen, aber ich durfte den Schauplatz des Verbrechens nicht mehr betreten. Alle dachten, sie müssten mir den Anblick ersparen. Sie meinten es gut mit mir, aber sie hatten nichts begriffen. Angesichts der Tragödie, die sich vor meinen Augen abgespielt hatte, war der Schaden längst angerichtet. Die Angst hatte Besitz von mir ergriffen und die heimlichen Ängste noch verstärkt, unter denen ich ohnehin schon litt, bis sie eine Eigendynamik entwickelten, die mein ganzes Denken und Handeln beherrschte. Gerade noch war ich ein junges Mädchen gewesen, geborgen in einem Kokon der mütterlichen Liebe, mit Träumen von einer verheißungsvollen Zukunft. Und plötzlich war ich nicht nur Vollwaise, sondern auch eine Versagerin, die den tragischen Tod der Eltern nicht verhindert hatte. Am liebsten hätte ich geschrien: »Ihr könnt mir nichts ersparen! Dafür ist es zu spät!« Aber die Angst schnürte mir die Kehle zu; kein Wort kam über meine Lippen. Nach einer Weile hatte sie mich so fest im Griff, dass ich sogar die Worte verdrängte. Ich wusste nur, dass ich sie nie, nie im Leben laut aussprechen durfte.

Der Montag ging wie im Nebel vorüber. Meine Schwestern haben mir erzählt, wir hätten die Särge ausgesucht. Ich muss es ihnen glauben. Am Dienstag fand die Trauerfeier in der Aussegnungshalle des Beerdigungsinstituts statt. Daran erinnere ich mich in allen Einzelheiten. Den ganzen Nachmittag geleitete ich, meinen Kugelschreiber in der Hand und ein Lächeln im Gesicht, die neu eingetroffenen Trauergäste zu den Kondolenzbüchern, eines für meinen Vater und eines für meine Mutter, und zeigte ihnen, wo noch Sitzplätze frei waren. Während sich meine Schwestern unter die Trauergäste mischten, spielte ich die formvollendete »Gastgeberin«. Ich erinnere mich, dass ich in der Zeit kaum eine Träne vergossen habe, sondern es als meine Pflicht ansah, mich um die Leute zu kümmern, die gekommen waren, um meiner Mutter, meinem Vater oder beiden das letzte Geleit zu geben. Dafür zu sorgen, dass dabei alles reibungslos über die Bühne ging, war das Mindeste, was ich tun konnte, wenn es mir schon nicht gelungen war, meine Eltern zu retten.

Nachdem die Mehrzahl der Trauergäste versammelt war, setzten meine Schwestern und ich uns auf die für die Familie reservierten Plätze in der Aussegnungshalle und nahmen gemeinsam die Beileidsbezeugungen entgegen. Als es an der Zeit war, uns von unseren Eltern zu verabschieden, bevor die Särge geschlossen wurden, zog der Bestatter einen roten Vorhang hinter uns zu, um uns von den übrigen Trauergästen abzuschirmen.

Ich sagte meinem Vater Lebewohl, und ich erinnere mich, wie verblüfft ich über das Bild war, das er bot: Nichts deutete darauf hin, dass er sich einen Teil des Kopfes weggeschossen hatte. Ich hätte nie im Traum gedacht, dass ich einmal ein Selbstgespräch über die künstlerischen Talente von Leichenbestattern führen würde, aber ich sagte mir, dass sie eine Auszeichnung verdienten.

Ich war emotional distanziert, als ich meinen Vater betrachtete, doch der Anblick meiner Mutter berührte mich umso tiefer. Das Bild hat sich in mein Gedächtnis eingebrannt. Ich versuchte, mir jede Einzelheit einzuprägen, hatte Angst, ich könnte etwas übersehen. Sie trug ihr Lieblingskleid, ein langes grünes mit weißen Punkten, das sie eigens für das erste Weihnachtsfest nach der Trennung von meinem Vater gekauft hatte. Mom hatte mehr Geld dafür ausgegeben, als sie sich gewöhnlich gestattete. Das Abendkleid war ein Geschenk an sie selbst gewesen, ein kleiner Akt der Freiheit in der kurzen Verschnaufpause, die ihr von einem Leben in Angst vergönnt war.

Ihre Haare und ihr Make-up waren perfekt. Meine Gedanken kehrten zu dem verhängnisvollen Sonntagmorgen zurück, der nur wenige Tage zurücklag, als ich auf dem Bett gesessen und ihr beim »Anmalen« zugesehen hatte, wie sie es nannte. Wie konnte es sein, dass sie nie wieder solche einfachen Freuden und alle übrigen Wunder des Lebens genießen durfte?

Der Leichenbestatter erschien wieder und riss mich aus meinen Gedanken. Er zog ihr den Verlobungs- und Ehering von den Fingern und gab sie Cindy. Ich sah nun, dass Cindy meiner Mutter ihren eigenen Schulring an den Finger gesteckt hatte. Und an ihrem Handgelenk befand sich einer von Lindas Lieblingsarmreifen. Grabbeigaben für die Reise ins Jenseits. Ich traute meinen Augen nicht. Niemand hatte mir etwas davon gesagt! Es war wie ein Schlag ins Gesicht, ich fühlte mich verraten und beschämt, weil ich nicht selbst daran gedacht hatte. Bestraften mich meine Schwester dafür, dass ich Mom nicht gerettet hatte? Dann riss ich mich zusammen. In diesem Moment ging es um meine Mutter, nicht um mich. Mein Schmerz musste warten. Die Situation erforderte umgehendes Handeln. Ich wusste, ich würde es mir nie verzeihen, wenn meine Mutter ohne ein Symbol meiner Liebe begraben würde. Was konnte ich ihr geben? Die Antwort lag buchstäblich auf der Hand. Mein Freund hatte mir zwei Wochen vorher einen Freundschaftsring geschenkt, eine in Silber gefasste Perle. Ich hatte mir diesen Ring schon seit langem sehnlichst gewünscht; er war das Kostbarste, was ich besaß. Ich nahm den Ring ab und streifte ihn über Moms kleinen Finger. Eine Notlösung, aber besser als gar nichts. Ich war wütend, dass meine Schwestern mich ausgeschlossen hatten, aber ich wusste auch, dass ich meine Schuld- und Schamgefühle niemandem offenbaren konnte, niemals im Leben. Ich vergrub sie tief in meinem Innern, zusammen mit dem Gefühl der eigenen Wertlosigkeit.

Die Beisetzung fand an einem Mittwoch statt; es war der zwanzigste Hochzeitstag meiner Eltern. Ich bestand darauf, beim Begräbnis zu singen. Meine Mutter hatte meine Stimme immer als Gottesgabe bezeichnet. Sie war stolz gewesen, als ich im Chor der Oberstufe mitsingen durfte, obwohl ich erst in die siebte Klasse ging. Sie sorgte dafür, dass ich Gesangsunterricht erhielt, und war genauso aufgeregt wie ich, als meine Gesangslehrerin vorschlug, ich solle den Sommerkurs 1975 am renommierten Interlochen Arts Center unweit Traverse City in Michigan besuchen, um meine Stimme weiterzubilden. Zum ersten Mal würde ich weit weg von zu Hause sein – ein großer Schritt in Richtung jener beruflichen Laufbahn, die mir nach Meinung meiner Mutter vom Schicksal zugedacht war. Zu ihrem Gedenken zu singen war das Wenigste, was ich tun konnte.

Ich suchte mir ein Lied namens »Thank You« aus, das ich für beide singen wollte. »Danke« beim Begräbnis meines Vaters zu sagen entbehrte nicht eines gewissen Zynismus, der mir gleichwohl im Labyrinth des Verdrängungsprozesses entging. Ich war wirklich der festen Überzeugung, ich hätte meinem Vater verziehen. Ich vergoss trotzdem keine einzige Träne, als er um dreizehn Uhr beigesetzt wurde. Danach hatten wir eine knappe halbe Stunde Zeit, bevor um fünfzehn Uhr die Beerdigung meiner Mutter begann. Während der kurzen Pause erkannte ich, welches Lied ich für sie singen musste. Das Lieblingslied meiner Mutter war »I honestly love you« von Olivia Newton-John gewesen, ein Welthit. Ich hatte es zu Anfang des Jahres mit meiner Freundin Tammy bei einem Auftritt im Duett singen dürfen. Danach hatte meine Mutter mich immer, wenn wir Besuch hatten, gebeten, es vorzusingen.

Alle versuchten, mir mein Vorhaben auszureden, aber mein Entschluss stand fest. Ich redete mit Tammy und überzeugte sie davon, dass wir es meiner Mutter schuldig waren. Sie willigte ein. Ich weiß nicht, ob irgendjemand zu ihr oder zu mir nach Hause ging, um die Kassette zu holen. Wie bereits gesagt, lebten wir in einer Kleinstadt. Wir wohnten beide nur ein paar Minuten von der Kirche entfernt. Wie dem auch sei, wir bekamen die Kassette mit der Musik und probten ein einziges Mal im Gemeindesaal. Dann stellte ich mich zu meinen Schwestern, die vor der Kirche Verwandte und Freunde begrüßten.

Als die Beisetzung begann, liefen allen Trauergästen die Tränen über die Wangen, und immer wieder wurde die Zeremonie von Schluchzen unterbrochen. Als es an der Zeit war zu singen, musste ich von der Bank in der ersten Reihe aufstehen, den Gang entlang in den hinteren Teil der Kirche gehen und dort die Treppen zur Empore hinaufsteigen. Um nicht zusammenzubrechen, mied ich bewusst jeden Blickkontakt. Meine Tante hatte mich angefleht, vor den Beisetzungen eine Beruhigungstablette zu nehmen, aber ich hatte mich geweigert. Ich wollte mich selbst und meine Gefühle uneingeschränkt wahrnehmen. Ich wollte mich an alles erinnern. Ich wollte nicht unter dem Einfluss von Beruhigungsmitteln singen. Ich wollte nicht unter dem Einfluss von Beruhigungsmitteln weinen. Ich wollte nicht unter dem Einfluss von Beruhigungsmitteln stehen, wenn ich meine Mutter ein letztes Mal sah.

In einem starken, klaren Sopran sang ich das Lied für meine Mutter, auf meine Mutter, während Tammy die zweite Stimme übernahm. Ich sang es mit jeder Faser meines Seins. Am Ende des Textes sprach ich die Worte »Ich liebe dich«, gefolgt von einer langen Pause. In der Stille war nur das leise Schluchzen der übrigen Trauernden zu hören, die ihren Kummer und ihr Mitgefühl nicht mehr zurückhalten konnten. Es schwoll in meinen

Ohren zu einer lauten Totenklage an, die ich bis heute nicht vergessen kann.

Als ich an meinen Platz zurückkehrte, waren sämtliche Blicke auf mich gerichtet. Alle waren überrascht, dass ich mein Vorhaben in die Tat umgesetzt und es durchgestanden hatte – außer mir. Ich hatte keine andere Wahl gehabt. Das Lied war das Abschiedsgeschenk an meine Mutter. Es musste absolut perfekt sein, und das war es.

Danach war jahrelang nichts mehr perfekt in meinem Leben. Auf dem Friedhof brach der emotionale Staudamm, der meine Tränenflut so lange zurückgehalten hatte. Das strahlende Sonnenlicht und die frische Brise, die vom Lake Superior herüberwehte, schienen den unsäglichen Schmerz, den ich verspürte, zu verhöhnen. Ich warf mich völlig aufgelöst über den Sarg meiner Mutter und rief immer wieder: »Lass mich nicht allein! Bitte lass mich nicht allein!« Meine Großmutter, eine nüchterne Frau mit einer Lebensphilosophie, die keinerlei Gefühlsausbrüche duldete, zerrte mich vom Sarg weg. »Hör auf damit!«, sagte sie streng. »Es ist vorbei.« Als sie mich vom Grab wegführte und mein Handgelenk eisern umklammert hielt, gewann die Angst, es sei nicht richtig, meinen innersten Empfindungen Ausdruck zu verleihen, Macht über mein Leben.

Je mehr die Leute versuchten, mich von meinem Schmerz abzuschotten, desto größer wurde die Angst vor meinen eigenen Gefühlen und desto verbissener bemühte ich mich, sie unter Verschluss zu halten. Viele Verwandte zogen sich zurück. Freunde verschwanden aus meinem Leben. Ich fühlte mich ausgeschlossen, wie eine Aussätzige. Die Leute verstummten schlagartig, wenn ich den Raum betrat. Ich hörte, wie Erwachsene die Besucher impften: »Bringt ja kein Thema zur Sprache, das irgendwie mit ihren Eltern zu tun hat«, pflegten sie zu sagen. Ich schämte mich, über meine Geschichte zu sprechen. Ich hatte Angst, man könnte mir zur Last legen, dass ich den Tod meiner Eltern nicht verhindert hatte. Ich hatte Angst davor, hinter die Fassade zu schauen, um zu sehen, was für ein Mensch ich wirklich war.

Sehr viel später, als ich dank eines Stipendiums das College besuchte, hielten mich alle für eine ganz normale, leistungsorientierte Studentin, die vieles erreicht hatte, worauf sie stolz sein konnte. Niemand merkte, welche Ängste mein Leben beherrschten. Ich hielt andere auf Distanz, aus Angst vor Entdeckung und um den unvermeidlichen Fragen aus dem Weg zu gehen. Die Angst begleitete mich auf Schritt und Tritt, gab mir die Erlaubnis zu lügen. Wenn jemand mich fragte: »Wie geht es deinen Eltern?«, erwiderte ich: »Danke, gut.« Lange Zeit ging es meinen Eltern »gut«. Schließlich begann ich, häppchenweise zu erzählen, was geschehen war, gefolgt von: »... aber jetzt bin ich darüber hinweg. Ich habe es verarbeitet. Es geht mir gut.«

Ich redete mir ein, dass es mir wirklich gut ging, aber das war nur ein frommer Selbstbetrug. Die Angst forderte ihren Tribut. Ich befürchtete, dass ich nie genug Geld verdienen würde. Ich bezweifelte, dass ich beruflich erfolgreich sein könnte. Mir graute vor der Verantwortung, die mit dem Erwachsenwerden verbunden ist. Ich konnte schlecht allein sein. Trotzdem hatte ich Angst, mich zu verlieben, weil ich sicher war, jeder Mann würde entdecken, was schon mein Vater erkannt hatte: dass ich ein wertloser Mensch war. Die Erwartungen, die ich an Freundschaften hatte, waren unerfüllbar, Nähe und Vertrauen blieben immer von kurzer Dauer. Liebe passte nicht ins Bild. Ich neigte zu Wutanfällen und war zeitweilig selbstmordgefährdet. Obwohl Körper und Geist die Tragödie überlebt hatten, waren mein Herz und meine Seele zutiefst verletzt. Glück war etwas, das ich niemals erlangen würde.

Was ich auch versuchte, um meine Ängste zu überwinden und das Gefühl der inneren Harmonie zu erfahren, nach dem ich mich sehnte – nichts half: weder die Therapie, die ich machte, noch die einschlägigen Bücher, die ich las, die Kurse, die ich besuchte, oder die Trauergruppen, denen ich mich anschloss. Und nicht nur das: Mir wurde auch bewusst, dass sich Menschen mit ganz anderen Biografien vor die gleichen Herausforderungen gestellt sahen. Ich begann mich heimlich zu fragen, ob solche negativen Erfahrungen vielleicht völlig normal waren. Ich ging dazu über, meine Ängste rational zu deuten, in der Hoffnung, sie dadurch besser in den Griff zu bekommen. »So ist das Leben offenbar. Alle anderen klagen, jammern und stöhnen genauso. Jeder hat eben sein Päckchen zu tragen. Ich auch.« Das Beste, worauf ich hoffen konnte, war, andere Betroffene kennen zu lernen, die ebenso wie ich litten. Vielleicht kennen Sie solche Gefühle. Vielleicht sind auch Sie zu der Schlussfolgerung gelangt, dass man lernen sollte, damit umzugehen und sie so gut wie möglich unter Kontrolle zu halten.

Davon war ich jedenfalls lange Zeit fest überzeugt. Doch dann fiel mir auf, dass es Menschen gab, deren Entscheidungen nicht auf Angst basierten. Sie nahmen Risiken in Kauf und schöpften ihr Potenzial voll aus. Nach dem Geheimnis ihres Lebenserfolgs befragt, konnten sie es nicht in Worte fassen. Sie besaßen kein Patentrezept oder Erfolgsschema. Auch sie hatten Angst, aber sie waren in der Lage, sie zu überwinden. Mit diesem Wissen gerüstet, beschloss ich, mir selbst zu helfen. Ich wollte eine Antwort finden auf meine Fragen »Was ist Angst?« und »Warum bestimmt sie mein Leben?«. Ich wollte mehr als Freiheit, die vom Zufall bestimmt war. Ich wollte mehr als Verständnis. Ich wollte etwas tun, das mich befähigte, meine Zweifel, Ängste, Lähmungen und Verteidigungsmechanismen bewusst und aus eigener Willenskraft zu durchbrechen. Ich wollte spüren, dass meine Angst das Gute in mir nicht besiegen konnte, von dem noch ein Rest in mir stecken musste. Es begann mit einem Kalender und ein paar goldenen Sternen: Jeden Tag schrieb ich auf, was ich für andere und für mich selbst getan hatte. Ich wurde aufmerksam; das reichte für den Anfang aus. Am Ende des Monats war mein Kalender mit goldenen Sternchen übersät. Ich wusste, dass ich eine Chance hatte, wenn ich bereit war zu kämpfen. Aus den Resultaten dieser ersten Übung wurde mir klar, dass es einen Weg aus der Angst gibt. Und dass man nicht immer genau nachvollziehen muss, wie sie sich entwickelt hat. Was zählt, ist die Erkenntnis, dass man Angst hat.

Wir alle haben unsere eigenen Geschichten, Narben, Wunden und Entschuldigungen dafür, dass unser Leben nicht so verlaufen ist, wie wir es uns erhofft haben. Meine Geschichte mag dramatischer sein als andere, aber die Angst, die ich nach dem Tod meiner Eltern entwickelte, ist eine Grundangst, mit der wir alle konfrontiert sind: Wir haben Angst, in manchen oder allen Lebensbereichen, *dass wir nicht gut genug sind.*

Diese Erkenntnis habe ich nicht nur durch meine eigenen Erfahrungen mit der Angst gewonnen, sondern auch im Verlauf der Arbeit mit zahlreichen Klienten. Natürlich kommen sie nicht mit der Einsicht zu mir: »Ich habe Angst, jemand könnte entdecken, dass ich nicht gut genug bin.« Aber das verbirgt sich hinter Sätzen wie: »Ich habe Angst, dass mein Mann mich verlässt«, »Ich habe Angst, meinen Arbeitsplatz zu verlieren«, »Ich habe Angst, dass ich im Alter kein Dach über dem Kopf haben werde«, »Ich habe Angst, dass meine Kinder auf die schiefe Bahn geraten«, »Ich habe Angst, dass ich den Erwartungen meiner Eltern nicht gerecht werden kann«, »Ich habe Angst, meine eigene Firma zu gründen«, »Ich habe Angst, mich auf eine Beziehung einzulassen«, »Ich habe Angst, mich lächerlich zu machen«, »Ich habe Angst, meine Meinung zu sagen«, »Ich habe Angst, meine Möglichkeiten nicht voll auszuschöpfen«.

Selbst Menschen, die nach den Maßstäben der Gesellschaft großen Erfolg haben, sind nicht vor solchen Ängsten gefeit. Warum leiden Prominente sonst unter Lampenfieber, wenn nicht aus Angst, dass die Vorstellung, die sie geben, *nicht gut genug* sein könnte? Und was uns gewöhnliche Sterbliche angeht, so kann nahezu jede Situation das Gefühl der Unzulänglichkeit in uns wachrufen. Was hält einen Mann davon ab, eine Frau, die ihm gefällt, zu fragen, ob sie mit ihm ausgeht? Warum schiebt jemand eine Bewerbung auf die lange Bank, um sich beruflich zu verändern? Warum findet eine Mutter immer wieder Gründe, sich selbst die Schuld daran zu geben, dass ihr Kind kränkelt, eine schlechte Note erhält oder keine Freunde hat? Warum findet eine Frau, die ein paar Kilo zugenommen hat, immer wieder Ausreden, um eine Untersuchung aufzuschieben, nur weil sie vor der Sprechstundenhilfe oder dem Arzt auf die Waage steigen müsste?

Es gibt zahlreiche Worte, um spezifische Aspekte der Angst zu beschreiben, man sei nicht gut genug. Wir sind der Überzeugung, dass wir nicht liebenswert, sondern unzulänglich, dumm, unbegabt, wertlos, willensschwach oder Versager sind ... um nur einige zu nennen. Die Bezeichnung spielt keine Rolle. Es kann jede x-beliebige sein, die Sie als zutreffend empfinden. Was hingegen sehr wohl eine Rolle spielt, wie ich bei meinen Klienten immer wieder gesehen habe, ist die Tatsache, dass Ängste, die daraus entspringen, sich leichter in den Griff bekommen lassen, sobald man die Grundangst erkannt hat.

Und noch besser ist, dass die Angst kein Feind mehr sein muss, sondern zum Verbündeten wird. Statt Situationen auszuweichen, in denen wir den Stachel des Versagens spüren könnten, verwandelt sich die Angst in eine Antriebskraft, die uns anspornt, neue Herausforderungen anzunehmen. Sie verschwenden keine Zeit und Energie mehr darauf, vor aller Welt geheim zu halten, dass Sie sich davor fürchten, nicht gut genug zu sein. Sie wachsen über sich selbst hinaus und erreichen eine Ebene, die Sie befähigt, sich so anzunehmen und zu lieben, wie Sie sind. Das verleiht ein unbeschreibliches Gefühl von Freiheit. Sie streifen die Fesseln der Langeweile ab, hervorgerufen durch den ewig gleichen Trott, der Ihnen ein trügerisches Gefühl der Sicherheit vermittelt hat. Sie sind frei, um die grenzenlosen Chancen des Lebens ohne Angst zu erkunden – trotz der Möglichkeit, dass Sie hin und wieder einen Fehlschlag erleiden. Der Sportjournalist Grantland Rice hat einmal gesagt: »Wenn du irgendwann einmal vor den Großen Schiedsrichter gerufen wirst, notiert er nicht, wie oft du im Leben gewonnen oder verloren hast, sondern wie du gespielt hast.«

Ängste tragen in hohem Maß dazu bei, unseren Kurs zu bestimmen – ungeachtet dessen, ob unsere Eltern nun noch leben oder ob sie gestorben sind. Ungeachtet dessen, ob wir eine glückliche oder traurige Kindheit hatten, in Reichtum oder Armut aufgewachsen sind. Ungeachtet dessen, ob es uns bewusst ist oder nicht. Angst prägt die Entwicklung unserer Vorlieben und Abneigungen, beeinflusst die Wahl unserer Freunde und redet bei der Erziehung unserer Kinder ein Wörtchen mit. Angst schränkt unser Potenzial ein, schließt bestimmte Möglichkeiten von vornherein aus und legt die Bandbreite unserer Optionen fest.

Das lässt sich ändern. Den dazu erforderlichen Lernprozess, für den ich Jahre gebraucht habe, lege ich in diesem Buch Schritt für Schritt in einem systematisch aufgebauten Programm dar, das Ihnen in wenigen Monaten in Fleisch und Blut übergehen wird. Er ist leicht nachzuvollziehen, wie meine Klienten bewiesen haben. Ein lebenswertes Leben ist ein Ziel, das auch Sie erreichen können. Das weiß ich aus eigener Erfahrung. Beginnen Sie noch heute mit der Arbeit, die Sie von Ihren Ängsten befreien kann. Fangen wir an ...

Erster Teil:
Wovor haben Sie Angst?

Mut sieht der Angst ins Gesicht
und meistert sie dadurch.
MARTIN LUTHER KING

1 Was ist Angst?

Stellen Sie sich vor, Sie genießen einen Waldspaziergang an einem herrlichen Sommertag. Die Sonne zaubert Lichtreflexe auf das Blätterdach über Ihrem Kopf, und Sie atmen tief den erdigen Geruch ein, den eine sanfte Brise zu Ihnen herüberträgt. Vogelgezwitscher erfüllt die Luft. Sie fühlen sich in Harmonie mit sich selbst und der Welt, sind entspannt, denken an nichts Bestimmtes. Aus dem Augenwinkel erspähen Sie etwas im Gebüsch neben dem Weg. Es ist braun, groß und zusammengerollt. Ihr Gehirn meldet unverzüglich: *Gefahr! Schlange im Gras!* Ihr Körper schaltet augenblicklich in den Alarmzustand. Ihr Herz rast, die Handflächen sind schweißnass, Magen und Kehle verkrampfen sich, Ihre Kopfhaut prickelt, und Sie haben eine Gänsehaut.

Was hat das mit der menschlichen Grundangst zu tun, nicht gut genug zu sein? Die Körperreaktion auf die Angst ist stets die gleiche, ungeachtet dessen, ob wir mit einer physischen oder emotionalen Bedrohung konfrontiert sind. Das Hypothalamus-Hypophysen-Adrenalin-System (HPA) im Gehirn setzt chemische Botenstoffe frei, vor allem Dopamin und Adrenalin. Das HPA-System kurbelt außerdem die Produktion des Nebennierenrindenhormons Kortisol an, das wiederum die Amygdala aktiviert, einen kleinen, mandelförmigen Bereich im Gehirn. Blutzucker und Blutdruck steigen dramatisch an, um die Energie zu erhöhen. Das Verdauungssystem stellt seine Tätigkeit vorübergehend ein, sodass wir unsere Energie auf Angriff oder Flucht konzentrieren können.

Dieser Reflex wurde erstmals 1932 von dem herausragenden Harvard-Psychologen Walter B. Cannon beschrieben. Das ist der ursprünglichste Überlebensmechanismus, nicht nur bei Menschen, sondern bei buchstäblich jeder Spezies, deren Angstreaktionen jemals wissenschaftlich erforscht wurden, einschließlich Fruchtfliegen und Schnecken. Das Problem ist, dass tatsächliche und eingebildete Gefahren dem Hippocampus – einem Teil der Tonsille, auch Ammonshorn genannt – gleichermaßen signalisieren, dass er diese Erfahrung im Langzeitgedächtnis speichern solle. Das ist gut, denn wenn wir visuelle Hinweise entdecken, die uns an eine Schlange erinnern, wird unser Körper schlagartig in Alarmzustand versetzt, der uns ermöglicht, das Weite zu suchen.

Aber möglicherweise war es gar keine Schlange, sondern nur ein Ast. Sie haben einem blinden Reflex gehorcht, ohne sich zu vergewissern, ob wirklich Gefahr im Verzug ist. Sie haben Ihr Heil in der Flucht gesucht, ohne einen einzigen Gedanken an Ihr Verhalten zu verschwenden. Joseph LeDoux, ein namhafter Angstforscher, schrieb in *The Emotional Brain*: »Es gibt einen schnellen und unangenehmen Informationsverarbeitungsweg, der uns gestattet, auf potenziell gefährliche Reize zu reagieren, noch bevor wir genau wissen, um was für einen Reiz es sich handelt ... Das Gehirn ist darauf programmiert, Gefahren zu entdecken, sowohl die kollektiven Erfahrungen, mit denen unsere Vorfahren konfrontiert waren, als auch die individuellen, die der Einzelne in seinem Gedächtnis gespeichert hat.«

Im Laufe unseres Lebens ergänzen wir das Repertoire der Ängste, die wir von unseren Vorfahren übernommen haben, noch durch imaginäre, die aus der eigenen Erfahrung entstehen. Wir fürchten uns nicht nur vor physischen Gefahren wie Schlangen oder Stöcken, die Schlangen ähneln. Uns graut auch vor jeder Angst auslösenden Situation, die wir uns vorstellen können. Wir meiden das Risiko, zu versagen, uns lächerlich zu machen, zurückgewiesen oder herabgesetzt zu werden, uns zu blamieren oder zum Narren gehalten zu werden. Genau wie ein gebranntes Kind das Feuer scheut, meiden wir psychologische oder emotionale Verletzungen, wenn wir sie am eigenen Leibe erlebt haben. Jede negative Erfahrung, wie kurzlebig auch immer sie ist, kann eine Angstlektion sein, die unser Unterbewusstsein unauslöschlich verinnerlicht. Das Ergebnis sind das allseits bekannte Herzklopfen, die schweißnassen Handflächen, aber auch die Unterdrückung der Immunreaktion und Aktivität in jenen Hirnsphären, die für das Kurzzeitgedächtnis, die Konzentration, die psychologische Hemmung und das rationale Denken zuständig sind. Treten diese Reaktionen täglich oder über viele Jahre hinweg auf, so werden die geistige, emotionale und physische Gesundheit zwangsläufig dadurch beeinträchtigt. Das gilt auch für die Fähigkeit, Spitzenleistungen zu erzielen oder das Leben zu genießen.

An diesem Punkt setzt das Fearless-Living-Programm an. Die Forschungen von LeDoux – vor allem an Ratten, die auf Geräusche in Verbindung mit einem Elektroschock konditioniert waren – haben gezeigt, dass die Erinnerung an die Angst eine Programmierung ist, die sich höchstwahrscheinlich nicht löschen lässt. Der Unterschied zwischen Ratten und Menschen besteht gleichwohl darin, dass wir ein »Bewusstsein« besitzen, unsere Fähigkeit, uns einer Sache bewusst zu werden. Wenn wir darauf achten, wie die Angst in unserem Leben die Fäden zieht und welche Ängste uns beherrschen, haben wir die Macht, aus unserer Konditionierung auszubrechen und unter verschiedenen Verhaltensweisen zu wählen. Andernfalls nehmen uns das Unterbewusstsein und die Konditionierung diese Entscheidung ab, genau wie bei den Ratten. LeDoux sagte: »Deshalb ist es durchaus möglich, dass man bewusste Erinnerungen an eine traumatische Erfahrung hat, aber gleichzeitig eine ungemein mächtige, stillschweigende, unbewusste Erinnerung an die traumatische Erfahrung entwickelt ... Wir sind vielleicht nicht in der Lage, diese stillschweigenden Erinnerungen abzulegen.«

Ich bin ganz seiner Meinung. Ob wir nun eine klare Erinnerung an eine traumatische Erfahrung haben, wie ich an den Tod meiner Eltern, oder ob sie nur noch vage vorhanden ist: Die Information ist ein für alle Mal in unserem Unterbewusstsein abgelegt und kann jederzeit Angst heraufbeschwören. Wir können den Inhalt dieses angstbefrachteten persönlichen Cache- oder Hintergrundspeichers mit seinen blitzschnellen Zugriffzeiten nicht löschen, aber wir können die Angst überwinden. Meinen Klienten ist es gelungen. Mir ist es gelungen. Und Sie können es auch.

Angstfrei leben bedeutet die Angst überwinden

Beginnen wir mit der Definition von »Angst«. Angst ist sowohl die Ursache als auch die Wirkung von Empfindungen, Gedanken oder Verhaltensmustern, die uns daran hindern, uns selbst zu akzeptieren und unser Potenzial voll auszuschöpfen. Angst kann sich als Hindernis zwischen uns und unserer Fähigkeit entpuppen, ein Ziel zu erreichen, unsere Wünsche zu verwirklichen oder Kontakt mit Menschen aufzunehmen, die wir gern kennen lernen würden. Um unsere Sicherheit zu gewährleisten, motiviert uns die Angst, den wahren Kern unseres Wesens zu verbergen, indem sie unsere Fähigkeit beeinträchtigt, unser Selbst authentisch zum Ausdruck zu bringen.

Der bekannte Psychologe Abraham Maslow hat in seinem klassischen Werk *Toward a Psychology of Being* den Prozess folgendermaßen beschrieben: »Diese Art von Angst ist ein Selbstverteidigungsmechanismus, in dem Sinne, dass sie einen Schutz für unsere Selbstachtung darstellt ... Wir neigen dazu, uns vor jeder Erkenntnis zu fürchten, die bewirken könnte, dass wir uns verachten oder uns minderwertig, schwach, wertlos, niederträchtig, beschämt fühlen ... Wir neigen außerdem dazu, persönliches Wachstum zu meiden, denn es könnte eine Angst anderer Art auslösen ... Das ist der Kampf gegen unsere eigene Größe ... Ein großartiges Talent in sich selbst zu entdecken kann eine Freude sein, aber auch Angst vor den Gefahren und der Verantwortung wecken ... Dass wir einen Augenblick lang Furcht empfinden, ist verständlich, aber sie muss überwunden werden.«

Fearless Living hilft Ihnen dabei, nicht nur einmal, sondern in Form einer inneren Neuprogrammierung, die Ihrem Leben eine andere Ausrichtung gibt. Die Angst hat die Funktion, Sie vor Schaden zu bewahren, aber sie verhindert auch gleichermaßen, dass Sie authentisch leben, dass Sie der Mensch werden, der Sie in Ihrem tiefsten Innern sind. Die Angst hat Sie von Anfang an begleitet, hat Kummer und Leid von Ihnen fern gehalten – seitdem Sie die Rolle der Maria im Krippenspiel nicht bekommen haben, wegen Ihrer Aussprache gehänselt wurden oder von den Menschen ignoriert werden, die Sie eigentlich am innigsten lieben sollten.

Die Angst hat gehört, wie Sie sich geschworen haben: »Ein grauenhaftes Gefühl! Das passiert mir einmal und nie wieder!« Sie hat Ihr Gelöbnis ernst genommen. Seither ist sie fest entschlossen, Sie vor einer Wiederholung ähnlich unliebsamer Erfahrungen zu bewahren. Sie hat die Rolle der Wächterin über Ihre Gefühle übernommen. Sobald eine Situation eintritt, die den Verdacht nahe legt, dass man Sie nicht so akzeptiert, wie Sie sind, übermittelt Ihnen die Angst Warnsignale, die besagen: »Tapp nicht wieder in die gleiche Falle. Lass die Finger davon. Und vor allem, sprich nicht darüber.« Sie könnten ja wieder eine Zurückweisung, Enttäuschung oder das Gefühl erleben, sich zum Narren gemacht zu haben. Achtung, Gefahr!

Die wichtigste Aufgabe der Angst besteht darin, uns vor negativen Gefühlen zu schützen, die unsere schlimmsten Befürchtungen bestätigen könnten: nämlich dass wir nicht gut genug sind. Damit wird unsere Unfähigkeit zementiert, uns selbst so anzunehmen, wie wir sind. Doch tief in unserem Innern wollen wir unser Potenzial an Macht und Stärke in Besitz nehmen und ausloten. Das setzt jedoch voraus, dass wir uns voll akzeptieren, einschließlich unserer Schwächen und Grenzen. Auch darin sieht die Angst wieder ein riskantes Unterfangen.

Stellen Sie sich die Angst als Hüterin unseres so genannten »Wohlfühlbereichs« vor. Dieser schließt alles ein, was uns lieb und vertraut ist. Als Kind haben Sie sich auf dem Schoß der Mutter wohl und geborgen gefühlt. Sie haben sich aus Neugierde in die »weite Welt« hinaus gewagt, aber immer wieder in der Nähe der Mutter Zuflucht gesucht, wenn Sie sich bedroht fühlten. Heute schließt der Wohlfühlbereich Menschen ein, die Sie kennen, Aktivitäten, an die Sie gewöhnt sind, und Orte, an denen Sie sich heimisch fühlen. Ob diese Erfahrungen schlecht, gut, glücklich oder traurig sind, ist unwesentlich. Menschen harren jahrelang in einer zerrütteten Ehe, einer beruflichen Tätigkeit, die sie anödet, oder in anderen Situationen aus, die ihrer nicht würdig sind, weil sie Angst haben, die Nabelschnur zum

Vertrauten zu durchtrennen und etwas Neues auszuprobieren. Ihr Wohlfühlbereich umfasst alle Situationen, in denen Sie sich gut und sicher fühlen.

Aber wie befriedigend ist dieses vermeintliche Sicherheitsgefühl? Die Angst verhindert, dass wir uns lebendig fühlen, wenn die Gefahr besteht, dass man uns Anerkennung, Zustimmung und Verständnis vorenthält. Deshalb leugnen wir unsere wahre Natur, den Kern unseres Wesens. Die Angst weiß nicht, dass Sie ein Erwachsener sind, der sich nach Abenteuern, Liebe und Erfüllung sehnt. Sie weiß nicht, dass Sie inzwischen gelernt haben, Ihr Leben von jetzt an auch ohne sie zu meistern. Deshalb ist manchmal eine Krise nötig, um Ihre Welt aus den Angeln zu heben und Ihnen den Mut zu geben, der Angst zu zeigen, wer das Sagen hat.

Die Krise in Ihrem Leben, die bewirkt, dass Sie sich auf den Weg machen, der von der Angst zur Freiheit führt, muss nicht so spektakulär oder zerstörerisch sein wie in meinem Fall. Aber eine gewisse *Störung* der gewohnten Situation ist unabdingbar. Vielleicht haben Sie es einfach nur satt, sich selbst zu enttäuschen oder sich die eigenen faulen Ausreden anzuhören. Vielleicht reicht es Ihnen endgültig, dass Sie nie den Mut aufbringen, sich durchzusetzen. Oder Sie haben keine Lust mehr, die eigenen Bedürfnisse ständig hintanzustellen, als Fußabtreter herzuhalten oder gute Miene zum bösen Spiel zu machen, nur um des lieben Friedens willen – bei Ihrem Chef, Ihren Kollegen, der Familie, dem Partner oder den Kindern. Vielleicht haben Sie es satt, nicht das zu verdienen, was Sie wert sind, weil Sie Ihre Arbeit selbst nicht wertschätzen und sich nicht trauen, um eine Gehaltserhöhung oder Beförderung zu bitten. Vielleicht macht es Ihnen keinen Spaß mehr, abhängig zu sein oder alles allein zu machen. Vielleicht sind Sie nicht mehr bereit, tatenlos zuzuschauen, wie andere die Lorbeeren für eine Arbeit ernten, die Sie stillschweigend hinter den Kulissen verrichten. Vielleicht sind Sie nicht in der Lage, die Ursache genau zu ermitteln, aber Sie erkennen plötzlich, irgendetwas stimmt nicht. Ihre Seele sehnt sich nach mehr. Das ist alles, was Sie brauchen, um sich auf den Weg zu machen.

Merediths Geschichte

Merediths Krise begann vor Jahren, aber sie ignorierte die Warnsignale – bis sie gezwungen war, sie zur Kenntnis zu nehmen, da ihr Mann sie nach achtzehn Jahren Ehe verließ. »Es muss doch noch mehr im Leben geben«, sagte er. »Alles, worüber wir sprechen, sind die Hausaufgaben der Kinder, wie wir die Rechnungen bezahlen und was für Düngemittel wir verwenden sollen. Dir scheint das zu genügen. Mir nicht.«

Meredith macht den Mund auf, aber kein Ton kam über ihre Lippen. Die Angst schnürte ihr die Kehle zu. Wie sollte sie allein zurechtkommen? Was würden die Leute von ihr denken, wenn sie herausfanden, dass sie versagt hatte und nicht einmal ihren Mann halten konnte? Was störte Phil so sehr an ihr, dass sie ihn verloren hatte? Wenn er sie schon nicht liebte, nach allem, was sie gemeinsam durchgemacht hatten, wer konnte sie dann überhaupt noch liebenswert finden?

»Es hat keinen Zweck, noch länger um den heißen Brei herumzureden«, fuhr Phil fort. »Ich ziehe vorläufig zu meinem Bruder. Wir werden alles besprechen, was Geld und Sorgerecht und solche Dinge angeht.«

»Gibt es eine andere?«, gelang es Meredith endlich zu flüstern.

»Nein, das ist es nicht. Ich habe keine Lust mehr, hier zu bleiben und zuzuschauen, wie das Leben an mir vorbeigeht.«

Er öffnete die Tür, und ein Hauch der kühlen Abendluft streifte sie. Sie hörte, wie die Wagenräder auf dem schwarzen Asphalt knirschten, als er rückwärts die Auffahrt hinunterfuhr. Dann war er weg.

Die zwölfjährige Lucy und der zehnjährige Sam schliefen oben. Meredith saß reglos am Küchentisch, zuerst voller Angst, nun mit den Kindern allein zu sein, und dann wutentbrannt, weil Phil sie im Stich gelassen hatte. Meredith war immer eine treue Ehefrau und hingebungsvolle Mutter gewesen. Ihre Gedanken überschlugen sich, als ihr bewusst wurde, dass sie ausgemustert worden war, nach allem, was sie für ihren Mann und ihre Kinder getan hatte, die achtzehn Jahre lang Vorrang in ihrem Leben gehabt hatten. Als sie einen Malkurs besuchen wollte, hatte ihr Mann sie darauf hingewiesen, dass Leinwand und Farben teuer waren. Sie hatte den Wunsch nie wieder erwähnt. Die Angst sagte ihr unter dem Deckmäntelchen der Vernunft, dass Phil am besten über die Finanzen der Familie Bescheid wusste. Und außerdem gehörte es sich nicht, Geld für so eigennützige Dinge auszugeben. Und als sie mit ihrer Schwester einen Kurzurlaub gemacht hatte, war Phil völlig aus dem Häuschen darüber gewesen, wie schlimm es ohne sie war. Die Angst überzeugte sie unter dem Deckmäntelchen des Verständnisses, dass er seine Liebe eben auf seine Weise zeigte. Und nun hatte er ihr nach achtzehn Jahren zu verstehen gegeben, dass sie ihm nicht das Geringste bedeutete.

Nachdem die Scheidung beschlossene Sache war, kam Meredith zu mir in die Beratung. Sie sagte, sie wolle endlich anfangen »zu leben«. Ich wusste, sie meinte damit ein angstfreies Leben. Im Verlauf unserer Sitzungen sprachen wir über die Elemente, die ein angstfreies Leben ausmachen, einschließlich der Fähigkeit, unsere wahre Natur in Besitz zu nehmen, Selbstvertrauen und Selbstfürsorge zu entwickeln und unsere Eigenverantwortung und Wahlmöglichkeiten wahrzunehmen. Im Verlauf unserer Gespräche wurde klar, dass sie genau wusste, was sie nicht mehr wollte, aber noch keine klare Vorstellung davon hatte, wie ihr Leben weitergehen sollte. Sie wollte nicht mehr Versprechen brechen, die sie sich selbst gegeben hatte, wollte sich nicht mehr von anderen bevormunden lassen oder sich selbst an die allerletzte Stelle setzen. Sie war sich nicht einmal sicher, was sie selbst wollte. Sie hatte sich so daran gewöhnt, mit Phil übereinzustimmen, dass sie nicht mehr zwischen seinen Wünschen und ihren eigenen zu unterscheiden vermochte. Offensichtlich war Meredith den größten Teil ihres Erwachsenenlebens bemüht, es anderen recht zu machen, vor allem Phil. Meredith hatte schon seit Jahren keine Gefühle oder Gedanken mehr geäußert, die eine Konfrontation heraufbeschworen hätten. Sie hatte sich nie auf ein Streitgespräch mit ihm eingelassen, zum Beispiel, wofür Geld ausgegeben werden durfte. Sie hatte ihm nie gesagt, dass sie mit der einen oder anderen Entscheidung nicht einverstanden war. Sie war selten diejenige, die das

Restaurant aussuchte, wenn sie essen gingen. Zugegeben, sie hatte sich bei ihren Freundinnen beklagt, aber sie hatte ihre Frustrationen ihm gegenüber mit keiner Silbe erwähnt und auch nie gewagt, ihm die Stirn zu bieten. Erst als sie mit dem Fearless-Living-Programm anfing, merkte sie, dass sie sich Phils Wünschen nur gefügt hatte, um nicht als egoistisch abgestempelt zu werden; sie glaubte, auf diese Weise dem meistgefürchteten Gefühl aus dem Weg gehen zu können: dem Gefühl der eigenen Wertlosigkeit.

Diese Erkenntnis gab ihr den Anstoß, ihre Welt nach und nach unter die Lupe zu nehmen; es stellte sich heraus, dass sie die meisten Entscheidungen in ihrem Leben getroffen hatte, um das Gefühl der Bedeutungslosigkeit zu vermeiden. Die Angst hatte sie zu der Überzeugung verleitet, wenn sie jemand anderen glücklich mache, sei sie unentbehrlich. Deshalb hatte sie gedacht, es sei besser, die Situation zu akzeptieren und die Gebende zu sein, als sich zu fragen, ob Phils Liebe ihre Bedürfnisse erfüllte. »Das wäre zu viel verlangt«, hatte sie sich immer eingeredet. »Und undankbar.« Doch ironischerweise begriff sie nun, dass genau dieses Verhalten, das sie achtzehn Jahre lang an den Tag gelegt hatte, der Grund war, der Phil dazu bewogen hatte, sie zu verlassen.

Carpe diem: Die Angst, »den Tag zu nutzen«

Die Scheidungskrise war der Impuls, der Meredith zu der Erkenntnis führte, dass sie immer erwartet hatte, irgendwann einmal rundum glücklich zu sein. Das ist eine weit verbreitete Illusion. Viele Menschen vergeuden ihr Leben damit, Zukunftswünschen nachzuhängen, und lassen sich von ihrer Angst abhalten, das Beste aus dem Hier und Heute zu machen. Sie warten fortwährend auf ihre große Chance, die »irgendwann« kommen wird. Genau wie Meredith, die sich sagte, sie sei schließlich rechtschaffen bemüht gewesen, stets das »Richtige« zu tun. »Irgendwann bin ich an der Reihe, dann kann ich meine Bedürfnisse erfüllen«, hatte sie sich immer wieder geschworen.

Wie die meisten Menschen hatte Meredith auf ein Wunder gehofft, das sie endlich glücklich machen würde. Zum Beispiel, wenn die Kinder erwachsen und aus dem Haus wären oder Phil in den Ruhestand ging. Sie war sich nicht sicher. Aber die Erfüllung ihrer Bedürfnisse ließ auf sich warten, bis sie mit den Angstkiller-Übungen begann. Vorher hatte sie sich innerlich nie die Erlaubnis erteilt, die sie brauchte, um ihr Glück selbst zu schmieden. Wir Menschen haben die unterschiedlichsten Wünsche: dass sich das Wetter bessert, dass uns der Traumprinz oder die Traumfrau über den Weg läuft oder dass wir im Lotto gewinnen. Einige warten bis zum Sankt Nimmerleinstag darauf, dass ihr Partner auf ihre Bedürfnisse eingeht. Oder dass sie bei ihren Vorgesetzten Anerkennung finden. Oder dass sie zum ersten Mal geliebt werden. Wir warten und warten. Wir warten darauf, dass irgendetwas im Außen geschieht, damit wir von der Angst befreit sind, Chancen zu nutzen oder etwas Neues auszuprobieren – etwas, das uns den Mut und die Erlaubnis gibt, die wir brauchen, um mit Elan zu leben.

Wir warten auf eine Garantie, dass uns nichts Schlimmes widerfahren kann, wenn wir ein Risiko eingehen. Wenn Ihr Chef wüsste, was für ein Gewinn Sie für die Firma sind, würde das Vertrauen in Ihre Fähigkeiten auf Sie abfärben und Ihr Selbstvertrauen stärken. Und genau das brauchen Sie, um den Partyservice aus der Taufe zu heben, von dem Sie immer geträumt haben. Oder Sie meinen, mit einem Sechser im Lotto hätten Sie ausgesorgt: Sie könnten ein ganz anderer Mensch sein und ein ganz anderes Leben führen, ohne Angst, etwas zu versieben oder irgendwann im Obdachlosenasyl zu enden. Und natürlich würden Sie der Frau oder dem Mann fürs Leben begegnen und sich endlich dazu motivieren, abzunehmen, viele interessante Freundschaften zu schließen und Ihre berufliche Laufbahn anzukurbeln. Wenn nur ...

Aber es gibt keine Garantie. Während wir vergebens darauf warten, dass sich Situationen oder Menschen ändern, die sich unserer Kontrolle entziehen, wachsen Selbstmitleid, heimlicher Groll und das Gefühl der Ohnmacht. Das Warten verstärkt unser negatives Selbstbild. Wenn wir warten, fühlen wir uns hilflos. Wenn wir warten und die Hände in den Schoß legen, leben wir in Angst.

Meredith erkannte, dass sie gewartet und sich gewünscht hatte, jemand anderes würde ihre Probleme lösen und ihr Leben in Ordnung bringen. Aber niemandem obliegt die Aufgabe, Meredith zu »retten«. Als sie ihrer Angst Herr zu werden begann, wartete sie nicht mehr darauf, dass ihr Leben den erhofften Verlauf nahm. Sie begann, diesen Verlauf selbst zu bestimmen, indem sie ihr Leben selbst in die Hand nahm.

Ich begann am zwanzigsten Todestag meiner Eltern, mein Leben selbst in die Hand zu nehmen. Ich war vierunddreißig Jahre alt und hatte zwei Jahrzehnte damit vergeudet, nach etwas oder jemandem zu suchen, der mich von meinem Schmerz befreien würde. Ich machte den Tod meiner Eltern für nahezu alles verantwortlich. Wie konnte ich glücklich sein, wenn sie tot waren? Wie konnte ich wachsen und gedeihen, wenn meine Schwestern und ich als Teenager Waisen wurden und uns auf eigene Faust durchschlagen mussten? Wie konnte ich etwas aus mir machen, wenn ich nach der Gräueltat meines Vaters von der Angst durchdrungen war, ich sei nicht einmal die Luft zum Atmen wert? Und doch blickte ich an jenem zwanzigsten Todestag in den Spiegel und sagte mir: »Dein Leben ist allein deine Sache; *du* musst etwas daraus machen.« Ich wusste, dass die anstrengende Arbeit an meiner Angst und das Bemühen, die Prinzipien eines angstfreien Lebens zu verinnerlichen, mich dazu befähigt hatten, mein Leben in Besitz zu nehmen. Nur so konnte ich mich bedingungslos akzeptieren und der Mensch werden, der zu sein mir von Geburt an bestimmt war.

Meredith leitete aus der Scheidungskrise den Mut und den Entschluss ab, ihre innere Stärke wieder in Besitz zu nehmen und ein eigenverantwortliches Leben zu beginnen. Wie der römische Dichter Horaz sagte: »Auseinandersetzungen haben die Wirkung, Fähigkeiten ans Tageslicht zu bringen, die sonst im Verborgenen geschlummert hätten.« Die Frau, die zu mir in die Beratung kam, blind für die Tatsache, dass sie aus Angst vor dem Leben erstarrt war, entwickelte nun ein inneres Leuchten.

Als sie beherzt in die Welt hinausging, stellte sie sich erstmals die Frage:»Was will Meredith?« Manchmal machte sich die alte Angst wieder bemerkbar, wenn sie den Geschmack der Freiheit kostete und neue Wege ging. Doch nach unserer gemeinsamen Arbeit wusste sie, wie man der Angst ins Gesicht sieht und sie überwindet.

Wo ein Wille ist, ist auch ein Weg

Meredith lernte als Erstes, dass der Wille das Wichtigste ist, um dauerhafte Veränderungen herbeizuführen. Der Wille, die Dinge aus einer anderen Perspektive zu betrachten. Der Wille, neue Ideen auszuprobieren. Der Wille, Menschen zuzuhören, die ihr Mut machten, anstatt ihre Ängste zu reflektieren. Der Wille, sich einzugestehen, dass die Angst während ihrer Ehe dominierend gewesen war. Wenn wir bereit sind, uns weiterzuentwickeln, uns von der Stelle zu bewegen, etwas zu verändern – ob nun einen bestimmten Aspekt oder alle Bereiche unseres Lebens –, öffnen wir uns für einen grundlegenden Wandel, der nicht vorübergehend, sondern von Dauer ist.

Der Widerstand gegen Veränderungen ist ein Symptom dafür, dass uns die Angst fest im Griff hat. Wissen Sie, was Unsinn ist? Unsinn ist, wenn wir immer wieder die gleichen sinnlosen Dinge tun, aber unterschiedliche Ergebnisse erwarten. Das ist ein Streich, den uns die Angst spielt. Sie gaukelt uns vor, dass wir uns nur mehr Mühe geben müssen, damit wir das erhoffte Ergebnis erzielen. Bevor ich mein Programm entwickelt hatte, sagte ich mir oft:»Das sollte ich eigentlich wissen. Warum fällt mir das nicht ein? Was stimmt nicht mit mir? Bestimmt finden sie heraus, dass ich eine Niete bin.« Mit diesen negativen Selbstgesprächen setzte ich mich herab; dadurch litt mein Selbstvertrauen, und meine Angst, eine Versagerin zu sein, wuchs immer mehr. Um diese Angst loszuwerden, unternahm ich noch mehr Anstrengungen, Erfolg zu haben, indem ich meine Anstrengungen verdoppelte: Ich nahm mehr Arbeit an, als ich bewältigen konnte, sagte Termine zu, die unhaltbar waren, erklärte, ich hätte verstanden, obwohl mit vieles unklar war. Der Gedanke, neue Wege einzuschlagen und ein Risiko einzugehen, war mir unerträglich. Ich konnte nicht um Hilfe bitten, konnte kein realistisches Arbeitsvolumen planen, konnte mir nicht eingestehen, dass ich mit meinem Latein am Ende war. Jedes Mal gewann die Angst wieder die Oberhand.

Meredith hatte genau wie ich zu oft auf die Angst gehört. Erst als sie allein und niemand mehr da war, dem sie die Schuld für ihr »verpfuschtes« Leben geben konnte, war sie bereit und gewillt, es selbst in die Hand zu nehmen. Meredith investierte den größten Teil ihrer Ersparnisse in ein kleines Antiquitätengeschäft, das inzwischen einen ordentlichen Gewinn abwirft. Die Arbeit macht ihr großen Spaß. Sie fährt oft über Land, auf der Jagd nach Antiquitäten, und seit mehr als einem Jahr hat sie eine Beziehung zu einem Mann, der sie faszinierend findet und ihre wiedergewonnene Liebe zum Leben teilt. Eine Bombenkarriere für eine Frau, die während ihrer Ehe nur halbtags gearbeitet hatte. Mit 43 war Meredith endlich bereit, sich auf ein Risiko einzulassen. Und zu ihrer Freude entpuppte sich diese Risikobereitschaft als Schlüssel auf dem Weg von der Angst zur Freiheit. Dadurch entwickelte sie Mut, Selbstvertrauen, Beharrlichkeit und die Fähigkeit, sich selbst aus einer anderen Warte zu betrachten. Diese Risikobereitschaft bewirkte, dass Meredith künftig Entscheidungen traf, die angemessener und in Einklang mit ihrer neuen Identität waren. Dank der Erkenntnis, dass jede Veränderung ein Risiko beinhaltet, überwand sie ihre Angst und begann ein neues, angstfreies Leben.

Die Ursprünge der Angst

Unsere Angst oder, besser gesagt, das Rad der Angst (ein Begriff, den ich im zweiten Kapitel eingehend erklären werde) beginnt sich noch vor unseren ersten Erinnerungen zu entwickeln. Beispielsweise erlebt fast jedes erstgeborene Kind ein gewisses Maß an Angst vor dem Verlassenwerden, wenn ein Geschwisterchen zur Welt kommt. Viele Kinder haben schon in jungen Jahren übertriebene Angst, nicht den Idealvorstellungen der Eltern zu entsprechen. Und da niemand in allen Dingen gleichermaßen gut ist, müssen wir außerdem ein gerüttelt Maß an Misserfolgen und Frustrationen hinnehmen, die Angst in uns wecken, nicht gut genug zu sein. Vielleicht mussten Sie sich in der Schule mit Algebra plagen, haben nicht die ersehnte Rolle in einem Theaterstück erhalten, standen mit der Rechtschreibung auf Kriegsfuß, waren beim Schulball das einzige Mauerblümchen oder wurden von den Nachbarjungen nicht aufgefordert, beim Fußballspiel mitzumachen. Ihre glänzenden Erfolge auf anderen Gebieten waren im Augenblick der Niederlage vergessen. Diese Demütigung sitzt tief: Sie spielt immer wieder ihren Trumpf aus und beweist Ihnen jedes Mal aufs Neue, dass Ihre Angst, nicht gut genug zu sein, berechtigt ist. Der Erfolg macht Sie nervös, weil Sie sicher sind, dass Ihnen die anderen früher oder später auf die Schliche kommen werden. Selbst Wunderkinder, die eine märchenhafte Karriere machen, sind nicht davor gefeit. Es ist schwer, hohe Ansprüche an sich selbst zu stellen und die eigenen Leistungen immer wieder zu übertreffen. Ständig sitzt einem die nagende Angst im Nacken, die Spitzenposition nicht halten zu können, die man erreicht hat.

In meinem Fall hat es den Anschein, als lägen die Gründe dafür, dass ich auf das Rad der Angst katapultiert wurde, auf der Hand. Aber niemand gerät durch ein einziges Ereignis in seinem Leben, nicht einmal durch eine so traumatische Erfahrung, wie Augenzeugin eines Gewaltverbrechens zu werden, auf das Rad der Angst. Wie alle anderen Menschen hatte auch ich schon vorher eine Reihe großer und kleiner Kratzer an meinem Ego hinnehmen müssen, die mich auch ohne die Tragödie auf das Rad der Angst trieben.

Wir werden nicht nur von Ereignissen und Erfahrungen in unserem Leben geprägt, sondern auch von der Art, wie unsere Bezugspersonen uns helfen, damit umzugehen. Unsere Eltern und Menschen, die uns nahe stehen, möchten unser Bestes und versuchen deshalb, uns vor Schaden zu bewahren. Bedauerlicherweise liegen oft Welten zwischen guter Absicht und gutem

Ergebnis. Durch die Art, wie Erwachsene traumatische Situationen im Leben eines Kindes handhaben, wird die Angst oft noch verschlimmert. Meine Verwandten wussten nicht, wie sie mit der Gewalttat umgehen sollten; deshalb redeten wir zwanzig Jahre lang nicht darüber. Nachdem mich meine Großmutter vom Sarg weggezerrt und mir zu schweigen geboten hatte, stimmten meine Tanten und Onkel stillschweigend mit ihr überein, dass ich mich zusammenreißen müsse. Mit vierzehn war mir nicht erlaubt, zu weinen oder in ihrem Beisein zu erwähnen, was ich durchgemacht hatte. Punkt. Die Botschaft, die ich dieser von den Erwachsenen aufgestellten Regel entnahm, lautete: »Es ist nicht in Ordnung, so zu sein, wie ich bin, und meine Gefühle zum Ausdruck zu bringen.« Mit anderen Worten: »Die Menschen, die ich schätze, sind nicht stolz auf mich, wenn ich so bin, wie ich bin.«

Das ist eine der Botschaften, die mein Rad der Angst in Bewegung setzten. Auch Sie haben vermutlich im Verlauf Ihres Lebens von Erwachsenen ähnliche Botschaften erhalten. Vielleicht waren Sie ein Wildfang, der zum Ballettunterricht geschleift wurde, weil Ihre Mutter nicht wollte, dass ein Mädchen wie ein Junge Fußball spielt! Vielleicht waren Sie ein talentierter Künstler, der von seinem Vater gezwungen wurde, Sport zu treiben. Vielleicht haben Sie Ihrer Klassenlehrerin die ersten Kapitel eines Science-Fiction-Romans gezeigt und bekamen zu hören, das sei brotlose Kunst und Sie sollten lieber einen praktischen Beruf erlernen. Um was es dabei auch im Einzelnen ging: Sie haben bestimmt schon seit vielen Jahren nicht mehr über diese Erfahrung nachgedacht.

Falsche Wahrnehmungen, die auf Angst basieren

Das ist in Ordnung. Sie müssen nicht wissen, welche Erfahrungen im Einzelnen zu der Angst beigetragen haben, dass Sie nicht gut genug sind. Sie werden in diesem Buch lernen, wie Sie diese Angst überwinden, auch wenn Ihnen die Ursprünge nicht klar sind oder wenn Sie »ein schlechtes bewusstes Gedächtnis«

an den Auslöser haben, wie LeDoux es nennt. Interessant ist, wie die Angst unsere Wahrnehmungen »filtert«. Wenn Sie Angst haben, nicht liebenswert zu sein, und jemand »Ich liebe dich« sagt, passieren die Worte Ihren mentalen Filter – alles, was im Sieb hängen bleibt, ist die Reaktion: »Aber du weißt nicht, dass ich deine Liebe nicht verdiene.«

Ein anschauliches Beispiel ist meine Klientin Anna, eine Verwaltungsassistentin. Jedes Mal, wenn sie von ihrem Chef eine Aufgabe zugewiesen bekam, die neu für sie war, hatte sie Angst, schwer von Begriff oder zu langsam zu sein und zu scheitern. Anna wuchs bei einer Mutter auf, die sehr streng war, sie ständig ermahnte und selten lobte. Folglich nahm Anna liebevolle oder anerkennende Worte durch einen Filter wahr, und was hängen blieb, war die Reaktion: »Er hat keine Ahnung. Ich hoffe, dass mich niemand durchschaut. Falls ich überhaupt jemals Erfolg habe, ist das purer Zufall und die Chance äußerst gering, dass sich solche Spitzenleistungen wiederholen.« Dabei ist Anna sehr kompetent und durchaus fähig, auch neue Aufgaben mit Bravour zu erledigen; doch ihr auf Angst basierendes Filtersystem weckt in ihr die Überzeugung, dass sie keine überragenden Fähigkeiten besitzt und den Anforderungen nicht gewachsen ist. Anders ausgedrückt: Ihr Chef befindet sich auf dem Holzweg, wenn er meint, dass sie erstklassige Arbeit leistet. Sie hat Angst, den Erwartungen nicht gerecht werden zu können. Sie kommt sich unzulänglich und manchmal sogar wie eine Hochstaplerin vor. Sie setzt alles herab, was positiv in ihrem Leben ist. Insgeheim fragt sie sich, wann man sie entlassen wird. In Wirklichkeit ist sie aber sehr gut in ihrem Beruf.

Jeder Mensch besitzt sein eigenes, einzigartiges Filtersystem, aber die Mechanismen sind immer die gleichen. Ihr Filtersystem vermittelt Ihnen vielleicht den Eindruck, dass man Sie ausnutzt, obwohl Sie in Wirklichkeit Angst haben, Nein zu sagen. Oder Sie sind zu der Überzeugung gelangt, dass Ihnen keine andere Wahl bleibt, als sich in Ihr Schicksal zu fügen, obwohl Sie in Wirklichkeit Angst haben, eine Veränderung und möglicherweise Ablehnung zu riskieren. Um sich diese Sichtweise zu bewahren, müssen Sie Beweise finden, die sie stützen.

Beweise für die Richtigkeit Ihrer Wahrnehmungen

Anna hatte »Beweise« in rauen Mengen gesammelt, um ihre Überzeugung zu belegen, dass ihr Chef sich irrte, wenn er sie lobte. Sie dachte oft daran, dass ihre Schreibmaschinenkenntnisse alles andere als erstklassig waren. Sie brauchte länger als ihre Kolleginnen für eine Aufgabe. Und jedes Mal, wenn sie darüber nachdachte, ob sie um eine Gehaltserhöhung bitten sollte, fiel ihr der erniedrigende Moment ein, als sie vergessen hatte, den Flug für ihren Chef zur Jahreshauptversammlung der Aktionäre zu buchen. Es war ihre Schuld, dass er die Eröffnungsrede verpasst hatte. Wie konnte er da zufrieden mit ihren Leistungen sein? Wie viele Beispiele brauchte sie eigentlich noch, die klipp und klar bewiesen, wie dumm es war, dem Lob ihres Chefs Glauben zu schenken? Sie konnte von Glück sagen, dass er sie überhaupt noch in der Firma behielt.

Menschen verstehen es meisterhaft, eine lückenlose Kette von Beweisen aufzubauen, die ihre angstbasierten Überzeugungen untermauern. Angenommen, Sie haben Angst, dass Sie für einen Computer zu alt sind. Sie reden sich ein, dass Sie es nie lernen werden, ihn zu bedienen. Wenn Sie einen Zeitungsartikel lesen, der die Komplexität dieser Technologie beschreibt, nicken Sie verständnisinnig mit dem Kopf. Ihr Verdacht hat sich bestätigt! Doch wenn Sie lesen, dass die Mitglieder eines Seniorentreffs den Umgang mit dem Computer spielend erlernt haben, überspringen Sie das – vielleicht nicht mit Absicht, aber unbewusst. Sie klammern sich an Ihre Denkweise, die Ihnen in Fleisch und Blut übergegangen ist, und lassen alles außen vor, was nicht ins Bild passt. Sie geben sich sogar die allergrößte Mühe, nach Indizien zu suchen, die diese Ansicht bestätigen. Wenn Sie einen Bekannten haben, der Computerfachmann ist, stellen Sie ihm Fragen, die ihn veranlassen, sich in epischer Breite über die Tücken und Fallstricke seines Metiers auszulassen. Sie hören sich die Geschichten über den Absturz des Systems und den Datenverlust an und filtern dabei die offenkundige Befriedigung des Mannes heraus, ein Problem gelöst zu haben, das eines Experten bedarf. Und dann sagen Sie sich: »Aha! Ich hatte also Recht.«

Geben Sie zu, dass Ihre Wahrnehmungen trügerisch sind

Genau das hört die Angst gern, denn sie besitzt eine Geheimwaffe: Sie weiß, dass jeder Mensch gern Recht behält. Sie filtert die eingehenden Informationen, sodass wir automatisch nur das akzeptieren, was mit unserem bereits vorhandenen »Wissen« übereinstimmt. Die Angst nutzt unser Kontrollbedürfnis, unseren Perfektionstrieb und unser Bedürfnis, den Schein zu wahren und zu tun, als hätten wir alles im Griff, aus, damit wir so bleiben, wie wir sind. Sie redet uns nach dem Mund, vermittelt uns ein trügerisches Gefühl der Sicherheit vor der Außenwelt. Wenn wir Recht behalten, beweisen wir uns selbst, dass in unserem Leben alles stimmt, dass unsere Entscheidungen völlig in Ordnung sind und dass Mittelmäßigkeit nicht unsere Schuld ist. Das ist das Fundament für unsere Fähigkeit, Ausreden und Klagen zu rechtfertigen, den schwarzen Peter weiterzugeben und andere für die Probleme in unserem Leben verantwortlich zu machen.

Fragen Sie sich einmal: Was wäre, wenn Ihr Wunsch, die Angst zu steuern, zu vermeiden oder zu leugnen, in Wirklichkeit nur dazu beitrüge, ihren Fortbestand zu sichern? Was wäre, wenn Ihr Perfektionstrieb Sie davon abhielte, der Mensch zu sein, der Sie gern wären? Was wäre, wenn Ihr Bedürfnis, wie ein Sieger zu wirken, der Grund dafür wäre, dass Sie Ihren Erfolg nicht so genießen, wie Sie könnten? Der Versuch, die Angst zu steuern, zementiert sie lediglich. Selbst wenn Sie das gesetzte Ziel erreichen, schmälert die Angst den Erfolg, weil sie die vertrauten Zweifel und Sorgen aufkommen lässt. Die Angst begleitet Sie auf Schritt und Tritt. Sie haben Angst, zu neuen Ufern aufzubrechen, weil Sie nicht wissen, was Sie hinter den selbst gesetzten Grenzen erwartet. Sie könnten scheitern. Sie könnten für Ihre Vermessenheit bestraft werden. Ihr Zögern war durch die Stimme der Angst bedingt, die ihre Bedenken anmeldete: »Bist du sicher? Glaubst du wirklich, dass du das schaffst?« Und wieder hat die Angst die Oberhand gewonnen. Das bedeutet schließlich, dass die Angst Sie motivieren kann, sich noch größere Mühe zu geben, um Ihr Ziel zu erreichen; aber wenn es Ihnen gelingt, sind Sie unfähig, sich darüber zu freuen. Das Rad der Angst dreht sich unentwegt weiter.

Franks Geschichte

Frank war ein Mensch, der harte Arbeit nicht scheute und ehrgeizig war. Solche Eigenschaften sind an sich bewundernswert und gesucht in der Arbeitswelt, aber er hatte sie aus einem zwanghaften Bedürfnis heraus entwickelt: Er wollte um jeden Preis vermeiden, als Versager abgestempelt zu werden. Dieses Ziel zehrte an seinen Kräften. Sein Leben war aus den Fugen geraten, gelinde gesagt.

Frank steht nicht allein da. Die Angst ist eine Kraft, die uns ständig antreibt: Sie erinnert uns daran, dass man uns kritisieren oder als Betrüger entlarven könnte, wenn wir uns nicht mehr Mühe geben. Frank pflegte sich jeden Tag die Frage zu stellen: »Was ist, wenn ich den Anforderungen nicht gewachsen bin? Was sollen die Leute von mir denken?« Mit den »Leuten« waren seine Frau, seine Eltern, die unmittelbaren Nachbarn mit dem größeren Haus, die ehemaligen Kommilitonen, der Junge, der ihn gehänselt hatte, als er neun Jahre alt war, sein Chef, seine Kinder und tausend weitere Personen gemeint, an die er sich wahrscheinlich nicht einmal mehr erinnerte. Um seine Angst in Schach zu halten, gab es für Frank nur noch eines im Leben: seine Arbeit als Immobilienmakler. Er war wiederholt Verkäufer des Monats, aber seine Ehe war der reinste Scherbenhaufen, und er kannte weder die Freunde seiner Kinder noch ihre Lieblingsgerichte. Menschliche Nähe war nicht seine Stärke. Die Angst hatte ihn fest im Griff.

Angst schafft trügerische Ergebnisse. Nach außen hin wirkte Frank erfolgreich. Er hatte ein sechsstelliges Jahreseinkommen, seine Kinder besuchten die besten Privatschulen, und sein Bild war auf Werbeplakaten in der ganzen Stadt zu sehen. Alle kannten Frank. Aber Frank kannte sich selbst nicht. Er redete sich fortwährend ein, wenn das nächste Geschäft unter Dach und Fach sei, habe er endlich Zeit für die Familie. Doch das nächste Geschäft zog immer ein weiteres nach sich. Das Leben zerrann ihm unter den Fingern.

Franks Verhalten leitete sich größtenteils von der Angst her, die er von seinem Vater übernommen hatte. LeDoux beschrieb, in welchem Ausmaß Eltern Einfluss darauf nehmen, wie wir Ängste verarbeiten. Franks Vater hatte während der Weltwirtschaftskrise ein Vermögen verloren, und Frank konnte sich noch gut daran erinnern, wie er geschuftet hatte, um die Familie über Wasser zu halten. Frank wurde jeden Tag aufs Neue eingebläut, was man brauchte, um erfolgreich zu sein – das Wichtigste war harte Arbeit. Die Schande, die sein Vater empfunden hatte, als er plötzlich mittellos dastand, ging nicht spurlos an Frank vorüber. Die Angst vor ähnlich schlimmen Erfahrungen veranlassten Frank, den alten Trott beizubehalten.

Die gute Neuigkeit ist: Frank konnte die Fähigkeit, sich ein Ziel zu setzen und es konsequent und engagiert zu verfolgen, dazu benutzen, vom Rad der Angst auf das Rad der Freiheit zu gelangen (wie ich im dritten Kapitel erläutern werde). Als er mit dem Fearless-Living-Programm anfing, musste er mittels bestimmter Übungen lernen, alte Wahrnehmungsmuster über Bord zu werfen, die seine Angst zementierten, und ein neues Filtersystem aufbauen, das ihn stärkte statt schwächte. Das mag schwierig klingen. Aber wenn Sie wie Frank jeden Tag mit der Angst kämpfen müssen, wird es Ihnen vergleichsweise leicht fallen, dieser Angst Herr zu werden.

Frank musste seine erfolgreiche berufliche Laufbahn nicht aufgeben, um seine Angst zu bezwingen. Es war lediglich notwendig, der Tatsache ins Auge zu sehen, dass er nicht glücklich war, genauso wenig wie seine Frau und seine Kinder, und dass sein Leben nicht so verlief, wie er es sich gedacht oder gewünscht hatte. Ich arbeitete mit Frank, um die Stimme der Angst zum Schweigen zu bringen, die ihm fortwährend ins Ohr flüsterte: »Du wirst alles verlieren. Der nächste Verkaufsabschluss könnte dein letzter sein. Und was dann? Jeder weiß, dass Erfolg in diesem Metier reine Glückssache ist. Eines Tages wird deine Glückssträhne abreißen, und dann wird jeder die Wahrheit über dich erfahren.« Wir mussten auch die Antwort ändern: »Ich werde es ihnen schon zeigen!« Dieser innere Dialog war ein Gespräch von Angst zu Angst. Sobald Sie anderen die Entscheidung überlassen, was Sie zu tun haben, geht die Angst um.

Wann haben Sie zum letzten Mal ein Ziel erreicht, das Ihnen keine Freude gemacht, sondern nur ein schales Gefühl der Leere und Kälte hinterlassen hat? Frank wünschte sich den Erfolg mehr als alles andere auf der Welt. Er sah darin einen Lebenssinn und eine Möglichkeit, sich für das Vermächtnis der Armut zu rächen. Aber die Angst war das Einzige, was ihn von Erfolg zu Erfolg trieb. Angst kann ein Motor sein, der uns fantastisch motiviert; doch am Ziel unserer Wünsche angekommen, empfinden wir nicht immer Freude oder Seelenfrieden.

Liebe nicht nur deinen Nächsten, sondern auch dich selbst

Franks Angst, kritisiert oder als Versager abgestempelt zu werden, ist verständlich. Natürlich finden wir es wichtig, was andere über uns denken. Der Wunsch nach Zugehörigkeit ist ein menschliches Grundbedürfnis. Aber wenn wir das Gefühl haben wollen, wirklich akzeptiert zu sein, müssen wir uns zuerst selbst akzeptieren. Das ist eine wichtige Voraussetzung für ein angstfreies Leben. Selbstakzeptanz kann hart sein, wenn man mit seiner derzeitigen Lebenssituation unzufrieden ist. Aber sie ist unerlässlich, um ein echtes Zugehörigkeitsgefühl zu entwickeln.

Sobald Frank versuchte, Kontakt zu anderen Menschen zu knüpfen – Menschen, die wichtig für ihn waren oder die er kennen zu lernen hoffte –, verdeckte die Angst den grundlegenden Kern seiner Persönlichkeit. »Mehr Schein als Sein lautet die Parole«, sagte die Angst. »Niemand akzeptiert oder mag dich so, wie du bist.« Alle Menschen haben das Bedürfnis nach Anerkennung. Der Gedanke, den wichtigsten Bezugspersonen in unserem Leben zu offenbaren, dass wir Angst haben, einsam sind oder daran zweifeln, ob wir Liebe und Wertschätzung verdienen, ist schier unerträglich. Aber wenn wir anderen nicht erlauben, unser wahres Ich kennen zu lernen, einschließlich unserer Ängste und Grenzen, kann kein Vertrauen und keine echte Nähe entstehen. Wie können wir auf Freundschaft, Liebe und Unterstützung hoffen, wenn wir es nicht wagen, verletzlich zu sein und unsere Schutzwälle so weit niederzureißen, dass andere sehen, wer wir wirklich sind? Sich selbst und andere zu akzeptieren ist unerlässlich, wenn wir den Klammergriff der Angst lockern wollen.

Wachsen statt überleben

Die Angst benutzt die Indizien, nach denen wir ständig Ausschau halten, um bestehende Filtersysteme und Wahrnehmungen zu untermauern. Nach dem Tod meiner Eltern bediente ich mich eines Filtersystems, das unter dem Motto stand: »Ich allein gegen den Rest der Welt«. Das von Meredith lautete »Was kann ich heute für dich tun?« und das von Frank »Ich darf nicht versagen«. Diese Filtersysteme schnitten uns von der Möglichkeit ab, unser wahres Selbst zu akzeptieren. Sie waren ein Mittel, um zu überleben. Von leben kann dabei keine Rede sein.

Denken Sie an die letzten vierundzwanzig Stunden. Wie viele Stunden haben Sie prozentual damit verbracht, zu überleben? Überleben bedeutet: faule Kompromisse eingehen; sich vor anderen verstecken; an sich selbst zweifeln; niemandem erlauben, uns wirklich nahe zu kommen; Freunde haben, die man eher als Feinde bezeichnen könnte; Dinge tun, die wir tun »müssen« oder tun »sollten«; schon beim Aufwachen Grauen vor den nächsten vierundzwanzig Stunden empfinden; darauf hoffen, dass jemand kommt und unser Leben in die Hand nimmt; jammern und klagen; Ja sagen, obwohl wir lieber Nein sagen würden; sich grundlos Sorgen machen; aufgeben, bevor wir es überhaupt versucht haben; unsere eigenen Bedürfnisse hintanstellen; uns um jeden Preis vor Verletzungen schützen; eine »Autorität« niemals in Frage stellen; sich zurückhalten, wenn wir am liebsten pfeifen, kichern oder singen würden; eine Fülle von Ausreden im Ärmel haben, um zu erklären, warum unser Leben so und nicht anders verlaufen ist; nicht um Hilfe bitten, obwohl wir sie brauchen; heimlichen Groll hegen; mehr Geld ausgeben, als wir haben, um Dinge zu kaufen, die wir nicht brauchen; sich mit Hinz und Kunz vergleichen; nicht bereit sein, zuerst zu lieben; den Eltern die Schuld daran geben, wie wir heute sind; sich einreden, dass alle anderen mehr wissen und können; zu viel Alkohol trinken; sich nicht wehren, wenn wir uns übergangen, unwichtig oder verkannt fühlen; darauf warten, dass sich irgendetwas ändert; andere manipulieren, um den eigenen Willen durchzusetzen; uns ungesund ernähren; uns für unseren eigenen Körper schämen und Kleidung tragen, die zwei Nummern zu groß ist; heile Welt spielen, obwohl wir das Gefühl haben, dass alles auseinander bricht; stolz darauf sein, dass wir seit dem vierten Lebensjahr, als unsere zahme Maus starb, nicht mehr geweint haben; auf die Angst hören, die uns einredet, mehr könnten wir nicht erwarten; Dinge sagen, die wir später bedauern, nur weil wir der Meinung sind, dass andere sie verdienen; nicht zugeben wollen, wenn eine Beziehung in die Brüche geht; Leuten ungebeten gute Ratschläge erteilen; zögern, wenn es gilt, für die eigenen Interessen einzustehen; die eigene Position auf Teufel komm raus verteidigen; verlieren als Niederlage betrachten; sich wünschen, die Situation wäre anders, aber nichts tun, um sie zu verändern; sich selbst Vorwürfe machen oder herabsetzen; die eigene Kreativität leugnen.

Leben bedeutet dagegen: Nein sagen, wenn man Nein meint; dankbar sein für das Gute im Leben; aus heiterem Himmel lächeln; einen Menschen haben, dessen Freundschaft ein Geschenk des Himmels ist; niemals heimlich grollen; sich selbst eine Verschnaufpause gönnen; sich auf die Schulter klopfen, weil man sich nach besten Kräften bemüht hat; einen Freudentanz aufführen; bereit sein, sich zu verlieben, auch ohne Garantie, nicht verletzt zu werden; aus keinem besonderen Grund das Lieblingsnachthemd tragen; im Auto singen, obwohl man keinen Ton trifft; davon ausgehen, dass alles gut wird; das Vertrauen eines anderen Menschen genießen; darauf verzichten, die Litanei der Sorgen herunterzubeten; sich selbst sagen, dass man es schafft, auch wenn die Angst das Gegenteil behauptet; nahe stehende Menschen bitten, uns zu helfen, wenn wir eine schwere Zeit durchmachen, und ihnen genau sagen, wie; weinen, wenn uns danach ist; uns für das stark machen, was wir wollen, ohne über Leichen zu gehen; uns immer wieder bewusst machen, dass wir alles haben, was wir zum Leben brauchen; aufwachen und glücklich sein, weil wir leben; bereit sein, uns auch einmal zu irren; etwas Neues lernen, was wir schon immer lernen wollten; Zeit in eine gemeinnützige Organisation investieren, weil wir das Bedürfnis haben zu helfen und nicht, weil es gut fürs Geschäft wäre; sich selbst etwas zutrauen; Geld für einen heiß begehrten, völlig überflüssigen Luxus sparen; damit beginnen, unsere Träume und Visionen zu verwirklichen; Ja zu sich selbst sagen.

Leben ist das, wonach wir streben. Ein angstfreies Leben.

In den Startlöchern

Vielleicht gibt es bereits den einen oder anderen Bereich in Ihrem Leben, der nicht von Angst beherrscht wird. Vielleicht arbeiten Sie mit Lust und Leidenschaft, führen eine wunderbare Ehe oder helfen gern Menschen, die im Leben weniger Glück haben als Sie. Das ist gut. Aber gibt es auch einen Bereich in Ihrem Leben, in dem Sie sich unzufrieden, frustriert oder enttäuscht fühlen? Sind Sie glücklich in Ihrer Beziehung, aber unglücklich am Arbeitsplatz? Sind Sie finanziell erfolgreich und anerkannt in Ihrem Beruf, aber unfähig abzunehmen? Sind Sie kreativ und ständig auf Trab, kehren aber nach der Arbeit nur zu Ihrer Katze heim? Falls die Antwort Ja lautet, sind Sie nicht der einzige Mensch, der ein Problem hat. Sie werden sehen, dass selbst in Bereichen, die Sie nach Ihrer Ansicht voll unter Kontrolle haben, die Angst eine wesentlich größere Rolle spielen kann, als Sie glauben.

Der einfachste Weg zu erkennen, in welchem Ausmaß die Angst bewusst oder unbewusst Ihr Leben bestimmt, besteht darin, Ihr Augenmerk als Erstes auf einen Bereich zu richten, der Sie ganz offensichtlich nicht befriedigt. Bei den Angstkiller-Übungen in diesem Buch sollen Sie sich auf diesen Bereich konzentrieren. Wenn Sie ihn in den Griff bekommen, haben Sie die Fähigkeiten erworben, die Sie brauchen, um alle anderen Aspekte Ihres Lebens in Angriff zu nehmen, die Sie verändern wollen – Ihren Beruf, Ihre Beziehungen, Ihre physische Gesundheit, Ihre Kreativität. Denken Sie an einen Bereich, den Sie gern verbessern würden. Was immer Ihnen spontan dazu einfällt, ist der richtige Ausgangspunkt.

Bevor wir mit der Arbeit beginnen, seien kurz die Grundregeln erklärt:

- Behalten Sie noch für sich, dass Sie an sich arbeiten.
  Bis Sie die Grundprinzipien des Fearless Living beherrschen und die ersten Ergebnisse sichtbar sind, könnten Sie Ihre eigenen Bemühungen unterminieren, wenn Sie anderen davon erzählen – denn Sie aktivieren die Angst, die Sie besiegen wollen.
- Nehmen Sie sich jeden Tag mindestens zehn Minuten Zeit für die Angstkiller-Übungen.
  Ich weiß, dass Sie viel zu tun haben. Deshalb sollten Sie diese Aufgabe auf Ihre Tagesordnung setzen und sich strikt daran halten. Werfen Sie einen Blick auf Ihren Tagesablauf. Können Sie den Wecker morgens ein paar Minuten früher stellen und aufstehen, bevor die familiären Pflichten rufen? Können Sie die schriftlichen Übungen auf dem Weg zur Arbeit erledigen? Haben Sie nach dem Abendessen, wenn alle anderen vor dem Fernseher sitzen, ein paar ruhige Minuten für sich? Können Sie Zeit von Ihrer Mittagspause abzweigen? Versuchen Sie, irgendwo in Ihrem Tagesablauf eine Lücke zu finden, in der Sie sich durch die Angstkiller-Übungen selbst etwas Gutes tun.
  Die Aspekte der Angst zu verstehen ist ungemein wichtig, um den Griff zu lockern, in dem die Angst Sie gefangen hält.

Nun werden wir der Angst zu Leibe rücken, indem wir die vier Schlüsselaspekte ermitteln, die Ihr persönliches Rad der Angst kennzeichnen.

2 Das Rad der Angst

Wenn man versucht, die Angst unter Kontrolle zu bringen, schlummert sie unmittelbar unter der Oberfläche weiter und kann beim kleinsten Anlass wieder ausbrechen. Sie bringt uns aus dem Konzept, indem sie uns souffliert, dass wir unser Augenmerk lieber auf die situationsbedingten Themen und Probleme konzentrieren sollten als auf das aktuelle Angstgefühl selbst. So nimmt die Angst passiv, unbewusst und reaktiv Einfluss auf unsere Entscheidungen. Wenn wir sie jedoch in den Griff bekommen wollen, müssen wir uns mit ihr konfrontieren und spüren, wie sie durch uns hindurchgeht, ohne dass sie Besitz von uns ergreift.

Seit dem Moment, als Connie per E-Mail vom Besuch ihrer Schwiegereltern erfuhr, war sie im Stress. Zugegeben, sie hatte sie eingeladen, und sie mussten in den zwei Wochen ja auch bei ihnen wohnen, da sie in Florida lebten. Sie wusste, wie sehr sie sich freuten, das Baby zu begutachten, schließlich war es ihr erstes Enkelkind. Doch die bevorstehende Ankunft von Bobs Eltern löste hektische Betriebsamkeit bei Connie aus. Vielleicht sollte sie neue Bettwäsche für das Gästezimmer kaufen. Zumindest war ein Großreinemachen in dem Zimmer angesagt, einschließlich der Rollos. Und es wäre keine schlechte Idee, am Tag der Ankunft ein Abendessen einzuplanen und dazu auch ihre eigenen Eltern und ihren Bruder mit seiner Familie zu bitten. Aber was sollte sie ihren Gästen vorsetzen? Was würde vor den Augen ihrer Schwiegermutter bestehen, die eine begnadete Köchin war? Erschwert wurde die ganze Sache noch dadurch, dass Connie, vor der Schwangerschaft Pressesprecherin und rechte Hand eines Topmanagers in einem großen Konzern, inzwischen eine eigene PR-Agentur gegründet und sich zu Hause ein Büro mit allem Drum und Dran eingerichtet hatte; die Firma florierte. Sobald das Baby schlief, setzte sie sich an den Schreibtisch, um Neukunden zu akquirieren und ihre Termine einzuhalten.

Als Connies Schwiegereltern eintrafen, war sie völlig erschöpft; sie hatte schon besser ausgesehen. Das mochte auch daran liegen, dass der »Babyspeck« noch nicht wieder heruntergehungert war. Connie überschminkte die Augenringe mit einem Abdeckstift und zog ein wallendes Gewand an, von dem sie hoffte, dass es nicht zu sehr nach Umstandskleidung aussah. Dann legte sie das Baby ins Tragetuch und band es sich um, damit es ruhig war, und machte sich in fieberhafter Eile daran, das mehrgängige Essen vorzubereiten.

Machen wir es kurz: Der Abend wurde ein Fiasko. Das Baby quengelte, wollte seine Flasche nicht trinken und spuckte danach auf Omas Seidenbluse. Das Brot war angebrannt, das Soufflé zusammengefallen und der Kuchen noch nicht ganz durch. Ein Kunde rief an, während Connie mit dem Abwasch beschäftigt war, und machte ihr die Hölle heiß, weil sie in der Pressemitteilung, die ihre Agentur für ihn entworfen hatte, einen Druckfehler übersehen hatte. Und Connies Schwiegermutter, die noch nie sonderlich viel Taktgefühl bewiesen hatte, setzte allem die Krone auf, als sie meinte: »Meine Liebe, bekommst du nicht genug Schlaf? Du siehst ja grauenhaft aus!?«

Connie war auf ganzer Linie gescheitert mit ihrem Versuch, vor den kritischen Augen ihrer Schwiegereltern zu bestehen, und kam sich wie eine Null vor. Die Folge war, dass sie sich noch mehr Mühe gab, um den Eindruck, hoffnungslos überfordert zu sein, wettzumachen. Sie stand in aller Herrgottsfrühe auf, um ein opulentes Frühstück mit Pfannkuchen zu machen, saß bis tief in die Nacht in ihrem Büro, damit ihr tagsüber Zeit für ihre Schwiegereltern blieb, und sprang aus dem Bett, sobald das Baby auch nur einen Mucks von sich gab, damit der Kleine niemanden störte. Doch trotz aller Klimmzüge gelang es ihr nicht, alles perfekt zu organisieren, wie man es ihrer Meinung nach von ihr erwartete.

Eines Abends gegen Ende der ersten Woche gingen ihr die Nerven durch, und sie stand schluchzend in der Küche. Sie hatte angefangen, Tomaten für den Salat in Scheiben zu schneiden, und merkte, dass ihr die Schnippelei, die noch vor ihr lag – Paprikaschoten, Sellerie, Pilze, Karotten –, über den Kopf wuchs.

Ausgerechnet in dem Moment kam Bob zur Tür herein, und ihr rutschte heraus, dass sie die Kocherei satt habe.

»Jetzt reiß dich zusammen!«, donnerte Bob. »Damals, als du noch in deiner Firma angestellt warst, hattest du doch auch jede Situation im Griff und bestimmt eine Menge Stress. Jetzt jammerst du ständig. Früher hast du wie aus dem Ei gepellt ausgesehen, wenn du zur Arbeit gefahren bist. Heute machst du dich nicht einmal mehr vor dem Abendessen zurecht. Ich gebe zu, das Baby nimmt viel Zeit in Anspruch. Ich helfe dir, wenn du mich lässt, und versuche ja auch, dich zu verstehen, aber du bist nicht die Erste, die Kind und Beruf unter einen Hut bringen muss. Außerdem ist es bereits ein halbes Jahr alt. Wie lange soll es noch dauern, bis du dein Leben auf die Reihe bekommst?«

Bobs ungewohnter Ausbruch war für Connie ein harter Schlag. Sie schnappte nach Luft, die Tränen liefen ihr übers Gesicht. In dem Moment, als Bob sich auf dem Absatz umdrehte und die Küche verließ, kam sie sich wie eine Versagerin vor.

Im Badezimmerspiegel sah sie das vom Weinen verquollene Gesicht einer Frau, die ihr nicht sonderlich liebenswert schien. Sie nahm sich vor, sich noch mehr anzustrengen, um den eigenen Normen zu entsprechen. Entschlossen kehrte sie in die Küche zurück, schlug das Kochbuch auf und begann, ein virtuoses Boeuf Bourguignon zuzubereiten. Damit würde sie Eindruck schinden und ihre Schlappen wettmachen. »Ich werde es euch schon zeigen!«, murmelte sie.

Connie befand sich auf dem Rad der Angst, in einem klassischen Teufelskreis, einer Endlosschleife von Ereignissen, in der scheinbare Problemlösungen neue Probleme verursachen, die uns unvermeidlich zum ursprünglichen Problem zurückbringen. Auch mein Rad der Angst war ein anschauliches Beispiel. Ich hatte Angst, dass mich andere für eine Versagerin halten könnten. Für mich bedeutete das, das Gefühl zu haben, alles für alle tun zu können, und zwar perfekt. Vor der Entwicklung meines Fearless-Living-Programms hatte ich mir angewöhnt, auch dann Ja zu sagen, wenn es besser für mich gewesen wäre, Nein zu sagen. Ich sagte Termine zu, die unrealistisch waren. Ich nahm mehr Aufträge an, als ich bewältigen konnte. Mein Vorbild war Superwoman, die Frau, die alles kann. Unbewusst stellte ich mir damit selbst ein Bein, da ich auf diese Weise meinen zahlreichen Verpflichtungen nie gerecht werden und auch keine befriedigenden Ergebnisse erzielen konnte. Es war ein fortwährendes Wettrennen gegen die Zeit, und folglich hatte ich auch wenig Geduld mit mir selbst und anderen. Am Ende war ich wieder überzeugt, eine Versagerin zu sein. Der nächste Schritt im Teufelskreis war der Griff zu emotionalen Schmerzkillern: Alkohol, Kaufrausch, Isolation. Anschließend meldete sich das schlechte Gewissen zu Wort, und ich machte mir Vorwürfe, setzte mich herab. Das Ergebnis war, dass ich jedes Mal aufs Neue das schmerzliche Gefühl bei mir auslöste, absolut wertlos zu sein. Es gab kein Entrinnen: Ich strengte mich noch mehr an, um zu vermeiden, was ich fürchtete, und sorgte dafür, dass sich mein Rad der Angst unablässig drehte.

Jeder von uns hat ein eigenes Rad der Angst, das von unserem Familienerbe (den Verhaltensmustern, die wir mit auf den Weg bekommen haben), von unserem Glaubenssystem und von unseren Lebenserfahrungen geprägt ist. Wir achten darauf, dass es sich immer dreht, indem wir es mit Beweisen unserer Unzulänglichkeit schmieren, nach denen wir auf Schritt und Tritt Ausschau halten; sie bestätigen, dass wir mit unseren Selbstzweifeln Recht hatten. Dieses Rad der Angst können wir nur dann anhalten, wenn wir bereit sind, genau hinzuschauen und es als das zu erkennen, was es ist. Selbst wenn es individuelle Merkmale aufweist, wird es von Mechanismen in Gang gehalten, die bei allen Menschen gleich sind. Es ist ein immer wiederkehrender, zyklischer Prozess, den ich im Laufe der Jahre bei allen meinen Klienten beobachten konnte:

1. Eine Situation tritt ein, die *Angst auslöst* – etwa, dass wir glauben, unter einer gravierenden Charakterschwäche zu leiden, die von anderen entdeckt werden könnte. Dieses Resultat wollen wir um jeden Preis vermeiden, und deshalb wechselt der Körper in den Alarmzustand über, der ihm ermöglicht, aus einem Reflex heraus auf Notfälle zu reagieren. Bis

zu einem gewissen Grad machen sich die Symptome der Angst bemerkbar, einschließlich Herzklopfen und schweißnasse Handflächen.

2. Diese *Angstreaktion* veranlasst uns, normalerweise unbewusst, alles zu tun, um das gefürchtete Resultat zu vermeiden. Genauso wie wir beim Anblick eines schlangenähnlichen Gegenstands die Flucht ergreifen würden, versuchen wir im übertragenen Sinne vor dem Gedanken davonzulaufen, der uns Angst macht. Ironischerweise ist diese Angstreaktion – zum Beispiel sich noch mehr anzustrengen, um erfolgreich zu sein, oder Zusagen zu machen, die man unmöglich einhalten kann – beinahe eine Garantie dafür, dass wir genau das Resultat erzielen, das wir vermeiden wollten. Es ist ein grausamer Streich, den uns die Natur spielt: Das von uns gewählte Vermeidungsverhalten dient nur dazu, die schlimmsten Befürchtungen über uns selbst zu bestätigen.

3. Wenn wir feststellen, dass wir das befürchtete Resultat nicht vermeiden konnten, ergreift das *negative Gefühl* von uns Besitz, nicht gut genug zu sein. Es ist dieses Gefühl, vor dem wir in Wirklichkeit Angst haben. Der Gedanke, dem wir aus dem Weg zu gehen versuchen, ist nur ein Deckmäntelchen für das Gefühl der Unzulänglichkeit, das wir nicht ertragen können. Dieses Gefühl verbirgt sich hinter jedem Gedanken und hinter jeder Angstreaktion; beide lenken uns ab und helfen uns, der Konfrontation mit unserer vermeintlichen Unzulänglichkeit aus dem Weg zu gehen. Dann gesellen sich Selbstverachtung und Selbsthass hinzu. Und zum Schluss verallgemeinern wir diese spezifische Erfahrung und haben Angst, überhaupt nichts mehr richtig zu machen.

4. Wir finden einen Weg, den emotionalen Schmerz zu betäuben – und zwar fast immer durch *selbstzerstörerisches Verhalten* wie Alkohol, Glücksspiel, ungesunde Ernährung oder Isolation und emotionale Distanz von Menschen, die uns eine Stütze sein könnten. Es geht hier wohlgemerkt nicht darum, in welchem Ausmaß wir dieses Verhalten an den Tag legen, sondern nur um die Beweggründe.

Wenn Sie bei einer Hochzeit ein Glas Champagner trinken und ein großes Stück Torte essen, benutzen Sie Alkohol und Süßigkeiten vermutlich nicht als emotionalen Schmerzkiller, sondern als Möglichkeiten, ein Fest zu feiern. Wenn Sie jedoch nach einem schlimmen Arbeitstag nach Hause kommen und sich als Erstes einen Drink genehmigen, weil sie ihn zum Abschalten »brauchen«, ist das eine Angstreaktion, auch wenn Sie sich nicht betrinken und solche Ausrutscher nicht oft vorkommen. Reden Sie sich nicht ein: »Ich bin kein Alkoholiker, und deshalb hat dieses Thema nichts mit mir zu tun.«

Wenn Sie abends nach der Heimkehr der erste Gang zum Kühlschrank und der Familienpackung Eiskrem führt, weil Sie von der Arbeit frustriert sind, befinden Sie sich vermutlich ebenfalls auf Ihrem Rad der Angst. Suchen Sie gar nicht erst nach Ausflüchten, zum Beispiel, dass Sie es sich bei Ihrer Figur leisten können und solche Exzesse auch eine Ausnahme von der Regel bleiben werden. Wenn Sie sich in Klausur begeben, um einmal allein zu sein und Zeit zum Nachdenken zu haben,

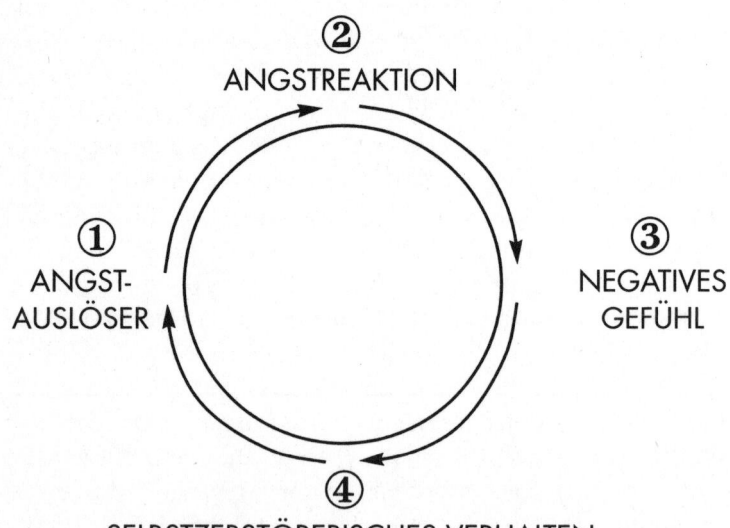

Abbildung 1

ist das ein positives Motiv, um sich zurückzuziehen. Wenn Sie aber nicht mehr ans Telefon gehen und Ihre E-Mails unbeantwortet lassen, weil Sie sich wie ein Idiot vorkommen und keine Menschenseele ertragen können, schotten Sie sich auf ungesunde Weise ab.

Selbstzerstörerisches Verhalten verschafft uns keinerlei Erleichterung; ganz im Gegenteil, in der Regel fühlen wir uns anschließend noch schlechter, denn wir müssen feststellen, dass wir wieder genau dort stehen, wo wir begonnen haben: Wir versuchen vergebens, die Angst in Schach zu halten. Auf diese Weise wird sie zu einer sich selbst erfüllenden Prophezeiung. Und das Rad dreht sich weiter.

Finden Sie heraus, was Sie auf dem Rad der Angst hält

Um sich vom Rad der Angst zu lösen, müssen Sie als Erstes herausfinden, welcher Auslöser diesen Teufelskreis in Bewegung setzt. Um ihn zu ermitteln, habe ich eine Methode entwickelt, die sich bei meinen Klienten hervorragend bewährt hat.

Lesen Sie sich folgende Begriffe aufmerksam durch:
1. selbstsüchtig
2. dumm
3. schwach
4. unfähig
5. mittelmäßig
6. Versager
7. Hochstapler
8. faul
9. unscheinbar
10. ungeliebt

Nun wählen Sie einen Begriff aus der Liste, der die stärkste Angstreaktion hervorruft, wenn Sie ihn in folgende Aussage einfügen:

Wenn jemand, den ich liebe, respektiere oder bewundere, denken würde, ich sei _____, wäre ich am Boden zerstört.

Meredith, die treu sorgende Ehefrau, die nach achtzehn Ehejahren von ihrem Mann verlassen wurde, erklärte, ein einziger Begriff reiche nicht aus, weil alle eine gleichermaßen verheerende Wirkung auf sie hätten. Vielleicht geht es Ihnen ähnlich. Die Erfahrung hat jedoch gezeigt, dass Menschen, die den Hauptauslöser für das Rad der Angst identifizieren, die damit verbundenen Ängste wirksamer entschärfen können. Das A und O in diesem Erkenntnisprozess ist die Wahrnehmung. Wenn Sie aufmerksam sind und sich klarmachen, wovor Sie am meisten Angst haben, erkennen Sie, dass Sie aus einem Angstreflex heraus reagieren und Ihr Verhalten keine selbstbestimmte, bewusste Wahl darstellt.

Um den Hauptauslöser zu ermitteln, grenzen Sie die Liste auf fünf Begriffe ein, die Ihnen hart zusetzen würden, wenn Ihre Freunde Sie so beurteilten. Danach filtern Sie drei heraus, die Sie vernichtend fänden. Und am Schluss picken Sie das eine Wort heraus, das in Ihren Augen am allerschlimmsten wäre. Das ist der Auslöser für Ihr Rad der Angst.

Die harmoniesüchtige Meredith, die Mann und Kinder immer an die erste Stelle in ihrem Erwachsenenleben gesetzt hatte, entschied sich für »selbstsüchtig«, »faul«, »unfähig«, »ungeliebt« und »Versagerin«. »Selbstsüchtig«, »ungeliebt« und »Versagerin« kamen dann in die engere Wahl. Und zu guter Letzt entdeckte sie den Hauptauslöser: Sie wollte um jeden Preis der Welt vermeiden, als selbstsüchtig zu gelten. Ironischerweise erwiesen sich die achtzehn Jahre, in denen sie ihre eigenen Bedürfnisse geleugnet hatte, um ihrem Bild von der perfekten Ehefrau und Mutter zu entsprechen, als Bumerang. Das kommt vor, wenn jemand vom Rad der Angst motiviert wird, statt sich natürlich weiterzuentwickeln, in Übereinstimmung mit seinem persönlichen Rad der Freiheit.

Connie, die berufstätige Mutter, deren Auslöser die Angst war, für inkompetent gehalten zu werden, schoss über das Ziel hinaus und bewirkte mit ihrem Verhalten genau das, was sie vermeiden wollte. Frank, der Immobilienmakler, der nicht als faul gelten wollte, arbeitete wie ein Besessener, hatte aber stets Zweifel an seinen eigenen Fähigkeiten und nie genug Zeit für die Menschen, die ihm nahe standen. Ich hatte eine ähnliche Strategie: Ich tat alles, um ja nicht den Eindruck zu erwecken, eine Versagerin zu sein. Meine Arbeitssucht und mein Perfektionstrieb waren geradezu eine Garantie, dass sich meine schlimmsten Befürchtungen bestätigten.

Negatives Grundgefühl

Die nächste Aussage, die Sie ergänzen sollen, wird Ihr negatives Grundgefühl ans Tageslicht bringen – Ihre persönliche Variante der Angst, nicht gut genug zu sein.

Lesen Sie die folgende Liste aufmerksam durch:
1. ein Versager
2. nicht liebenswert
3. eine Enttäuschung
4. wertlos
5. hilflos
6. töricht
7. unzulänglich
8. unbedeutend
9. Außenseiter
10. Mensch zweiter Klasse

Nun ergänzen Sie den nachfolgenden Text:
Wenn Menschen, an denen mir liegt, überzeugt wären, ich sei _____ [der ermittelte Auslöser], hätte ich das Gefühl,_____ zu sein.

Grenzen Sie die Liste wieder auf fünf Begriffe, dann auf drei und zum Schluss auf einen Begriff ein.
Wie fühlen Sie sich am Ende eines schlimmen Tages, an dem alles schief gelaufen ist?

Der heilige Johannes vom Kreuz, ein spanischer Dichter und Mystiker aus dem sechzehnten Jahrhundert, sprach von der »Seelenfinsternis«, und der amerikanische Schriftsteller F. Scott Fitzgerald schrieb: »In der schwärzesten Finsternis der Seele ist es immer drei Uhr morgens.« Andere bezeichneten diesen Zustand als ihre Schattenseite. Was für eine »Leiche« haben Sie im Keller Ihrer Psyche? In den angstvollsten Augenblicken unseres Lebens ahnen wir, dass dieses negative Grundgefühl die Wahrheit über uns enthüllen könnte. Und jedes Mal, wenn wir den Teufelskreis durchlaufen, erhält das Rad der Angst mehr Macht über unsere bewussten und unbewussten Entscheidungen. Am Ende glauben wir, dass unsere negativen Selbstwertgefühle Tatsachen sind.

Das ist ein Trugschluss. Im Verlauf des Fearless-Living-Programms werden Sie alternative Verhaltensweisen kennen lernen, die positive Gefühle auslösen. Sie werden diese trainieren, bis Sie Ihnen in Fleisch und Blut übergegangen sind. Mit anderen Worten: Sie werden lernen, wieder Sie selbst zu sein – denn Sie sind mehr als die negativen Gefühle, die Sie ängstigen. Sie werden sich so annehmen, wie Sie sind. Sie werden jeden neuen Tag mit Enthusiasmus und Freude begrüßen, anstatt ihm mit Grauen entgegenzusehen. Natürlich werden Sie nach wie vor mit unangenehmen Menschen und Begebenheiten oder Schicksalsschlägen konfrontiert sein, die Ihr Rad der Angst wieder in Bewegung setzen. Aber Sie werden in der Lage sein, es jederzeit anzuhalten, weil Sie über die emotionale Stärke verfügen, selbst die schlimmsten Situationen zu meistern. Die Zukunft muss keine Kopie der Vergangenheit sein. Sie können eingefahrene Verhaltensmuster ändern und verhindern, dass sich die Geschichte wiederholt. Sie sind kein konditioniertes Versuchskaninchen, sondern ein menschliches Wesen: Sie können Ängste auch wieder »verlernen«. Aber zuerst müssen Sie sich diese Ängste bewusst machen.

Meredith, die sich nicht für einen einzelnen Angstauslöser entscheiden konnte, fand die Wahl eines negativen Grundgefühls leicht. So ergeht es vielen. Sie können sich noch so sehr den Kopf darüber zerbrechen, welche Gedanken Angstgefühle bei Ihnen auslösen – Gefühle finden nicht im Kopf, sondern im Bauch statt. Sobald Sie Ihren Auslöser gefunden haben, fallen Ihnen mit Sicherheit zahlreiche Begebenheiten aus Ihrem Leben als Beispiel für das Grundgefühl ein, das wir ermitteln wollen. Als Meredith erkannte, dass sie mit ihrem Verhalten unbedingt vermeiden wollte, als selbstsüchtig zu gelten, wurde ihr klar, dass sie jedes Mal, wenn sie die Opferrolle übernahm, in Wirklichkeit sagte: »Schaut mich an! Ich will beachtet werden! Ich wünsche mir eure Anerkennung! Ich bin als Mensch wichtig! Ich möchte gebraucht werden!« Als sie ihr Verhalten durchschaut hatte, sagte sie: »Wenn ich ignoriert oder ausgenutzt wurde, hatte ich das Gefühl, völlig wertlos zu sein. Als zählte ich überhaupt nicht. Deshalb habe ich eine hektische Betriebsamkeit an den Tag gelegt, um das Gefühl loszuwerden und zu beweisen, dass es ohne mich nicht ging. Immer wieder, Tag für Tag, Jahr für Jahr.«

Connies Auslöser war »unfähig« und das Grundgefühl »nicht liebenswert«. Bei Frank war der Auslöser »faul« und das Grundgefühl »Versager«. Ich identifizierte ebenfalls den Auslöser »Versager« und das Gefühl »wertlos«. Interessant war, dass meine Schwester Linda, die »mittelmäßig« als ihren Auslöser erkannte, sich ebenfalls für das Grundgefühl »wertlos« entschied. Trotz der verschiedenen Ausgangspunkte war das Ergebnis identisch: das tief in unserem Innern verborgene Gefühl der eigenen Wertlosigkeit. Linda, das Nesthäkchen der Familie – alle waren regelrecht in sie vernarrt – , hatte sich immer ausgemalt, sie würde etwas Besonderes aus ihrem Leben machen. Sie war ein Mathe-Ass und träumte von einer Anstellung bei der NASA. Stattdessen unterrichtet sie Mathematik an einer Highschool. Das befriedigte sie nicht. Sie fühlte sich oft wertlos, bis sie den Weg zu ihrem Rad der Freiheit fand.

Angstreaktionen

Die dritte Aussage, die Sie ergänzen sollen, gibt Aufschluss über die Angstreaktionen auf Ihren Auslöser und Ihr negatives Grundgefühl.

1. Gehen Sie nachfolgende Liste durch und haken Sie alles ab (✔), was Sie tun, um den auslösenden Reiz zu vermeiden – den unerträglichen Gedanken, was andere über Sie denken könnten. Meredith hakte beispielsweise »harmoniesüchtig«, »Perfektionismus«, »Workaholic« und »sich ständig mit anderen vergleichen« ab, ihre persönlichen Angstreaktionen, um zu vermeiden, dass man sie als selbstsüchtig abstempelte.

2. Lesen Sie die Liste ein zweites Mal durch und kreuzen Sie nun alles an (✘), was Sie tun, um dem emotionalen Schmerz entgegenzuwirken, der sich einstellt, wenn sich Ihr negatives Grundgefühl bemerkbar macht. Das ist in aller Regel ein selbstzerstörerisches Verhaltensmuster. Manche Begriffe können sowohl mit einem Haken als auch mit einem Kreuzchen versehen werden. Meredith kreuzte zunächst »sich ständig mit anderen vergleichen«, »sich abkapseln«, »sich ständig entschuldigen«, »alles persönlich nehmen«, »Völlerei«, »Schlaflosigkeit« und »Selbsthass« an. Nach einer langen Pause kreuzte sie dann auch noch »Ladendiebstahl« an.

»Ich habe das noch keiner Menschenseele erzählt«, sagte sie errötend und blinzelte, um die Tränen zu unterdrücken. »Ich habe mein ganzes Leben lang immer nur gegeben, gegeben und nochmals gegeben. Phil war so geizig, dass ich nie Geld für mich selbst hatte. Deshalb habe ich manchmal etwas mitgehen lassen, wenn ich im Einkaufszentrum war. Nichts Großes. Einen Lippenstift oder ein Halstuch. Zum Glück bin ich nie erwischt worden. Aber natürlich hatte ich hinterher ein furchtbar schlechtes Gewissen.«

Und so wird das Rad der Angst in Gang gesetzt. Wir reden uns ein, dass wir faul, schwach oder töricht sind, und dieser Gedanke löst Angstreaktionen aus. Diese Angstreaktionen sagen uns, dass, wenn wir zu unserem eingefahrenen Verhaltensmuster greifen und uns mehr Mühe geben, sich zeigen wird, dass der Gedanke nicht der Wahrheit entspricht. Aber in dieser Angstreaktion ist das Gefühl inbegriffen, das wir von Anfang an vermeiden wollten. Wenn wir auf die Reaktionskarte setzen, bestätigen wir damit nur unsere schlimmsten Befürchtungen, dass wir wertlos oder hilflos sind oder was auch immer in unser persönliches Bild von der eigenen Unzulänglichkeit passt. Und wenn wir dieses Gefühl verspüren, treibt es uns automatisch zu selbstzerstörerischem Verhalten.

Sie werden feststellen, dass Ihr eigenes Werturteil über diese Gedanken Sie aus dem inneren Gleichgewicht bringt und am Rad der Angst dreht. Wenn Sie es nicht ertragen können, dass sich andere ein bestimmtes Bild von Ihnen machen, lösen Sie Angstreaktionen und selbstzerstörerische Verhaltensmuster bei sich selbst aus, die sich zu einem Lebensmuster verfestigen. Sie mögen Ihnen vorübergehend ein trügerisches Gefühl der Sicherheit verleihen – wie einem Kind, das die Illusion von Geborgenheit hat, wenn es sich in Abwesenheit der Eltern an seine Schmusedecke klammert. Doch früher oder später fasst die Angst wieder Fuß, und das Spiel beginnt von vorn. Letztlich müssen Sie sich mit dem Gedanken, den Sie um jeden Preis vermeiden wollen, konfrontieren, damit die Angst ihre Macht über Sie verliert.

Hier ist die Liste der Angstreaktionen:

harmoniesüchtig
sich abkapseln
anderen die Schuld geben
faule Kompromisse eingehen
Kaufrausch
negative Grundeinstellung
Schlafsucht
zögern
sich ständig entschuldigen
Problemen aus dem Weg gehen
alles persönlich nehmen
andere manipulieren
bis drei Uhr morgens im
    Internet chatten
sich stundenlang durch die
    Fernsehprogramme zappen
das Handtuch werfen
Drogen/Medikamente

nehmen
Bulimie oder Anorexie
sich an Katze/Hund
    abreagieren
sich selbst verspotten
Workaholic
sich innerlich zurückziehen
sich selbst oder andere
    beschimpfen
Angriff als beste Verteidigung
Verantwortung von sich
    weisen
Völlerei
Perfektionismus
Sucht nach Gefühlsdramen
Selbstmitleid
zu viel Alkohol
jammern

Sportsucht
Promiskuität
Streitsucht
Flucht vor der Realität
fluchen
Glücksspiele
lügen und so tun, als ob
betrügen
Ladendiebstahl
rauchen
andere herabsetzen
Schlaflosigkeit
Selbstmordgedanken oder
 -versuche
unkontrolliertes Weinen

physische Selbstzerstörung
negative Selbstgespräche
sich ständig mit anderen
 vergleichen
Verstopfung/Diarrhö
Kopfschmerzen/Migräne
Magenschmerzen
Bluthochdruck
Ausreden suchen oder sich
 beklagen
endlose Tagträumerei
Selbsthass
vorsätzlicher Schlafentzug
Sodbrennen

Ergänzen Sie nun folgende Aussagen:

1. Wenn ich den Gedanken vermeiden will, dass ich _____ [der Auslöser, der Ihr Rad der Angst in Bewegung setzt] bin, reagiere ich folgendermaßen [nur die mit ✔ abgehakten Begriffe]:

_____
_____
_____
_____

2. Wenn ich mein negatives Grundgefühl loswerden möchte, dass ich _____ bin, reagiere ich folgendermaßen [nur die mit ✗ angekreuzten Begriffe]:

_____
_____
_____
_____

Diese Angstreaktionen präsentieren sich uns in der Maske von Problemen, obwohl sie in Wirklichkeit nichts weiter als ein Vermeidungsverhalten sind: Wir wollen verhindern, dass die schlimmsten Befürchtungen über uns selbst bestätigt werden und wir zu der Schlussfolgerung gelangen, dass sie wahr sein könnten. Connie hatte beispielsweise immer gemeint, sie sei nikotinabhängig, und mit allen Mitteln versucht, sich das Rauchen abzugewöhnen. Sie benutzte Pflaster und Kaugummi, brachte Nichtraucher-Zeichen im ganzen Haus und auf ihrem Schreibtisch an, ließ sich für viel Geld ihre Zähne bleichen, brachte ihre gesamte Garderobe in die Reinigung, musterte ihre Aschenbecher aus, las alle Besorgnis erregenden Artikel über Lungenkrebs und Emphyseme, deren sie habhaft werden konnte, und hatte immer einen Vorrat an Lutschern und Kaugummis in ihrer Schreibtischschublade. Zu guter Letzt bewies sie sich selbst, dass sie jederzeit aufhören konnte, wie in der Schwangerschaft. Doch obwohl sie die physische Abhängigkeit überwunden hatte, benutzte sie das Nikotin nach wie vor als Krücke, um ihr Grundgefühl, nicht liebenswert zu sein, zu unterdrücken. Erst mit den Übungen des Fearless-Living-Programms war sie in der Lage, sich auch mental vom blauen Dunst zu verabschieden. Ähnlich erging es Frank, dessen Arbeitssucht seine Ehe zerstörte: Er brachte mit dem Lernprogramm sein Leben wieder ins Lot.

Ihr persönliches Rad der Angst

Nun besitzen Sie das Rüstzeug, um Ihr eigenes Rad der Angst zu ermitteln und zu Papier zu bringen.

Ergänzen Sie folgende Aussagen:
Wenn ich vermeiden möchte, dass andere von mir denken, ich sei [hierher gehört der Angstauslöser] _____, reagiere ich, indem ich [hierher gehören die mit ✔ abgehakten Angstreaktionen]:

_____

_____

_____

Wenn das nicht funktioniert und ich das Gefühl habe [hierher gehört Ihr negatives Grundgefühl], _____ zu sein, dann [hierher gehören Ihre mit einem ✗ versehenen Angstreaktionen]:

_____

_____

_____

Gut so! Denken Sie daran, Sie können die Liste der Angstreaktionen ständig ergänzen, während wir weiterarbeiten. Je genauer Sie sich selbst und Ihr Verhalten wahrnehmen, desto bewusster wird Ihnen, wie das Rad der Angst in Ihren Tagesablauf eingreift. Sie können auch Reaktionsmuster hinzufügen, die nicht auf der Liste stehen. Angenommen, Sie wollen im Supermarkt Müsli kaufen, aber Ihre Marke befindet sich auf dem obersten Regal, an das Sie nicht heranreichen. Ungeduldig murmeln Sie vor sich hin, wie »blöd« der Laden ist. Statt jemanden zu bitten, das Gewünschte für Sie herunterzuholen, verlassen Sie den Supermarkt ohne Müsli. Sie wollen niemanden behelligen. Sie haben keine Lust zu riskieren, dass der junge Mann, der die Regale auffüllt, die Augen verdreht und sich insgeheim über Sie lustig macht. In dieser scheinbar unwichtigen Situation hat Ihre Unfähigkeit, um Hilfe zu bitten, das Rad der Angst in Bewegung gesetzt. Also sollten Sie »Kann nicht um Hilfe bitten, auch dann nicht, wenn die Leute dafür bezahlt werden« auf Ihre Liste setzen.

Hier sind weitere Beispiele für situationsspezifische Angstreaktionen: Sie zahlen die Rechnung im Restaurant mit Ihrer Kreditkarte, um zu zeigen, dass Sie kein Versager sind, obwohl Ihr Konto weit überzogen ist ... Sie sagen Ja um des lieben Friedens willen und könnten sich danach selbst ohrfeigen ... Sie schotten sich ab und beschäftigen sich in Ihrer Freizeit nur noch mit Computerspielen ... Sie lachen, wenn sich jemand über Sie lustig macht ... Sie melden sich krank an dem Tag, an dem eine wichtige Besprechung anberaumt ist, weil Sie Angst haben, sich zum Narren zu machen ... Sie schieben wichtige Entscheidungen auf die lange Bank, weil Sie sich nicht entschließen können ... Sie sind unfähig, Aufgaben zu delegieren, obwohl Sie jetzt der Chef sind und zahlreiche Mitarbeiter haben, die Sie entlasten könnten.

Diese Reaktionen erscheinen Ihnen in bestimmten Situationen durchaus gerechtfertigt. Doch ist es nie angemessen, sich selbst (oder andere) herabzusetzen oder zu beschimpfen. Und jedes Mal, wenn Sie sich mit anderen vergleichen und zu dem Schluss kommen, ihnen nicht das Wasser reichen zu können ... jedes Mal, wenn Sie zögern, im Restaurant das zu bestellen, worauf Sie wirklich Appetit haben, weil der Ober denken könnte, Sie sollten lieber abspecken ... jedes Mal, wenn Sie frustriert schlafen gehen, weil Sie wieder nicht alles geschafft haben, was Sie sich vorgenommen hatten ... jedes Mal, wenn Ihnen schon beim Aufwachen vor dem endlosen, gleichförmigen Tag graut ... jedes Mal, wenn Ihnen solche oder ähnliche Dinge widerfahren, befinden Sie sich auf Ihrem Rad der Angst.

Symptome, die zeigen, dass sich das Rad der Angst dreht

Zu erkennen, dass man sich auf dem Rad der Angst befindet, kann anfangs schwierig sein. Wir ertappen uns nicht automatisch bei Gedanken oder Reaktionen, die darauf hinweisen. Eine Möglichkeit, sich unser Verhalten bewusst zu machen, besteht darin, die Aufmerksamkeit auf typische Symptome zu richten, die zeigen, dass sich das Rad der Angst dreht. Genauso wie ein rauer Hals und eine laufende Nase den Beginn einer Erkältung signalisieren, deuten bestimmte emotionale Symptome darauf hin, dass es mit dem emotionalen Gesundheitszustand nicht zum Besten steht. Diese Symptome sind Legion und von Mensch zu Mensch verschieden, aber einige treten sehr häufig auf. Sie fühlen sich:

Ungeduldig Sie wollen sofort Ergebnisse sehen und eine umgehende Befreiung von der Spannung erreichen, unter der Sie stehen. Was hält Ihr Chef von dem Bericht, den Sie vorgelegt haben? Sie können nicht warten. Sie müssen wissen, woran Sie sind, und zwar gleich. Sie sind gereizt und nervös, wie jemand, der im Verkehrsstau steckt. Warum können sich die Betreffenden nicht beeilen? Wieso brauchen sie so lange? Weshalb erhalten Sie keine Rückmeldung?

Erschöpft Der Tag scheint kein Ende zu nehmen; ein Tag gleicht dem anderen, und es gibt kein Entkommen aus der Tretmühle. Alles, was Sie tun, kostet Sie unendlich viel Mühe, aber nichts scheint die Anstrengung wert. Sie stehen ständig unter Strom, fangen tausend Dinge an, aber haben das Gefühl, Sie hätten nichts geschafft, geschweige denn zu Ihrer Zufriedenheit erledigt. Sie sind nur noch fix und fertig.

Selbstgerecht Nichts als Blinde weit und breit! Kein einziger Mensch in der ganzen Branche, der sieht, wie man konstruktiv zusammenarbeiten könnte! Niemand weiß Ihre Leistung zu würdigen. Sie reiben sich Tag für Tag in der Firma auf, und dann heimsen andere die Lorbeeren ein. Jeder versucht, Sie zu übervorteilen. Sogar im Privatleben nutzt man Sie aus.

Missverstanden Die Leute bekommen aber auch alles in den falschen Hals! Sie sind beleidigt, und dabei wollten Sie nur ihr Bestes. Sie blicken Sie verständnislos an, als würden Sie Chinesisch sprechen. Niemand kapiert, was Sie meinen. Sie haben das Gefühl, auf taube Ohren zu stoßen.

Von Feinden umzingelt Sie haben den Verdacht, dass andere Ihnen am Zeug flicken wollen, Sie nicht unterstützen oder Ihre Arbeit boykottieren. Sie müssen ständig auf der Hut sein. Jemand könnte Ihre Ideen als seine eigenen ausgeben, Ihre Pläne sabotieren, vor Ihnen ans Ziel gelangen.

Wie gelähmt Sie sind so abgeschnitten von Ihren Gefühlen und Gedanken, dass Sie sogar die Möglichkeit leugnen, irgendetwas könnte nicht stimmen. Wenn Sie entscheiden müssen, wie der nächste Schritt auf Ihrem Weg aussehen sollte, geraten Sie ins Stolpern, aber auch das rüttelt Sie nicht auf. Nichts kann Sie motivieren oder reizen. Sie bringen nichts zu Ende, was Sie angefangen haben, und machen anderen weis, dass Sie den »richtigen Dreh« noch nicht gefunden haben. In Wirklichkeit drehen Sie an Ihrem Rad der Angst.

Schuldig Sie laufen permanent mit einem schlechten Gewissen herum. Wenn jemand beiläufig erwähnt, dass jemandem im Büro ein Fehler unterlaufen ist, fragen Sie sich automatisch, ob Sie der Schuldige sein könnten. Bei Ihrem Sohn wurde eine Lesestörung festgestellt, und Sie nehmen an, dass irgendein Fehlverhalten während der Schwangerschaft die Ursache ist. Sie holen sich eine Grippe und finden eine Möglichkeit, sich selbst dafür verantwortlich zu machen.

Am Boden zerstört Sie haben einen ganzen Stapel Bewerbungsschreiben verschickt und keine einzige Antwort erhalten. Sie haben am Ball der Einsamen Herzen teilgenommen, und niemand hat sie zum Tanzen aufgefordert. Sie waren Shoppen und sind mit leeren Händen nach Hause gekommen, weil Sie beim Blick in den Spiegel einen Schock erlitten haben. Wie immer die Situation auch beschaffen sein mag, Sie haben eine einzige geringfügige Schlappe zu dem Verdacht aufgebauscht, in allen Lebensbereichen ein kompletter Versager zu sein.

Außer Kontrolle Sie verbringen den Nachmittag damit, im Büro von Website zu Website zu springen, obwohl das nichts mit der Arbeit zu tun hat, die Sie erledigen müssten. Oder Sie schleichen sich um zwei Uhr morgens in die Küche, um die kalten Schweinekoteletts und eine Familienpackung Eiscreme zu verputzen. Oder Sie geraten in einen Kaufrausch und legen sich die neuesten technischen Spielereien zu, die Sie weder brauchen noch sich leisten können. Sie können sich nicht gegen diese Neigung wehren. Sie handeln wie unter Zwang.

Konfus Das Leben verläuft nicht so wie erwartet, aber Sie können nicht sagen, woran es hapert. Sie fühlen sich desorientiert und ausgebrannt. Sie gelangen in keinem Bereich Ihres Lebens ans Ziel. Sie können sich nicht entscheiden, um was es auch geht. Sollen Sie den Arbeitsplatz wechseln? Schwer zu sagen. Würde sich die Situation bessern, wenn Sie umziehen? Keine Ahnung. Ist die Beziehung zu Ihrem Partner so gut, wie sie sein könnte? Sie haben keinerlei Anhaltspunkte. Ihnen fehlen klare Kriterien, die als Orientierungshilfe bei Entscheidungen dienen könnten, also treffen Sie lieber erst gar keine. Sie wursteln sich durch, stehen ständig auf dem Schlauch, werden von den unvermeidlichen Herausforderungen des Lebens gebeutelt. Sie strampeln sich ab, nur um den Status quo zu erhalten.

Überfordert Sie stehen am Anfang eines spannenden neuen Projekts. Gleichgültig, ob Sie dabei sind, Ihre Hochzeit zu planen, die erste Eigentumswohnung zu kaufen oder eine Website für Ihre Firma einzurichten – plötzlich haben Sie das Gefühl, überfordert zu sein. Das ganze Ausmaß Ihres Unterfangens wird Ihnen plötzlich bewusst, verdirbt Ihnen die Freude, die Sie empfunden haben, als Ihr Entschluss feststand. Sie fühlen sich außerstande, den ersten Schritt auf dem Weg zur Verwirklichung Ihres Ziels zu wagen. Die Tage verstreichen ungenutzt, während Sie vor Angst zur Salzsäule erstarrt sind. Der Termin rückt immer näher, verschlimmert die Situation noch. Was haben Sie sich bloß dabei gedacht, sich auf ein solches Vorhaben einzulassen? Sie wundern sich, wie es anderen gelungen sein mag, ein ähnliches Projekt durchzuziehen. Was haben sie Ihnen voraus? Warum sind Sie unfähig, die Situation in den Griff zu bekommen?

Opfer Sie haben Ihre eigenen Träume geopfert, um Ihren Kindern alle Vorteile und Chancen im Leben zu bieten, aber niemand dankt es Ihnen. Ihr Chefin ist darauf erpicht, sich bei ihrem eigenen Vorgesetzten lieb Kind zu machen, und überhäuft Sie mit Bergen von Schreibarbeiten, um sich mit fremden Federn zu schmücken. Ihre Frau mäkelt ständig an Ihnen herum, weil Sie weniger verdienen als Ihr Bruder. Sie fühlen sich hilflos, Opfer eines Komplotts, das Ihnen Steine in den Weg legt, der Ihnen eigentlich vorbestimmt wäre. Sie sind aber nicht hilflos: Sie haben lediglich Angst. Angst, an sich selbst zu glauben. Angst, andere zu enttäuschen. Angst, Sie selbst zu sein.

ANGSTKILLER-ÜBUNG

- Definieren Sie die Worte, die Sie als Auslöser für Ihre angstbasierten Gedanken und Ihr Grundgefühl gewählt haben.
Da es sich um Ihre ganz persönliche Art von Angst geht,
sollten Sie diese auch auf Ihre eigene Weise definieren. Je
gründlicher Sie dabei vorgehen, desto eher erkennen Sie,
wann Sie sich auf dem Rad der Angst befinden. Nehmen Sie
kein Wörterbuch zu Hilfe. Es gibt keine falschen Definitio-
nen. Listen Sie alles auf, was Ihnen die Aufgabe erleichtert.
Die Übung ist nur für Ihre Augen bestimmt. Bevor Sie anfangen, möchte ich Ihnen meine Definition des Begriffs
»Versager« als Beispiel geben: »Alle machen sich insgeheim
über mich lustig. Soundso hatte Recht. Der Erfolg war ein
reiner Zufall und nicht mein Verdienst. Ich bin der geborene
Verlierer. Wem mache ich eigentlich etwas vor?« Und meine
Definition von »wertlos« lautet: »Was soll das Ganze? Am
liebsten würde ich mich im nächsten Mauseloch verkriechen
oder tot sein. Es interessiert doch sowieso niemanden!«
- Behalten Sie die Angstsymptome im Auge, die Sie in Ihrem
Alltag entdecken. Je früher Sie sie identifizieren, desto eher
können Sie vom Rad der Angst abspringen. Wenn Sie diese
Symptome zum ersten Mal wahrnehmen, fühlen Sie sich vielleicht schlechter als jemals zuvor. Das geht vorbei. Die Symptome waren die ganze Zeit vorhanden, Sie haben es nur nicht
bemerkt. Sie zu vermeiden hat eine Menge Zeit und Energie
gekostet. Jetzt bietet sich Ihnen die Gelegenheit, sie zu überwinden, weil Sie erkannt haben, was sie sind: ein Zeichen der
Angst. Das bedarf einiger Übung. Seien Sie also geduldig und
nicht zu streng mit sich selbst. Denken Sie daran: Sie können
nur dann etwas verändern, wenn Sie die Symptome der Angst
erkennen.
- Schreiben Sie unter der Überschrift »Mein Rad der Angst«
Ihre eigene Version auf (wie auf Seite 73). Deponieren Sie den
Zettel als Gedächtnisstütze an einer Stelle, wo Sie ihn jeden
Tag im Blickfeld haben. Wenn die Angst Sie wieder über-
mannt, erinnert es Sie daran, dass es sich nicht um eine »Cha-

rakterschwäche« handelt, sondern um eine Situation, die Sie ändern können. Sie wissen: Sie sind mehr als das, was Ihr Rad der Angst ausmacht.

- Achten Sie darauf, wie und wann Sie sich auf Ihrem Rad der Angst drehen.
- Ergänzen Sie die Aussage:
Wenn ich mein Rad der Angst meistern könnte, hätte ich bessere Möglichkeiten in Bezug auf:
  meine Karriere
  meine privaten Beziehungen
  meine Finanzen
  meine Gesundheit und mein allgemeines Wohlbefinden
  mein gesellschaftliches Leben und meine Freundschaften
  meine Familie
  meine Spiritualität
  meinen Intellekt und mein Wissen
  meine emotionale Entwicklung
  mein Zuhause/meinen Lebensraum
  meine Kreativität

Niemand kann Sie ohne Ihre Erlaubnis zu einem emotionalen Opfer machen. Die gute Neuigkeit ist, dass Sie Ihr Rad der Angst ermittelt und den ersten Schritt getan haben, um die Angst zu überwinden. Wenn Sie die Angst hinter sich gelassen haben und sich auf dem Weg der Freiheit befinden, legen Sie sich Schritt für Schritt ein neues Filtersystem zu, indem Sie Ihre Aufmerksamkeit verlagern und dadurch Ihre Wahlmöglichkeiten verändern. Sie gelangen von angst- zu freiheitsorientierten Gedanken, die Ihnen Zugang zu Ihrer wahren Natur bieten. Sie werden erkennen, dass bei den geringfügigen Auslösern, die Ihr Rad der Angst lange Zeit in Bewegung gesetzt haben, überhaupt kein Grund zur Angst besteht. Jede Kleinigkeit, die Mut erfordert, wird das Vertrauen in Ihre Fähigkeiten stärken, auch die großen Herausforderungen im Leben zu meistern. Jedes Mal, wenn Sie Freunde anrufen und um Hilfe bitten ... Jedes Mal, wenn Sie Freunde anrufen und Ihre Hilfe anbieten ... Jedes Mal, wenn Sie den Wutausbruch eines Menschen über sich ergehen lassen und aufmerksam zuhören, ohne selbst in Rage zu geraten ... Jedes Mal, wenn Sie Ihren Tränen freien Lauf lassen, weil Ihnen danach zumute ist ... Jedes Mal, wenn Sie jemandem klarmachen, dass Sie Zeit für sich selbst brauchen ... Jedes Mal, wenn Sie das Problemverhalten gezielt ändern, hebeln Sie das Rad der Angst aus. Jeden Tag schaffen Sie ein Umfeld der Angst oder Angstlosigkeit: Die Wahl liegt ganz allein bei Ihnen.

Angst ist eine Bestätigung des Wachstums

Ich werde Ihnen ein Geheimnis verraten, das zum Fundament des Fearless-Living-Programms geworden ist: Angst ist nichts anderes als eine Bestätigung unseres inneren Wachstums. Sie macht uns bewusst, dass wir lebendig und zu neuen, unbekannten Ufern aufgebrochen sind. Das Rad der Angst kann durch Risiken und Herausforderungen im Leben ausgelöst werden, aber es wird nicht mehr Ihr ständiger Begleiter sein. Wenn es sich wieder in Bewegung setzt, wissen Sie, es bestätigt Ihnen, dass Sie gut vorbereitet sind, dass Sie Ihr Bestes getan haben, dass alles in Ordnung ist. Schon bald – nach einer Minute, einem Tag, einer Woche – wird es langsamer werden und schließlich ganz stehen bleiben, denn das, was Sie nun tun, ist für Sie kein Neuland mehr. Denken Sie einmal darüber nach: Würde sich irgendjemand eine Chance entgehen lassen, wenn er wüsste, dass die Angst keine negative, sondern eine positive Kraft ist?

Die Angst ist nicht unser Feind. Sie ist vielmehr ein Verbündeter, der uns darauf aufmerksam macht, dass wir unbekanntes Terrain betreten; er hilft uns auf die Sprünge, wenn es gilt, sich selbst zu entdecken und die eigenen Verdienste zu würdigen. Immer wenn sich die Angst bemerkbar macht, ich könnte versagt haben oder wertlos sein, lobe ich mich selbst für den Mut, ein Risiko einzugehen. Ich lobe mich, weil ich mir selbst treu bleibe und authentisch bin. Ich lobe mich, weil ich lebendig bin.

Wenn wir die feste Absicht haben, unsere Angst hinter uns zu lassen, lernen wir nicht nur, sie zu fühlen, ohne uns an das Gefühl zu ketten, sondern sie mit Leichtigkeit, Würde und Liebe zu überwinden. Im Verlauf dieses Prozesses entdecken wir, wer wir wirklich sind. Damit setzen wir eine Lebenskraft in unserem Innern in Gang, die blockiert war und die ich als Rad der Freiheit bezeichne. Wenn wir unsere menschlichen Aspekte als etwas Positives annehmen, erkennen wir, dass Ängste, die wir früher für Schwächen oder Charakterfehler gehalten haben, nichts weiter sind als ein Weg, der zu uns und unseren Wurzeln zurückführt. Man sollte sie nicht leugnen, sondern begrüßen und feiern.

3 Das Rad der Freiheit

Das Rad der Freiheit ist nicht der Gegenpart zum Rad der Angst. Fast alle Klienten, mit denen ich gearbeitet habe, waren anfangs dieser Meinung. Erinnern Sie sich an Connie, die gehetzte Mutter, die Angst hatte, als inkompetent abgestempelt zu werden, und sich ungeliebt fühlte? Sie ging davon aus, dass sich ihre Angst von selbst verlieren würde, wenn sie Beweise für ihre Tüchtigkeit lieferte und sich infolgedessen geliebt fühlte. Vor der Entwicklung meines Lernprogramms kämpfte ich ebenfalls auf verlorenem Posten, weil ich diese falsche Vorstellung hatte. Ich wollte um keinen Preis als Versagerin gelten, deshalb dachte ich, die Lösung des Problems bestünde darin, mich wie eine Siegerin zu verhalten, und erwartete, dass ich mich auch sofort wie eine Siegerin und ein wertvoller Mensch fühlen würde.

Leider bringt diese Denkschablone genau das Verhalten hervor, das unser Rad der Angst in der Abwärtsspirale fixiert, sodass Selbstzweifel und Selbstekel noch wachsen. Aber was ist das Rad der Freiheit dann, wenn nicht der Gegenpol zum Rad der Angst? Hören wir, was Connie über die zweite Woche sagte, in der ihre Schwiegereltern zu Besuch waren; sie erlebte zum ersten Mal die lebensbestätigende Aufwärtsspirale, in der sich das Rad der Freiheit bewegt:

»Bobby war in meinen Armen eingeschlafen. In der Morgendämmerung sah er wie ein Engel aus. Wir atmeten im gleichen Rhythmus. Ich schickte mich an, aufzustehen und ihn in seine Wiege zu legen, damit ich Frühstück machen konnte. Doch Bobby gab einen Seufzer von sich, sodass ich Angst hatte, ihn aufzuwecken. Während ich sein Gesicht betrachtete, empfand ich plötzlich eine so überwältigende Liebe zu ihm, dass mir die Tränen kamen. Mir wurde bewusst, dass ich mein Leben lang auf ihn gewartet hatte. Auf mein kleines Wunder! Er war das Wichtigste in meinem Leben. In diesem Moment fühlte ich mich geradezu euphorisch, trotz der Arbeit und Probleme, die ich in der ersten Woche mit meinen Schwiegereltern hatte. Ich spürte, wie mich eine Welle der Energie durchflutete. Dass ich sogar die Jalousien geschrubbt, Gourmetmahlzeiten gekocht und mir endlos Vorwürfe gemacht hatte, weil ich in der Pressemitteilung einen Druckfehler übersehen hatte, kam mir mit einem Mal ziemlich albern vor. Was hatte das alles mit meiner Liebe zu Bobby zu tun? Oder mit der Liebe, die ich für meinen Mann, meine Eltern und auch für meine Schwiegereltern empfand? Oder mit der Freude an meiner Arbeit? Ich erinnerte mich an das, was Rhonda über das krampfhafte Bemühen gesagt hatte, unrealistische Erwartungen zu erfüllen, und erkannte, dass all diese Verhaltensmuster reine Angstreaktionen waren. Sie brachten mich keinen Schritt weiter: Dadurch wurde ich keine gute Ehefrau und Mutter, keine gute Tochter oder Schwiegertochter und auch keine gute Geschäftsfrau. Sie hatten nur zur Folge, dass ich mich noch unfähiger und ungeliebter fühlte. Mit Sicherheit führte ich damit niemandem vor Augen, dass die wahre Connie Wert darauf legt, einfühlsam gegen sich selbst und andere zu sein. Mir geht es im Grunde nicht darum, mir den ersten Platz als perfekte Hausfrau zu holen und mich selbst zu entwerten, wenn ich nicht vollkommen bin.«

Von dieser Erkenntnis inspiriert, beschloss Connie, sich eine Verschnaufpause zu gönnen. Statt ihre Erschöpfung zu ignorieren und in die Küche zu gehen, um das Frühstück zu machen, blieb sie mit ihrem Sohn im Bett und kuschelte sich unter der Decke an den Mann, den sie liebte. Mit ihrem größten Schatz der Welt im Arm schlief sie noch einmal tief und friedlich ein. Als sie aufwachte, erfrischt und ausgeruht, war es fast Mittag. Bobby schlief noch. Sechs Stunden hintereinander war für ihn ein Rekord! Connie legte ihn in die Wiege. Als sie ihn ansah, wurde sie erneut daran erinnert, dass Einfühlsamkeit eine Charaktereigenschaft war, die ihrer wahren Natur entsprach. Wieder einzuschlafen war ein selbst gewähltes, positives Verhalten, das in ihrem Entschluss wurzelte, endlich ihrem Selbst treu zu sein. Sie war sogar bereit, noch einen Schritt weiter zu gehen. Sie zog Bademantel und Pantoffeln an und begab sich ins Wohnzimmer, wo ihre Schwiegermutter zufrieden vor »ihrer« Seifenoper saß.

»Hallo, meine Liebe«, sagte Connies Schwiegermutter und löste ihren Blick vom Bildschirm, wo gerade ein Werbespot begann. »Die Männer sind Tennis spielen gegangen. Ich hoffe, dass du nicht böse bist, aber ich habe uns Frühstück gemacht. Wir hatten Hunger und konnten nicht länger warten.«

Die Bemerkung weckte erneut Connies Angst, unfähig zu erscheinen. Sie war nahe daran, in die Defensive zu gehen, dachte aber noch rechtzeitig daran, dass ein solches Verhalten eine Angstreaktion gewesen wäre. Sie beschloss bewusst, nichts zu sagen, was sie später bedauern könnte. Stattdessen sagte sie: »Prima. Vielen Dank. Ich glaube, ich habe den Schlaf dringend gebraucht.«

»Du siehst auch schon viel besser aus«, erwiderte ihre Schwiegermutter. »Ich weiß noch, wie es mir nach Bobs Geburt ergangen ist. Ich war so erschöpft wie nie zuvor. Du musst mit deinen Kräften haushalten!«

Connie nickte; sie fühlte sich nicht nur liebenswert, sondern auch geliebt. Sie setzte sich neben ihre Schwiegermutter auf die Couch. Die Seifenoper war fast vorüber, als Bobby zu weinen begann. Connie beschloss, ein weiteres Risiko einzugehen. »Hättest du Lust, Bobby die Flasche zu geben? Ich könnte mich in der Zeit an den Schreibtisch setzen; ich bin mit meiner Arbeit im Rückstand.«

Zuerst war Connies Schwiegermutter verdutzt, und Connie befürchtete schon, zu weit gegangen zu sein. Sie wollte sich gerade entschuldigen, als ihre Schwiegermutter lächelte.

»Lust? Ich kann es gar nicht mehr erwarten! Ich bin froh, dass ich mich nützlich machen kann. Ich hole ihn.«

Connie fiel aus allen Wolken. Sie hatte als gute Gastgeberin niemanden einspannen wollen, doch nun musste sie erfahren, dass ihre Schwiegermutter offenbar das Gefühl gehabt hatte, ihre Hilfe sei nicht erwünscht. Connie wäre nie auf diese Idee gekommen.

Als Bob und sein Vater vom Tennisplatz zurückkamen, hatten Connie und ihre Schwiegermutter den Nachmittag damit verbracht, sich miteinander zu unterhalten, Karten zu spielen und den kleinen Bobby zu genießen. Connie protestierte auch nicht, als ihre Schwiegermutter von sich aus den Staubsauger schwang. Ihr dabei zuzuschauen ließ gleichwohl ihre früheren Unsicherheiten wieder aufleben; Connie erkannte jedoch, dass ihr Rad der Angst ihr Gewissensbisse einzuimpfen versuchte. Doch dieses Mal ließ sie sich nicht auf das Spiel ein. Als ihre Schwiegermutter mit dem Staubsaugen fertig war, bat Connie sie, auf das Baby aufzupassen, während sie sich frisch machte. Sie nahm ein Bad, schminkte sich und zog ein sauberes Kleid an – ganz ohne Schuldgefühle.

»He, toll siehst du aus!«, meinte Bob, als er nach seinem Vater zur Tür hereinkam, der schnurstracks ins Wohnzimmer ging und den Fernseher einschaltete. Allein im Flur, nahm Connie instinktiv ihren Mann in die Arme und küsste ihn. Zuerst war er überrascht, denn nach seinem gestrigen Ausbruch in der Küche hatte sie ihn kühl behandelt. Doch dann erwiderte er den Kuss. Connie hatte ihren Seelenfrieden gefunden. Just in dem Moment erschien Bobs Vater auf der Bildfläche, Bobby im Arm.

»Der kleine Mann hat geweint, und niemand hat ihn gehört; deshalb habe ich ihn hochgenommen. Ich hoffe, du hast nichts dagegen.«

»Aber nein! Danke«, sagte Connie, als ihr Schwiegervater Bobby hoch in die Luft warf und ihm ein Jauchzen entlockte.

»Riecht es hier etwa nach Abendessen?«, erkundigte sich Bob.

»Ja«, sagte seine Mutter, die nun aus der Küche kam und sich die Hände an der Schürze abwischte. »Alles brutzelt schon im Rohr. Connie musste ein paar geschäftliche Anrufe erledigen, deshalb hat sich mich gebeten, heute Abend das Kochen zu übernehmen. Das Essen ist gleich fertig.«

Connie stand da und verinnerlichte die Szene, die sich ihr bot. Sie war ganz im Hier und Jetzt und freute sich ihres Lebens.

Connie hatte sich bewusst für das Rad der Freiheit entschieden. Ihr war klar, dass sie ein alternatives Verhaltensmuster *wählen* musste, statt blind auf die Angst zu reagieren. Was den Besuch ihrer Schwiegereltern betraf, so hatte Connie ihr Rad der Angst anhand bestimmter Symptome erkannt: Sie fühlte sich überfordert, erschöpft, am Boden zerstört. Sie hatte auch die Angstsymptome ausgemacht: hektischen Hausputz, Vier-Sterne-Mahlzeiten, auch nach Feierabend geschäftliche Anrufe entgegenzunehmen. Das alles gehörte in die Kategorie des Vermeidungsverhaltens, mit dem sie verhindern wollte, dass andere sie für unfähig halten könnten. Ihre krampfhaften Bemühungen endeten mit dem Gefühl, nicht liebenswert zu sein.

Auf der Grundlage unserer Sitzungen wurde ihr klar, wie sie bewusst auf das Rad der Freiheit gelangen konnte und dass es sich dabei um einen Prozess handelte, der Arbeit an sich selbst erforderte. Nachdem sie sich ihre Ängste bewusst gemacht und kontinuierlich geübt hatte, gelang ihr der Wechsel zunehmend leichter. Mit etwas Zeit und Geduld sind auch Sie im Stande, den Veränderungsprozess einzuleiten. Die einzelnen Schritte sind folgende:

1. Sie horchen in sich hinein, um zu ermitteln, wie Ihre *wahre Natur* beschaffen ist – jener Seinszustand, der Sie motiviert und Ihrem Leben einen Sinn gibt. Es ist Ihr wahres Selbst, das sich häufig hinter der Maske der Angst verbirgt. Das ist der Mensch, der Sie wirklich sind, mit Eigenschaften und Merkmalen, die Ihnen in die Wiege gelegt wurden; das unverbildete Selbst, das existierte, bevor Sie von den Einflüssen Ihrer Umwelt geprägt wurden und die Angst entwickelten, dieses Selbst könne nicht gut genug sein.

2. Sie wählen bewusst ein *selbstbestimmtes Verhalten* zu Ihren früheren Angstreaktionen; das kann alles sein, was Sie wieder in Kontakt mit Ihrer wahren Natur bringt.

3. Durch diese Rückkehr zu sich selbst lösen Sie sich von der Angst, nicht gut genug zu sein, und erleben das Gefühl des *Einsseins*. Dabei wird Ihre wahre Natur auf ihrer höchsten Ebene optimal zur Entfaltung gebracht. Stellen Sie sich Ihre wahre Natur als Ihr vollkommenes Selbst vor, das eine Wiedergeburt erlebt. Das Gefühl des Einsseins mit sich selbst stellt sich ein, wenn sich dieses neugeborene Selbst auf positive, angstfreie Weise weiterentwickeln kann. Eins mit sich selbst zu sein bedeutet, dass Sie sich erfüllt und voller Kraft

fühlen. Das Leben hält unbegrenzte Möglichkeiten für Sie bereit, und Sie können es kaum erwarten, sie auszuloten. Der Gedanke, ein Risiko einzugehen, lähmt Sie nicht, sondern beflügelt Sie.

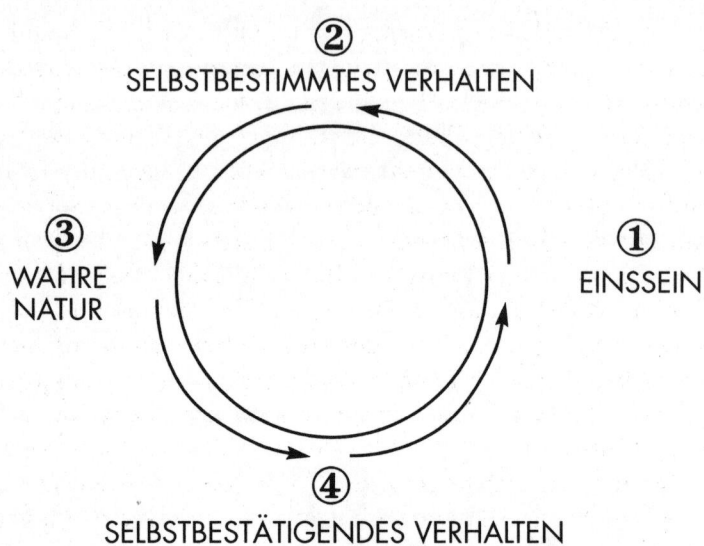

Abbildung 2

4. Das Gefühl des Einsseins mit sich selbst befreit Sie von der Angst, nicht gut genug zu sein, und Sie gehen instinktiv zu *selbstbestätigendem Verhalten* über. Sie sind in der Lage, einen aktiven Beitrag zur Entwicklung Ihrer eigenen Persönlichkeit und zum Wohl der Gemeinschaft zu leisten, ohne ein Werturteil über sich selbst zu fällen oder Angst vor dem Urteil anderer zu haben. Dabei kehren Sie zum Ausgangspunkt des Kreises zurück, wo Ihre wahre Natur eine neue Runde einläutet, die von einer gezielten Veränderung der Angstreaktion und dem Wechsel zu einem alternativen, selbstbestimmten Verhalten geprägt ist. Infolgedessen haben Sie das Gefühl, authentischer und sich selbst treu zu sein; die Angst, den Anforderungen nicht zu genügen, schwindet.

Connies wahre Natur bestand darin, einfühlsam zu sein, sich selbst und anderen gegenüber. Sie stellte fest, dass es ihr an dieser Einfühlsamkeit mangelte, wenn sie wie verrückt putzte, buk und auf die Computer-Tastatur hämmerte, um zu verhindern, dass andere sie für inkompetent halten könnten. Nachdem ihr dieses Vermeidungsverhalten bewusst wurde, bestand der nächste Schritt darin, es gezielt zu verändern. Als Erstes beschloss sie, den dringend benötigten Schlaf nachzuholen. Nachdem sie um Hilfe gebeten hatte, trotz des Risikos, von ihrer Schwiegermutter kritisiert zu werden, entwickelte sie mehr Einfühlsamkeit gegenüber den Bedürfnissen ihrer Schwiegermutter, die enttäuscht war, dass sie sich weder im Haushalt noch bei der Versorgung des Babys nützlich machen konnte. Connie wuchs daraufhin über sich selbst hinaus und bat ihre Schwiegermutter, das Abendessen zuzubereiten, damit sie ihre Büroarbeit erledigen konnte. Außerdem nahm sie sich die Zeit, sich selbst mit einem Bad zu verwöhnen, um sich wieder attraktiv zu fühlen.

Damit übermittelte sie ihrem Mann eine unausgesprochene Botschaft. Sie stellte wieder die alte Nähe zu ihrem Mann her, ein selbstbestätigendes Verhalten. Seine positive Reaktion verlieh ihr das Gefühl, nach dem sie sich sehnte. Sie fühlte sich geliebt.

Auf dem Rad der Freiheit änderte sich Connies Definition von »gut genug«: statt »eine Superhausfrau, Spitzenköchin, Bilderbuchmutter und Topgeschäftsfrau« sein zu wollen, schraubte sie ihre Erwartungen herunter. Sie war »eine Frau, die sich selbst und andere liebevoll und fürsorglich behandelt und die Fürsorglichkeit und Liebe von anderen annehmen kann«.

Diese Veränderung war grundlegend. Connie musste sich nicht mehr abstrampeln, um unrealistischen Erwartungen gerecht zu werden und ihre Kompetenz unter Beweis zu stellen. Ihre Angst, andere könnten sie für inkompetent halten, machte nach und nach der Überzeugung Platz, dass sie die einzigartige Befähigung besaß, ihre Familie zu lieben und von ihr geliebt zu werden; ihr neu gewonnenes Selbstvertrauen kam ihr auch beruflich zugute. Sie fühlte sich nicht mehr ungeliebt oder inkompetent. Sie spürte, dass sie gebraucht wurde, im privaten wie im beruflichen Bereich. Das freute sie. Ihre Wahrnehmungsfähigkeit war geschärft, und sie wusste die Menschen in ihrer Umgebung und ihre Lebensumstände zu schätzen. Sie war in der Lage, einen Beitrag zu leisten, der sich nicht auf einen Stapel sauberer Wäsche, eine fehlerlose Pressemitteilung oder einen selbst gebackenen Kuchen beschränkte. Sie verwandelte sich in einen Menschen, der nicht aus Angst, sondern auf der Grundlage seines Einfühlungsvermögens handelte. Und alle – angefangen beim Baby bis hin zu Connies Mann, Schwiegereltern, Kunden und ihrer eigenen Person – waren zufriedener und fühlten sich bereichert. Innerhalb eines Jahres hatte Connie nicht nur die Beziehungen zu ihrer Familie vertieft, sondern auch ihr Einkommen verdoppelt und war beruflich derart ausgelastet, dass sie eine Mitarbeiterin einstellen musste.

Mein eigenes Rad der Freiheit ist ein weiteres anschauliches Beispiel. Meine wahre Natur ist die Authentizität. Ich definiere den Begriff als »sich selbst gegenüber wahrhaftig sein«. Das ist eine eigenwillige Definition, aber sie funktioniert. Wenn ich nicht so bin, wie es meiner wahren Natur entspricht, reagiere ich auf eine eingeschränkte Wahrnehmung meines Selbst; diese Reaktion basiert auf Angst und ruft Frustration und das Gefühl hervor, Opfer zu sein. Keine reizvolle Situation. Wenn mich diese Gedanken oder Gefühle heimsuchen, merke ich auf Anhieb, dass mein Schicksal vom Rad der Angst bestimmt wird, was niemals zu meinem Besten geschieht. Dann verändere ich gezielt mein eingeschliffenes Problemverhalten. Das kann bedeuten, dass ich mich nicht mehr ständig mit Argusaugen beobachte, um zu sehen, ob ich die Erwartungen anderer erfülle, dass ich nicht Ja sage, wenn ich lieber Nein sagen würde, dass ich mir nicht zu viel Arbeit aufbürde, nur um zu beweisen, wie tüchtig ich bin, dass ich mich nicht unter Termindruck setze und die einfachen Freuden, die jeder Augenblick bereithält, verpasse. Diese alternativen Verhaltensweisen zur Angstreaktion führen unter dem Strich zu immer mehr Selbstakzeptanz.

Das gibt mir wiederum das Gefühl des Einsseins mit mir selbst. Und an diesem Punkt werden selbstbestätigende Verhaltensweisen eine völlig natürliche Alternative: für ein Kompliment danken, andere freigebig loben, Fremden zulächeln, offen eingestehen, dass man etwas nicht weiß, um Hilfe bitten, Hilfe gewähren. Es steht mir frei, einen Beitrag zum Allgemeinwohl zu leisten. Die Selbstakzeptanz ermöglicht mir, auf dem eingeschlagenen Kurs zu bleiben, mich dem Sinn meines Lebens anzunähern, die Leidenschaft und den Elan in mir wach zu halten. Wenn ich mich selbst ohne Wenn und Aber annehme, empfinde ich Freude und Zufriedenheit, und infolgedessen werde ich produktiver. Damit kehre ich zu meinem ursprünglichen Seinszustand, zur Authentizität, zurück und bestärke mich in der Absicht, angstfrei zu leben.

Schwingen Sie sich auf das Rad der Freiheit

Nachdem Sie Ihr persönliches Rad der Angst erforscht haben, werden Sie nun die Elemente ermitteln, die Ihr Rad der Freiheit in Schwung bringen.

Zuerst erstellen Sie eine »Heldenliste«, die wir brauchen, wenn Sie den nächsten Schritt im Veränderungsprozess vollzogen haben. Dazu beantworten Sie folgende Frage:

Nennen Sie fünf Menschen – tot oder lebendig, real oder erfunden –, die Sie bewundern, respektieren oder insgeheim beneiden:

1. _____
2. _____
3. _____
4. _____
5. _____

Nun legen Sie Ihre Heldenliste beiseite. Wir kommen im Anschluss an die nächste Aufgabe darauf zurück.

Ihre wahre Natur

Studieren Sie folgende Liste mit grundlegenden Eigenschaften, die Aufschluss über Ihre wahre Natur geben:
1. authentisch
2. kreativ
3. einfühlsam
4. verantwortungsbewusst
5. liebevoll
6. schön
7. mutig
8. konzentriert
9. großzügig
10. vertrauensvoll

Sie kennen den Ablauf: Reduzieren Sie die Liste auf fünf Begriffe, danach auf drei, und zum Schluss wählen Sie eine Eigenschaft aus, die Ihrer wahren Natur am nächsten kommt.

Ergänzen Sie nun die Leerstelle:
Das wichtigste Merkmal meiner wahren Natur besteht darin, dass ich _____ bin.

Meredith konnte sich wieder einmal nicht für einen Begriff entscheiden, wie bei der Ermittlung ihres Angstauslösers. Sie hatte das Gefühl, dass alle Eigenschaften auf sie zutrafen. Das ist durchaus möglich. Aber eine einzige als wichtigstes Persönlichkeitsmerkmal zu bestimmen, befreit Sie automatisch von dem Drang, Anspruch auf alle anderen geltend zu machen. Dadurch finden Sie schneller Zugang zu Ihrer wahren Natur.

Meredith entschied sich für »großzügig«. Dann bat ich sie, ihre Heldenliste zur Hand zu nehmen und für jedes Vorbild eine grundlegende Eigenschaft (seine »wahre Natur«) aus den genannten zehn auszuwählen. Diese Übung sollten Sie nun machen:

1. Held _____ wahre Natur _____
2. Held _____ wahre Natur _____
3. Held _____ wahre Natur _____
4. Held _____ wahre Natur _____
5. Held _____ wahre Natur _____

Merediths Vorbilder waren ihre Großmutter Rose, ihre beste Freundin Sue, Jeanne d'Arc, Martin Luther King und die amerikanische Politikerin Elizabeth Dole. Sie befasste sich eingehend mit der Liste. Dann ordnete sie allen die grundlegende Eigenschaft »mutig« zu, mit Ausnahme von Sue, neben deren Namen sie »kreativ« schrieb.

»Meine Großmutter war die mutigste Frau, die ich jemals kennen gelernt habe«, sagte Meredith. »Sie wanderte mit ihren beiden minderjährigen Söhnen – meinem Vater und meinem Onkel – nach Amerika aus, nachdem mein Großvater bei einem Minenunglück ums Leben gekommen war; sie eröffnete ein Modewarengeschäft in der Lower East Side von Manhattan und hatte damit einen Bombenerfolg. Jeanne d'Arc, nun, das liegt ja wohl auf der Hand. Was Martin Luther King angeht, so stand er für seine Überzeugungen ein, auch wenn sie damals alles andere als populär waren. Das erfordert Zivilcourage. Elizabeth Dole ist die erste Frau, die ankündigte, sie wolle für das Amt des Präsidenten kandidieren, das finde ich mutig. Ich bewundere diese Menschen sehr. Und meine Freundin Sue ist ungemein kreativ, sie schreibt und illustriert Kinderbücher. Ich gestehe, dass ich sie insgeheim beneide.«

Dann bat ich Meredith, über die grundlegende Eigenschaft nachzudenken, die sie für sich selbst ausgewählt hatte: »großzügig«.

»Wir haben ja bereits herausgefunden, dass mein Rad der Angst durch den Gedanken in Gang gesetzt wird, man könnte mich für selbstsüchtig halten. Also bin ich stattdessen großzügig.«

»Das Rad der Freiheit ist aber nicht das Gegenteil vom Rad der Angst, sondern Ihr wahres Selbst. Und Sie haben mir soeben gezeigt, dass Sie mutig sind.«

»Ich? Ich doch nicht. Ich bin alles andere als mutig. Zugegeben, ich wäre es gern, aber ich habe in meinem ganzen Leben noch nie etwas getan, was Mut erforderte.«

»Ich wette doch; vielleicht haben Sie es nur nicht als mutig erkannt. Abgesehen davon ist es nie zu spät, um diese grundlegende Eigenschaft als Ihre wahre Natur zu erkennen und danach zu leben. Denn Sie sind in Wirklichkeit, in Ihrem tiefsten Innern, ein mutiger Mensch. Und wenn Sie sich diese grundlegende Eigenschaft bewusst machen und sie wieder in Besitz nehmen, hat das zusätzlich den Vorteil, dass Sie echte Großzügigkeit entwickeln, die sich aus der Wahrheit herleitet und nicht aus der Angst.«

Sie war baff. Dann bat ich sie, die Verbindung zu ihrer wahren Natur wieder aufzunehmen, indem sie ihre grundlegende Eigenschaft aufschrieb und laut memorierte. Nach dem Schreiben räusperte sie sich; nach einer Weile flüsterte sie kaum hörbar: »Ich bin mutig.« Schließlich aber wiederholte sie den Satz mit klarer Stimme und innerem Feuer.

Denken Sie an die grundlegende Eigenschaft, die Sie ursprünglich als Ihre wahre Natur ermittelt hatten. Stimmt sie mit der grundlegenden Eigenschaft von mindestens drei Ihrer fünf Helden überein? Wenn ja, haben Sie ins Schwarze getroffen. Wenn nicht, hat Ihr Rad der Angst Sie dazu verleitet, ein Merkmal auszuwählen, das Sie nach Ihrem Dafürhalten wählen *sollten*. Aber Ihre wahre Natur stimmt mit der grundlegenden Eigenschaft überein, die Sie der Mehrzahl Ihrer Helden oder Vorbilder zugeordnet haben. Wir sehen bei anderen nur das, was sich in uns selbst findet.

Ergänzen Sie nun folgende Aussage:
Der *wahre* Kern meines Wesens, der sich soeben enthüllt hat, besteht darin, dass ich _____ bin.

Das Gefühl des Einsseins mit sich selbst

Studieren Sie nun die folgende Liste:
1. Integrität
2. innere Stärke
3. Selbstakzeptanz
4. Seelenfrieden
5. Elan/Leidenschaft
6. Nähe
7. Inspiration
8. Vertrauen
9. innere Freude
10. Glaube

Wenn Sie einen Beitrag zum Allgemeinwohl leisten und der Welt zum Geschenk machen könnten, welchen Aspekt des Einsseins mit sich selbst würden Sie wählen?

Mit anderen Worten: Welche Aspekte des Einsseins (siehe obige Liste) würden sich bemerkbar machen, wenn Sie Ihre wahre Natur durch Verhaltensweisen in Besitz nähmen, die mit ihr übereinstimmen? Oder welche grundlegende Eigenschaft möchten Sie als Mutter oder Vater Ihren Kindern mitgeben? Was ist mit Ihrem Partner oder Ihrer besten Freundin? Diese Wertehaltung ist in Ihrem Innern verborgen und ein Geschenk sowohl an Sie selbst als auch an Ihre Umwelt. Wie immer grenzen Sie die Liste zuerst auf fünf Begriffe, dann auf drei und am Schluss auf einen einzigen ein. Auch hier geschieht wieder ein kleines Wunder: Wenn Sie die grundlegende Eigenschaft aufgespürt haben, die für Sie die wichtigste ist, folgen die anderen automatisch. Und nun ergänzen Sie folgende Aussage:

Wenn ich meine wahre Natur in Besitz nehme und lebe [wahre Natur] _____, fühle ich mich [hier fügen Sie das spezifische Gefühl des Einsseins ein] _____ _____.

Meredith, deren wahre Natur »mutig« war, wählte als Gefühl des Einsseins »innere Stärke« aus. Und tatsächlich hatte sie den Mut, ihr Erspartes in einen Antiquitätenladen zu stecken und dadurch eine innere Stärke zu gewinnen, die zu allen anderen Gefühlen führte, einschließlich »kreativ« (es inspirierte sie, am Ende doch noch einen Malkurs zu besuchen) und »Nähe« (sie ging eine Beziehung zu einem Mann ein, der sie für ihre wahre Natur liebt und respektiert).

Die grundlegende Eigenschaft meiner wahren Natur ist »authentisch«, und ich versuche, ihr treu zu sein. Ich gelange dadurch zum Gefühl des Einsseins, das bei mir in dem Gefühl der »Selbstakzeptanz« besteht. Der Rest stellt sich von allein ein, einschließlich »Elan« und »Inspiration«. Folglich gelingt es mir, durch die Arbeit mit Klienten, Vorträge, Seminare und Bücher einen positiven Beitrag zu leisten. Ich habe mich aus der Angst befreit, eine Versagerin zu sein, und mich stattdessen bewusst für das Gefühl der »inneren Stärke« und den »Glauben« an mich selbst entschieden, die mich auf meinem Weg voranbringen. Es steht in meiner Macht, angstfrei zu leben. Deshalb geht mein Beitrag über messbare Leistungen hinaus. Sie können diesen Veränderungsprozess gleichermaßen vollziehen. Sie werden die Freude erleben, die Sie anderen mit einem Lächeln machen, den Trost, wenn Sie ein aufmerksamer Zuhörer sind, der nicht von seinen eigenen Ängsten geplagt wird, die Entspannung, die Sie bei allen Gestressten in Ihrer Umgebung bewirken, den Teamgeist in Situationen, in denen das Konkurrenzdenken vorherrschend war, die Begeisterung, mit der Sie andere anstecken. Wenn Sie sich auf dem Rad der Freiheit befinden, haben Sie es nicht nötig, anderen etwas zu beweisen, den Schein zu wahren, sich wie ein Hochstapler zu fühlen, etwas zu vertuschen. Sie sind einfach Sie selbst. Wenn Sie sich auf dem Rad der Freiheit befinden, sieht die Welt mit einem Mal viel besser aus.

Hundert selbstbestimmte, selbstbestätigende Verhaltensweisen

Um auf Ihr Rad der Freiheit zu gelangen – vor allem dann, wenn Ihr Rad der Angst in Bewegung zu geraten droht –, müssen Sie alternative Verhaltensweisen entwickeln, die nicht gegen, sondern für Sie arbeiten. Um die Angst in gleich welcher Situation abzuwehren, habe ich eine Liste von Verhaltensweisen zusammengestellt, die nach meiner Erfahrung überaus wirksam sind. Wenn ich in einer Menschenmenge eingekeilt bin, atme ich tief durch und begebe mich mental an einen menschenleeren Ort, zum Beispiel an einen einsamen Strand oder auf eine Wiese, statt mich auf meine Platzangst zu fixieren. Wenn ich mich einsam fühle, jammere ich nicht, sondern weine, mache Gymnastikübungen, räume die Schränke aus oder bringe meine Ablage auf den neuesten Stand. Wenn ich an einer Versammlung teilnehme, wo ich kaum jemanden kenne und mich unbehaglich fühle, konzentriere ich mich auf jemanden, den ich liebe, und bringe diese Liebe zum Ausdruck, oder ich nehme einer negativen Bemerkung mit einem positiven Kommentar die Spitze. Ich habe meine Liste immer zur Hand, weil ich oft keinen klaren Gedanken fassen kann, wenn ich mich vom Rad der Angst bedroht fühle. Ich empfehle Ihnen, die alternativen Verhaltensweisen, die Sie Ihrem Rad der Freiheit näher bringen, auf einer Karteikarte in Brieftaschengröße zu notieren; stecken Sie sie in eine Plastikschutzhülle und tragen Sie sie ständig bei sich, um jederzeit einen Blick darauf werfen zu können.

Um die Ideenfindung anzukurbeln, werde ich Ihnen nun hundert Alternativen aufzeigen.

Haken Sie alle ab (✔), die Ihnen instinktiv zusagen, die Sie gern umsetzen würden und die Ihrer Meinung nach funktionieren könnten:

zugeben, dass Sie etwas nicht wissen	aufrichtig sein
	sich profilieren
einen Kochkurs besuchen	einer Freundin Ihre
eine neue Sportart erlernen	Schwächen eingestehen

Nein sagen, wenn Sie Nein
   meinen
ein Kompliment annehmen
sich eine Verschnaufpause
   gönnen
ohne Grund etwas schenken
die Sterne betrachten
Fremden zulächeln
gute Freundschaften pflegen
eine tägliche Checkliste erstellen
Tagebuch führen
um etwas bitten
Interessen mit anderen teilen
eine peinliche Situation
   riskieren
einen Trainer engagieren
eine Handwerksmesse besu-
   chen
rücksichtsvoll im Straßen-
   verkehr sein
sich selbst (oder anderen)
   verzeihen
die Wahrheit sagen
Ideen sammeln, ohne sie zu
   bewerten
aufmerksam zuhören
ein Gespräch anknüpfen
eine angefangene Aufgabe
   beenden
jemandem den Vortritt lassen
eine Wand streichen
etwas Ausgefallenes tragen
sich selbst verwöhnen
einen Liebesbrief abschicken
jemanden umarmen
spazieren gehen

ein Nickerchen machen
Zeit allein verbringen
Fragen stellen
sich ins Gras legen
sich auf ein Hobby konzentrieren
stricken
im Internet recherchieren
sich einem Singletreff anschließen
täglich danken
die eigenen Leistungsnormen
   herunterschrauben
Vereinbarungen neu aushandeln
ein Museum besuchen
die Kunst des Gesprächs
   pflegen
ein Buch lesen
interessiert sein
jemandem ein Kompliment
   machen
um Hilfe bitten
meditieren
emotionale Grenzen setzen
etwas schaffen
sich für den Kurs einschrei-
   ben, den Sie schon immer
   besuchen wollten
tief durchatmen
gesund essen
ausreichend schlafen
sprechen, damit Sie gehört
   werden
einen Menschen anrufen, der
   Sie liebt
die Katze streicheln

sich etwas Gutes tun
anderen etwas Gutes tun
das Wetter akzeptieren, ob bei
  Regen oder Sonnenschein
Musik hören
mental Urlaub machen
das Bad putzen
mit einer Einkaufsliste
  in den Supermarkt
  gehen
sich eine Komödie anschauen
Freunde zum Abendessen
  einladen
sich entschuldigen
sich für die eigenen Überzeugungen ins Zeug legen
für körperliche Bewegung
  sorgen/Sport treiben
professionelle Hilfe suchen
Blumen pflanzen
laut singen
tanzen
eine neue Visitenkarte
  entwerfen

mit dem Hund Gassi gehen
weinen
dem Gesang der Vögel lauschen
an einer Blume riechen
beten
flirten
einen Vortrag besuchen
fünf Affirmationen schreiben
sich eines Besseren besinnen
gewillt sein, sich auch einmal
  zu irren
sich massieren lassen (oder
  jemand anderen massieren)
stillschweigende Überein-
  künfte außer Kraft setzen
ein Bad nehmen
Informationen einholen
wie ein Kind durch den Was-
  serstrahl laufen, wenn der
  Rasen gesprengt wird
sich jeweils auf eine Tätigkeit
  konzentrieren
den Standpunkt eines anderen
  verstehen
Freunde besuchen
sich nicht mehr selbst
  blockieren
gegen die eigenen Regeln
  verstoßen
alle Menschen grüßen, denen
  Sie begegnen
auf Ihre Intuition hören

Nun beginnen Sie noch einmal von vorn mit Ihrer Liste und kreuzen die Verhaltensweisen an (✗), die sich wahrscheinlich automatisch einstellen, wenn Sie eins mit sich selbst sind. Meredith wählte beispielsweise »stillschweigende Übereinkünfte außer

Kraft setzen« und »Informationen einholen« für ihre Liste mit den selbstbestimmten Verhaltensweisen aus, die in Einklang mit ihrer wahren Natur standen, mutig zu sein. Als Nächstes kreuzte sie »Fremden zulächeln« und »Interessen mit anderen teilen« für ihre Liste lebensbestätigender Verhaltensweisen aus, die sich Schritt für Schritt ergeben würden, wenn sie das Gefühl des Einsseins erreichte, das sie mit innerer Stärke verband.

Ihr Rad der Freiheit

Nun sind Sie optimal gerüstet, um Ihr persönliches Rad der Freiheit zu schaffen.

Ergänzen Sie die Leerstellen:
In Übereinstimmung mit meiner wahren Natur,
_____ zu sein, wähle ich die folgenden alternativen Verhaltensweisen (Einträge mit einem ✔):

_____

_____

_____

_____

Wenn ich meine wahre Natur in Besitz nehme, habe ich das Gefühl des Einsseins mit mir selbst, _____.
Es ermöglicht mir folgende lebensbestätigende Verhaltensweisen (Einträge mit einem ✘):

_____

_____

_____

_____

Herzlichen Glückwunsch! Sie haben nun die Macht und die Möglichkeit, sich vom Rad der Angst zu befreien. Es spielt wohlgemerkt keine Rolle, wann Sie bemerkt haben, dass Sie sich ständig im Kreis drehen. Wie vielen Menschen wird Ihnen Ihre Angst vielleicht erst dann bewusst, wenn Ihre wahre Natur, die Sie verzweifelt zu verbergen versuchen, sich Bahn bricht. Oder wenn Ihre selbstzerstörerischen Verhaltensmuster bereits in vollem Gang sind. Das ist kein Grund zur Panik: Machen Sie sich immer wieder Ihre wahre Natur bewusst, indem Sie Ihre grundlegende Eigenschaft laut vor sich hin sagen, wenn möglich, oder zumindest daran denken. Danach werfen Sie einen Blick auf die laminierte Karteikarte und verwandeln Ihre Angst unverzüglich in Freiheit, indem Sie nicht blind reagieren, sondern sich bewusst für eine Verhaltensalternative entscheiden.

Wenn Sie mehr Übung darin haben, Angstreaktionen auszumachen, werden Sie den auslösenden Gedanken schneller ermitteln, der Ihr Rad der Angst in Gang setzt. Die Gedanken gehen uns so schnell durch den Kopf, dass man sie nur schwer »einzufangen« vermag. Sobald Ihre Wahrnehmung geschärft ist, sind Sie gleichwohl in der Lage, die Angst an jedem x-beliebigen Punkt loszulassen und unverzüglich auf das Rad der Freiheit zu gelangen.

Anzeichen dafür, dass Sie sich auf dem Rad der Freiheit befinden

Diesen Punkt haben Sie erreicht, wenn Sie einen oder mehrere der nachfolgend beschriebenen Bewusstseinszustände bei sich entdecken. Diese Bewusstseinszustände werden zunehmend intensiver werden und länger andauern, weil Sie mit jeder bewussten Entscheidung für eine Verhaltensalternative schneller und geschickter auf das Rad der Freiheit gelangen. Anfangs erleben Sie diesen Zustand vermutlich nur flüchtig. Vielleicht fühlen Sie sich dabei nicht einmal besonders wohl und versuchen, die Erfahrung zu verdrängen. Das ist normal, denn schließlich betreten Sie Neuland. Halten Sie sich einfach das alte Sprichwort vor Augen, dass aller Anfang schwer ist. Aber bleiben Sie am Ball, bis Ihnen der Prozess mehr und mehr Vertrauen einflößt. Hier geht es nicht um Perfektion, sondern um die Entdeckung von Anzeichen, die auf angstfreie Entscheidungen hindeuten, und um das Lob, das wir uns für das eigene Wachstum aussprechen sollten.

Im Hier und Jetzt leben Sie gehen mit Ihrer Frau zum Essen, verleben einen wunderbaren Abend, und urplötzlich fällt Ihnen wieder das Problem ein, das Sie morgen am Arbeitsplatz in den Griff bekommen müssen. Sie schwenken bewusst um: Sie blicken ihr beispielsweise tief in die Augen und machen ihr eine Liebeserklärung. Oder Sie ertappen sich dabei, dass Sie wieder einmal Ihre Freundinnen anrufen wollen, um sich Tipps für die Verabredung mit dem Mann zu holen, auf dessen Annonce Sie geantwortet haben. Stattdessen beschließen Sie, sich selbst ein Bild zu machen, ohne die Meinungen und Ratschläge anderer einzuholen. Sie geben sich selbst und dem Partner die Chance, einander unvoreingenommen kennen zu lernen. Oder Sie gehen eine Straße entlang und erspähen eine Freundin, mit der Sie seit geraumer Zeit keinen Kontakt mehr hatten. Statt fünf Minuten krampfhaft zu überlegen, ob Sie »Guten Tag« sagen, grüßen Sie sofort. In diesem Augenblick treffen Sie eine Entscheidung, die Ihr ganzes Leben beeinflusst. Diese Wahl findet im Hier und Jetzt statt und nirgendwo sonst. Je aufmerksamer Sie Ihre negativen Gedanken, Gefühle und Verhaltensweisen wahrnehmen, desto besser gelingt es Ihnen, unverzüglich gegenzusteuern. Wenn wir in den Prozess des Lebens investieren, der sich von Augenblick zu Augenblick neu entscheidet, schärfen wir unser Bewusstsein und können konditionierte Reaktionen auf das Leben umgehen. Fokussieren Sie sich also auf das Geschehen, das sich vor Ihren Augen und in Ihrem Innern abspielt. Wenn Sie in der Gegenwart leben, wird Ihr Leben reicher.

Akzeptanz Sie würden sich gern den Liebesfilm anschauen, der gerade in den Kinos angelaufen ist, Ihr Mann plädiert aber für einen Actionfilm. Sie werfen eine Münze. Also Actionfilm. Sie beschließen bewusst, nicht enttäuscht zu sein und darin eine Möglichkeit zu sehen, den Abend mit Ihrem Mann zu verbringen. Statt Ihre Zeit damit zu vergeuden, frustriert zu sein und zu motzen, akzeptieren Sie die Situation und sind aufgeschlossen für Neues. Genau das ist der Unterschied zwischen Angstreaktionen, die wie ein Reflex erfolgen, und alternativen Verhaltensweisen, für die wir uns frei entscheiden. Wenn wir uns mit dem Fluss des Lebens bewegen, statt gegen die Strömung zu schwimmen, ist die Akzeptanz mühelos zu erreichen und die Entdeckung der positiven Aspekte in jeder neuen Chance ein Abenteuer.

Innere Stärke Ihre Freundin Sabine sagt etwas, das Sie kränkt. Statt zu schweigen, wie so oft, sagen Sie ihr dieses Mal die Meinung. Die innere Stärke, die Sie dadurch in zunehmendem Maß gewinnen, verleiht Ihnen den Mut, in Einklang mit Ihren Überzeugungen zu handeln. Für sich selbst und diese Überzeugungen einzustehen ist nicht länger ein Traum, sondern Realität. Sie fördern Ihre innere Stärke durch die innere Verpflichtung, sich an Ihrem Rad der Freiheit zu orientieren.

Zentriert Wenn Sie Ihrer wahren Natur treu sind, sind Sie zentriert und haben Ihre eigene Mitte gefunden. Sie suchen nicht mehr im Außen nach Antworten. Sie spüren, dass Sie alle Antworten in sich selbst finden. Sie müssen lediglich daran arbeiten, konditionierte Reaktionen abzulegen, indem Sie dem Weg der Freiheit folgen und sich dabei sowohl an Ihrer wahren Natur als auch an Ihrem Gefühl des Einsseins orientieren. Klarheit im Denken, Fühlen und Handeln ist kein Ideal mehr, dem Sie nachjagen. Sie finden innere Ruhe und Gelassenheit, wie chaotisch eine Situation im Außen auch sein mag. Sie haben das tief verwurzelte Gefühl, dass alles gut ist, wie es ist.

Souverän Die Unterhaltung nimmt einen negativen Verlauf. Sie leiten bewusst eine Wende ein. Sie haben Probleme am Arbeitsplatz. Sie schreiben Affirmationen, um auf Ihr Rad der Freiheit zurückzukehren. Sie sind kompetent, stark und kennen Ihre Grenzen. Wenn Sie souverän sind, geben Sie sich innerlich die Erlaubnis, zu tun, was getan werden muss, um in Einklang mit

Ihrer wahren Natur zu leben. Sie sind innerlich fokussiert und spüren Ihre Kraft. Sie beginnen dem Veränderungsprozess und sich selbst zu vertrauen.

Wertneutral Sie haben um eine Gehaltserhöhung gebeten. Statt Ihre Leistungen daran zu messen, ob sie bewilligt wird oder nicht, wissen Sie, dass allein der Mut, den Sie dafür aufbringen mussten, den Charakter stärkt, und die dadurch gewonnene Freiheit wahre Wunder im Leben wirken kann. Sie sind zuversichtlich, dass man Ihnen die Gehaltserhöhung gewährt, aber Sie lassen sich auch nicht den Tag verderben, wenn dem nicht so ist. Sie betrachten den Fehlschlag als einen Lernprozess, der Sie Ihrem wahren Selbst ein Stück näher bringt. Wenn es Ihnen gelingt, eine Situation wertneutral und mit innerer Distanz zu betrachten, schaffen Sie einen Freiraum, in dem sich das Leben nach seinen eigenen Gesetzmäßigkeiten entwickeln kann, zu Ihrem Vorteil: kein Stress, keine Hektik, kein Druck. Wenn Sie sich von dem Gefühl distanzieren, nicht gut genug zu sein, gelangen Sie schneller auf das Rad der Freiheit, als Sie schauen können. Wenn Sie die Dinge nicht persönlich nehmen, befreien Sie sich von der zwanghaften Suche nach Sündenböcken, von Scham- und Schuldgefühlen. Denken Sie daran: Die Ängste anderer Menschen haben nichts mit Ihnen zu tun. Ein bestimmtes Ergebnis zu erwarten ist ein Verhalten, das der Vergangenheit angehört, denn Sie wissen, dass das Leben alles andere als statisch ist.

Fülle Statt alles an sich zu reißen, aus Angst, zu kurz zu kommen, bestätigen Sie sich immer wieder, dass Sie alles haben, was Sie zum Leben brauchen. Sie haben ein großes Herz und Großzügigkeit auf Ihre Fahnen geschrieben. Sie machen freigebig Komplimente, lassen andere an Ihren Ideen und Ressourcen teilhaben und sind der Überzeugung, dass es auf der Welt genug Liebe und Unterstützung gibt. Dieses Bewusstsein für die Fülle, die das Leben bietet, spiegelt sich in Ihren Worten und Taten wider. Sie ziehen die Liebe an und geizen nicht damit, denn Sie wissen, dass diese Ressource unerschöpflich ist.

Energie Jeder Tag stellt eine Gelegenheit dar, Sie selbst zu sein. Sie fühlen sich voller Energie, sodass Sie Ihr Arbeitspensum spielend bewältigen. Ihre Umgebung wird zu einem positiven Spannungsfeld, und andere lassen sich von Ihrer enthusiastischen Einstellung zum Leben mitreißen. Schluss mit dem Gefühl, erschöpft und ausgebrannt zu sein: Sie sind vielmehr entspannt und bereit, Ihre Batterien nach getaner Arbeit wieder aufzuladen.

Zufriedenheit Das Gefühl, etwas geleistet zu haben, ist allgegenwärtig und färbt auch auf andere Lebensbereiche ab. Die innere Zufriedenheit, die Sie aus dem Wissen ableiten, eine Aufgabe meistern zu können, verleiht Ihnen den Mut, die Latte immer höher zu legen. Das stärkt das Selbstvertrauen, sodass Sie in Einklang mit Ihren wahren Interessen und Zielen mehr tun und sein können.

Synchronizität der Ereignisse Sie ist gegeben, wenn Sie ohne Stress, Hektik oder Opfer Ihr Ziel erreichen. Sie sind zur richtigen Zeit am richtigen Ort, um eine Chance wahrzunehmen. In Ihrem Leben läuft alles wie am Schnürchen. Wenn Sie immer mehr Zeit auf Ihrem Rad der Freiheit verbringen, mehren sich solche Situationen, in denen alles zusammenpasst, im Großen wie im Kleinen. Ich hatte unlängst ein Erlebnis, das diese Synchronizität der Ereignisse deutlich macht.

Ich flog von Los Angeles in den Mittleren Westen, wo ich einen Vortrag halten sollte. Während der kurzen Wartezeit am Flughafen begann mein Kopf zu hämmern und meine Sicht verschwamm. Ich wusste, das waren die ersten Anzeichen einer Migräne; wie sollte ich damit den zweistündigen Flug überstehen?

Früher hätte ich mich »am Riemen gerissen« und schweigend gelitten, aus Angst, als Memme angesehen zu werden. Doch seitdem ich mich auf dem Rad der Freiheit befinde, ist die Authentizität mein wahrer Seinszustand. Das bedeutete, ich musste um Hilfe bitten, statt das Problem zu leugnen. Ich nahm bewusst das Risiko in Kauf, eine Abfuhr zu erhalten, ging zu der Bodenhostess, die mit der Abfertigung der Fluggäste befasst war, erklärte die Situation und bat, früher als die anderen Passagiere an Bord gehen zu dürfen. Ehrlich gestanden, ich schwitzte Blut und Wasser! Was wäre, wenn sie mich spöttisch ansehen oder sagen würde: »Tut mir Leid, da könnte ja jeder kommen!« Die Angst hielt mich um ein Haar davon ab, sie anzusprechen, und flüsterte mir zu, dass ich mich wie ein Baby anstellte, obwohl ich in Wirklichkeit nur pfleglich mit mir selbst umging. Aber die Bodenhostess lächelte und sagte: »Kein Problem. Ich weiß, wie das ist, ich leide selbst unter Migräne.«

Als es Zeit zum Einsteigen war, brachte sie mich als Erste in die Maschine. Wieder packte mich die Angst, andere könnten denken, ich mache aus einer Mücke einen Elefanten und sei nur auf meinen Vorteil bedacht. Ich ließ mich nicht beirren. In dem Moment, als ich das Flugzeug betreten wollte, kam ein Mann hinter mir her und rief: »Fühlen Sie sich nicht gut?«

In ihrer angsterfüllten Zeit hätte Superfrau Rhonda um keinen Preis der Welt zugegeben, dass sie Hilfe brauchte. Das schaffst du schon allein, dachte ich mir immer. Doch dieses Mal gewann mein Bemühen, authentisch zu sein, die Oberhand. Ich war gewillt zu zeigen, dass auch ich verletzlich war. Und so gab ich vorsichtig zu: »Nein, nicht besonders.«

Die Reaktion des Mitreisenden haute mich um. »Kommen Sie, wir tauschen die Plätze. Auf meinem Platz haben Sie es bequemer.« Und damit drückte mir William Belgard seine Bordkarte für die Erste Klasse in die Hand.

Ich war sprachlos. Erste Klasse? Das kann ich nicht annehmen, dachte ich. Das wäre der Gipfel der Selbstsucht und auch nicht fair, dachte ich, ich bin schließlich nicht sterbenskrank. Dass ich leugnete, wie schlecht es mir ging, wurzelte immer noch in den alten Minderwertigkeitsgefühlen.

William Belgard wiederholte sein Angebot noch einmal; dank seiner aufrichtigen Fürsorge wurde mein Rad der Freiheit in Gang gesetzt, und ich nahm den Sitzplatz dankbar an. Ein paar Minuten später schlief ich tief und fest in einem ledernen Liegesitz der Ersten Klasse.

Warum gab er mir seine Bordkarte? Natürlich weil er helfen wollte, weil er nett und fürsorglich war. Aber er hätte keine Gelegenheit gehabt, seine Großmut unter Beweis zu stellen, wenn ich nicht beschlossen hätte, authentisch zu sein. Als Erstes ging ich das Risiko ein, eine Abfuhr zu erhalten, als ich die Bodenhostess um Hilfe bat. Dann gestand ich ein, dass es mir nicht gut ging, was für mein Rad der Angst ein untrügliches Zeichen von Schwäche ist. Und zum Schluss sagte ich Ja zu der großzügigen Geste eines wildfremden Menschen. Mein Rad der Angst versuchte, mir an jeder Weggabelung ein Bein zu stellen, doch es gelang mir, mich auf meinen wahren Seinszustand, die Authentizität, zu konzentrieren und ihr treu zu bleiben. Diese Erfahrung zeigt die Synchronizität der Ereignisse auf dem Rad der Freiheit, ein Zusammenspiel von Zeit, Ort und Gelegenheit, das Wachstum ermöglicht.

Jede menschliche Begegnung trägt dazu bei, dass Sie das Rad der Angst in Bewegung setzen oder verlassen. William Belgard sorgte dafür, dass ich abspringen konnte, indem er mir eine Gelegenheit bot, meiner wahren Natur ein Stück näher zu kommen. Es ist an uns, aufmerksam zu sein und die magischen Augenblicke wahrzunehmen, die unseren Weg kreuzen. Denken Sie daran: Wir sind selbst verantwortlich für unseren Seinszustand, unser Verhalten und den Beitrag, den wir zu unserem eigenen Wachstum und der Entwicklung der Menschen leisten, die uns nahe stehen.

Solche und ähnliche Empfindungen werden Sie bei sich feststellen, wenn Sie die Angst aus Ihrem Leben verbannen und die Freiheit begrüßen. Es gilt, den Lern- und Wachstumsprozess fortzusetzen, Ihr Bestes zu tun und sich klarzumachen, dass es gut genug ist. Niemand ist perfekt, auch wenn es uns schwer fällt, Mängel offen einzugestehen. Wenn wir akzeptieren, dass es sich um einen Lernprozess handelt, stimmen die Ergebnisse besser mit unserer persönlichen Wahrheit überein und werden mühelos erzielt. Jedes Mal, wenn Sie Ihre Angst loslassen, indem Sie in Übereinstimmung mit Ihrer wahren Natur handeln, verliert die Angst ihre Macht über Sie.

Wahrscheinlich haben Sie Ihre Ängste in manchen Lebensbereichen besser im Griff als in anderen. Das ist normal. Vielleicht verbringen Sie am Arbeitsplatz 75 Prozent der Zeit auf dem

Rad der Freiheit, in puncto Partnerbeziehung aber nur 20 Prozent. Jeder hat Bereiche, in denen die Angst relativ leicht zu meistern ist, und andere, die eine Herausforderung darstellen. Aber die problematischen werden im Laufe der Zeit einfacher, wenn Sie an sich arbeiten.

Vielen Leuten gelingt es, dadurch eine frustrierende Situation hinter sich zu lassen, um ihre innere Stärke in Besitz zu nehmen und mehr Lust am Leben zu verspüren. Und sie brauchen nicht lange für diese grundlegende Veränderung. Dazu ist nur erforderlich, dem Rad der Freiheit einen höheren Stellenwert als allen anderen Verpflichtungen einzuräumen, die sie für sich selbst eingegangen sind.

ANGSTKILLER-ÜBUNG

- Definieren Sie die Begriffe, die Sie für »wahre Natur« und »Gefühl des Einsseins« gewählt haben. Wie beim Rad der Angst sind diese ganz individuell und haben für jeden eine andere Bedeutung. Je umfassender Sie beide anlegen, desto schneller erkennen Sie Ihr Rad der Freiheit. Nehmen Sie auch dieses Mal kein Wörterbuch zu Hilfe. Die Definition meiner wahren Natur, »Authentizität«, lautet: »Sich selbst gegenüber wahrhaftig sein«. Unter dem Gefühl des Einsseins, das ich mit »Selbstakzeptanz« gleichsetze, verstehe ich: »Ich mag mich. Ich sehe meine Vorzüge. Ich vergleiche mich nicht mit anderen, sondern erkenne den Wert meiner Einzigartigkeit als Mensch. Ich erwarte nicht, dass mich andere immer verstehen. Ich bin voll für mich selbst und mein Verhalten verantwortlich.«
- Achten Sie auf die Anzeichen von Freiheit, die sich in Ihrem Alltag offenbaren. Je eher sie diese ausmachen, desto schneller wird das Rad der Freiheit eine Konstante in Ihrem Leben sein.
- Schreiben Sie: »Ich bin mein Rad der Freiheit.« Fügen Sie die grundlegende Eigenschaft, die Ihre wahre Natur kennzeichnet, und Ihre Definition vom Gefühl des Einsseins (wie auf Seite 95) hinzu. Hängen Sie diesen »Wegweiser« gut sichtbar

über dem Schreibtisch auf und übertragen Sie ihn auch auf Ihre Karteikarte. Werfen Sie jeden Tag einen Blick darauf, um sich daran zu erinnern, dass Sie allein entscheiden, ob Sie sich auf dem Rad der Angst oder auf dem Rad der Freiheit befinden.

- Achten Sie darauf, in welchen Situationen Ihr Rad der Freiheit in Gang gesetzt wird.

Ergänzen Sie die Leerstellen:
Wenn ich die Liste der Verhaltensalternativen bei mir habe, fühle ich mich _____.

Wenn ich die Liste der Verhaltensalternativen nicht bei mir habe, fühle ich mich _____.

Wenn ich in Einklang mit meiner wahren Natur leben würde, könnte ich _____.

Wenn ich in Einklang mit meinem Gefühl des Einsseins leben würde, könnte ich _____.

Wenn ich mich auf meinem Rad der Freiheit befände, könnte ich _____.

Inzwischen wissen Sie, was Angst ist, und haben Ihr persönliches Rad der Angst und der Freiheit entdeckt. Im nächsten Kapitel werden Sie die einzelnen Aspekte des Fearless-Living-Programms kennen lernen. Es bewirkt, dass sich Ihr Rad der Freiheit beständiger und dynamischer dreht, und ermöglicht Ihnen, das Rad der Angst bewusst hinter sich zu lassen.

Ich hoffe, Sie sind meinem Rat gefolgt und haben unter dem Siegel der Verschwiegenheit an sich selbst gearbeitet. Nun ist es an der Zeit, sich zu öffnen – für den Zuspruch, die Gesellschaft und den Austausch mit Freunden und Familienangehörigen, auf deren Unterstützung Sie zählen können, wenn Sie die nächsten Schritte auf dem Weg von der Angst zur Freiheit machen.

4 Notorische Pessimisten

Olivia liebäugelte mit dem Gedanken, ihren hochkarätigen Job in einer Werbeagentur an den Nagel zu hängen, um sich mit einer Gärtnerei selbstständig zu machen; das Gewächshaus in ihrem Garten bot sich dafür geradezu an. Sie hatte ein Spitzengehalt in der Agentur und ein eigenes Büro in begehrter Lage, aber sie war trotzdem unzufrieden. Kein Tag verging, ohne dass sie sich ausmalte, wie schön es wäre, eine Arbeit zu haben, die wirklich Spaß machte und ihr lag. Alle bewunderten ihre Pflanzen, vor allem ihre Orchideen. Sie wusste, dass sie den sprichwörtlichen grünen Daumen hatte, und fühlte sich frustriert, weil sie nicht den Absprung fand und das Gewächshaus nichts weiter als ein Hobby blieb.

Olivia war 52 und hatte Angst, ihr geregeltes Einkommen mit all den sicheren Sozialleistungen aufzugeben. Sie hätte sich um eine private Altersvorsorge und die Krankenversicherung kümmern müssen. Abgesehen davon machte sie sich Sorgen, ob ihr finanzielles Polster ausreichen würde, falls sie mit ihrer Gärtnerei baden ging. Andrerseits hatte sie aber auch keine Lust, mit siebzig auf ihr Leben zurückzublicken und zu bedauern, dass sie diese Chance verpasst hatte. Nach langem Hin und Her brachte Olivia doch noch den Mut auf zu kündigen. Am Abend zuvor traf sie zufällig Larry, einen Nachbarn, im Supermarkt vor den Regalen mit den Gartenbedarfsartikeln.

»Gut, dass der Laden rund um die Uhr geöffnet hat«, stöhnte Larry. »Sonst käme ich nie zum Einkaufen. Meine Güte, bin ich geschafft. Ich war heute bis sieben Uhr abends im Büro. Sie wahrscheinlich auch, oder? Ein hartes Brot.«

»Ja, ich habe auch wieder mal Überstunden gemacht. Aber damit ist jetzt Schluss. Morgen reiche ich meine Kündigung ein. Ich sattle um. Sie haben die künftige Besitzerin von *Olivia's Orchideen* vor sich! Auf zu neuen Ufern!«

»Na so was! Ist das wirklich Ihr Ernst? Wissen Sie eigentlich, dass die meisten kleinen Firmen innerhalb von zwei Jahren wieder zumachen? Und wenn Sie was gegen Überstunden haben, können Sie es glatt vergessen. In der eigenen Firma sind Sie der reinste Sklave. Und erst die Konkurrenz! Heute träumt doch jeder davon, sich selbstständig zu machen. Ich jedenfalls. Jenny und ich wollten immer eine Frühstückspension eröffnen. Aber wenn man nicht genug Startkapital in der Hinterhand hat, ist eine Firmengründung das reinste Glücksspiel. Haben Sie sich das wirklich gut überlegt?«

Olivia zuckte zusammen. Larry hatte alle Gegenargumente zur Sprache gebracht, die sie vor ihrer Entscheidung auch schon durchgekaut hatte. Dass er noch einmal auf die Risikofaktoren verwies, die sie bereits abgehakt hatte, weckte die alten Zweifel. Die Vorfreude auf das neue Tätigkeitsfeld wurde von einer Welle der Angst verdrängt.

Larry war ein notorischer Pessimist. Er empfahl Olivia, bei ihren Leisten zu bleiben und ja kein Risiko einzugehen. Das ist ganz im Sinne der Angst, die darauf bedacht ist, ungünstige Ergebnisse zu vermeiden: Sie redet uns ein, wir könnten scheitern, enttäuscht werden, Geld verlieren. Natürlich hatte Larry nicht vor, Olivia die Chance ihres Lebens zu verbauen und ihren Traum zu zerstören. Er meinte vielmehr, wie alle notorischen Pessimisten, Olivia mit seinen Ratschlägen einen Gefallen zu erweisen. Und das tat er auch in gewisser Hinsicht. Seine Horrorgeschichten entsprachen den Tatsachen. Aber Larry war auf sein eigenes Rad der Angst fixiert: Er hatte Angst davor, die Gelegenheit beim Schopf zu packen und seine Frühstückspension zu eröffnen. Er scheute das Risiko und war unfähig, über seinen Schatten zu springen. Angstfrei zu leben bedeutet schließlich nicht, dass man unbekümmert in den Tag hinein lebt. Olivia hatte bereits die nötigen Kalkulationen angestellt und wusste, dass sie nicht mittellos dastand, wenn sie ihren Job aufgab. Sie hatte sich auf ihren angstfreien Schritt ins Leben vorbereitet. Als Larry die Litanei der Risiken herunterbetete, geriet ihr Rad der Angst jedoch wieder in Bewegung.

Das Ende der Geschichte war zum Glück angstfrei, sowohl für Olivia als auch für Larry. Sie kam in meine Beratung. Ich machte sie nicht nur mit den Fearless-Living-Prinzipien bekannt, sondern empfahl ihr auch, Kontakt mit einer Organisation aufzunehmen, die Existenzgründern mit Rat und Tat zur Seite steht. Nach einigen Sitzungen hatte Olivia das Ziel, ihren Traum zu verwirklichen, wieder klar vor Augen.

Drei Jahre später boomte *Olivia's Orchideen*. Inspiriert von ihrem Erfolg, eröffneten Larry und Jenny eine kleine Frühstückspension mit hypermoderner Ausstattung und Küche. Die Klientel war jünger und finanziell besser situiert als die Stammkundschaft der alteingesessenen Konkurrenten. Olivia, Larry und Jenny verdienen heute wesentlich besser als früher. Das ist kein Einzelfall, wie ich zu meiner Freude feststellen konnte.

Wie Larry im Gespräch mit Olivia offenbarte, hat jeder sein eigenes Rad der Angst. Denken Sie an die Menschen, die Ihnen nahe stehen. Auch sie leiden unter Ängsten, selbst wenn es auf den ersten Blick nicht so scheint. Und diese Ängste werden auf Sie projiziert. Das geschieht meistens nicht vorsätzlich, sondern unbewusst. Automatisch. Sie haben oft keine Ahnung, in welchem Maß sich diese Ängste in die Gespräche mit Ihnen einschleichen. Sie übertragen ihre eigenen Unsicherheiten, Zweifel und Sorgen auf Ihr neues Projekt oder Ihre neue Beziehung. Deshalb sollten Sie darauf achten, welche Informationen Sie weitergeben und an wen. Hier geht es nicht darum, Ihre Liebe zu drosseln. Sie sollen lediglich verstehen, dass Liebe und Gegenliebe keine Gewähr dafür sind, dass Sie die beste Unterstützung von diesen Menschen erhalten.

Es kann vorkommen, dass Sie sich von Freunden, die Ihnen nicht gut tun, trennen oder einen Schlussstrich unter eine Ehe setzen müssen, die Sie zerstört. Manche Menschen in Ihrem Leben leiden unter emotionalen Störungen und Süchten, die blockierend oder gar gefährlich sind. Im Idealfall gelingt es Ihnen, sie zu überzeugen, professionelle Hilfe in Anspruch zu nehmen. Sie auf eigene Faust zu retten ist nicht Ihre Aufgabe. Wenn sie Hilfe ablehnen, sollten Sie sich zu Ihrer eigenen Sicherheit von ihnen fern halten. In diesem Fall macht die Angst

Sie auf eine echte Bedrohung aufmerksam. Das ist ein berechtigter Grund, auf der Hut zu sein und notfalls die Flucht zu ergreifen.

In der Regel haben Sie gleichwohl freundschaftliche oder liebevolle Beziehungen zu den Bezugspersonen in ihrem Leben, die sich als notorische Pessimisten entpuppen. Sie lernen, die Warnungen Ihrer Schwiegermutter vor den Unwägbarkeiten des Lebens nicht persönlich zu nehmen und den Kontakt auf ein höfliches Miteinander bei familiären Anlässen zu beschränken. Vielleicht ärgern Sie sich über eine Freundin, die sich ständig beschwert, beruflich in einer Sackgasse zu stecken, aber keinen Finger rührt, um die Situation zu ändern. Trotzdem begrüßen Sie ihre Ratschläge, wenn es um Kindererziehung geht, weil ihre eigenen Sprösslinge bemerkenswert gut geraten sind. Der Trick besteht darin, in sich zu gehen, herauszufinden, was Sie von einer bestimmten Beziehung erwarten, und sich auf die positiven Aspekte zu konzentrieren. Wenn Sie den Kontakt aufrechterhalten wollen, sollten Sie die Empfehlungen und positiven Bestätigungen dankbar annehmen, sich aber stets daran erinnern, dass die pessimistische Grundeinstellung, die Sie stört, nichts mit Ihnen zu tun hat. Ihre Freundin jammert über ihren Job, weil sie sich auf dem Rad der Angst befindet. Wenn Sie sich das bewusst machen, können Sie ihre positiven Seiten genießen und den Rest herausfiltern. Mit anderen Worten: Wenn sie das nächste Mal über die Sackgasse klagt, in der sie gelandet ist, und kein offenes, angstfreies Wort von Ihnen hören will, sollten Sie sich klarmachen, dass sie möglicherweise zu den Menschen gehört, die im Grunde gar nichts ändern wollen. Schützen Sie sich selbst, indem sie geschickt das Thema wechseln und die Kindererziehung ansprechen, einen Bereich, der bei ihr offenbar nicht von Angst besetzt ist.

Dieser hypothetische Fall zeigt, dass Menschen, die Ihnen nahe stehen, zeitweilig notorische Pessimisten sein können. Bei anderen tritt dieses Merkmal nur dann zutage, wenn sie mit bestimmten Situationen konfrontiert sind. Ich muss zu meiner Schande gestehen: So war es bei mir, in einer Situation, die meine beste Freundin Marta betraf. Meistens bauen wir uns gegenseitig auf. Doch an der Frage, ob sich ihr Sohn einen Job neben der Schule suchen sollte, schieden sich die Geister. Alder war damals sechzehn, und ich stimmte dafür. Schließlich hatte ich selbst seit dem vierzehnten Lebensjahr eigenes Geld verdient. Alder dachte nicht daran. Das fand ich empörend. Doch Marta meinte, dass die Schule allerhöchste Priorität hatte und Alder deshalb nicht arbeiten gehen müsse. Ich war entrüstet. Wie sollte der Bursche lernen, Eigenverantwortung und Arbeitsmoral zu entwickeln (wie ich)? Wie sollte er den Wert des Geldes schätzen (wie ich), wenn er keinen Handschlag tat, um den eigenen Lebensunterhalt zu bestreiten (wie ich)? Jede Diskussion über dieses Thema – ich bildete mir natürlich ein, dass ich Recht hatte – endete damit, dass wir über die grundlegende Einstellung zur Arbeit neben der Schule in Streit gerieten. Ich fand, es sei ein Muss, während sie darin eine *Möglichkeit* sah. Bis Alder neunzehn war, konnte ich mit Marta nicht mehr über ihren Sohn reden. Jedes Mal, wenn sein Name fiel, hielt ich ihr eine »Moralpredigt«.

Mein Rad der Angst stiftete den Unfrieden. Ich war neidisch, weil Alder während der Highschool nicht arbeiten gehen musste, im Gegensatz zu mir damals. Ich war entrüstet, dass er seine Jugend genießen durfte, im Gegensatz zu mir. Ich war außer mir, weil ich Marta nicht überzeugen konnte, das »einzig Richtige« zu tun, sie nicht zu »meiner« Wahrheit bekehren konnte.

Inzwischen weiß ich, dass jede Familie solche Entscheidungen allein treffen muss, abgestimmt auf die spezifischen Bedürfnisse und Fähigkeiten des Kindes. Aber damals war ich vernagelt. Unbewusst wollte ich mich für meine unglückliche Jugend rächen (warum sollte es anderen besser gehen als mir?). Trotz der Spannungen, die zwischen Marta und mir in puncto Alder und Arbeit herrschten, unterstützten wir uns gegenseitig in anderen Bereichen. Wenn Sie hingegen erwarten, dass Ihre beste Freundin oder Ihr Partner in der Lage ist, über alles zu reden, alle Bedürfnisse zu erfüllen und Sie in allem zu unterstützen, programmieren Sie die Enttäuschung geradezu vor. Die wichtigsten Bezugspersonen in Ihrem Leben müssen nicht jeder Entscheidung zustimmen, die Sie treffen, um die Beziehung fortzusetzen, die Ihnen in anderer Hinsicht gut tut.

Manche Menschen hemmen Sie jedoch, statt Sie anzuspornen, Ihren eigenen Weg zu gehen. Um sie auszumachen, habe ich ein Profil von fünf notorischen Pessimisten entwickelt, deren Verhalten einem weit verbreiteten Muster entspricht. Während Sie lesen, sollten Sie die Namen von Menschen notieren, die sich diesen Kategorien zuordnen lassen. Es kann sein, dass mehr als eine Beschreibung passt oder manche Personen in dem einen Bereich einen positiven und in einem anderen einen negativen Einfluss ausüben. Wichtig ist abzuklären, ob es Menschen in Ihrem Leben gibt, die Sie auf Ihrem Weg zu einem angstfreien Leben behindern. Möglicherweise lassen sie sich am Ende, wie Olivias Nachbar Larry, durch Ihr Beispiel ermutigen und streifen die Angst ebenfalls ab. Aber wie dem auch sei: Lassen Sie sich auf Ihrem Weg zur Freiheit nicht von ihnen aufhalten.

Traumvampire

Menschen mit diesem Profil sind gefährlich, weil sie Ihr Rad der Angst spiegeln. Sie meinen es gut mit Ihnen und wollen Sie vor den möglichen Folgen des Risikos bewahren, das Sie eingehen. Deshalb blasen sie ins gleiche Horn wie Ihre Stimme der Angst oder bestätigen Ihre schlimmsten Befürchtungen.

Traumvampire sagen:
- Bist du sicher, dass du dir das antun willst?
- Wieso glaubst du, dass ausgerechnet du es schaffst?
- Was ist, wenn du dich zum Narren machst?
- Was ist, wenn du dein letztes Hemd verlierst?
- Warum willst du das Boot zum Kentern bringen?

Traumvampire wollen verhindern, dass Sie verletzt werden, deshalb führen sie Ihnen mit allen Mitteln vor Augen, dass Ihre Träume Hirngespinste sind. Sie lieben Sie und glauben Sie besser zu kennen als Sie sich selbst. Sie empfehlen Ihnen, in den eingefahrenen Geleisen zu bleiben, weil sie Gewohnheitstiere sind. Wenn Sie auf die Traumvampire hören, wird Ihre wahre

Natur noch schneller im Keim erstickt, als wenn nur Ihre eigene Stimme Ihnen zugeflüstert hätte, dass sich Ihre Wünsche nicht verwirklichen lassen. Das Zaudern solcher Traumvampire färbt auf Sie ab. Diese Menschen können nicht zwischen Ihren Träumen und den eigenen Ängsten unterscheiden.

Natürlich sind die Traumvampire aufrichtig davon überzeugt, dass sie nur in Ihrem Interesse handeln und dass Sie scheitern und verletzt werden, wenn Sie Ihre Träume realisieren. Wenn Sie also allen Unkenrufen zum Trotz Ihr Vorhaben umsetzen und nicht auf Anhieb Erfolg haben, werden Ihnen die Traumvampire unter die Nase reiben: »Ich habe es dir ja gleich gesagt.« Doch wenn Sie es gar nicht erst versuchen, werden Sie nie wissen, was in Ihnen steckt. Vielleicht erreichen Sie Ihr Ziel nicht gleich beim ersten Anlauf, sondern erst beim zweiten oder fünften. Sie werden es nie erfahren, wenn Sie sich gar nicht erst auf den Weg machen. Jeder kostbare Augenblick in Ihrem Leben verrinnt ungenutzt, wenn Sie vor Angst erstarren; diese Angst hält Sie davon ab, Ihr Potenzial voll zu entfalten und der Mensch zu werden, der Sie sein könnten. Diese Erkenntnis ist bitterer als jeder Misserfolg. Erfolg oder Misserfolg entscheiden nicht darüber, ob wir überleben oder leben. Sich lebendig zu fühlen erfordert die Fähigkeit, über die selbst gesetzten Grenzen unserer Identität hinauszuwachsen und das Risiko einzugehen, unser Potenzial immer mehr zu entfalten.

Praktisches Beispiel für einen Traumvampir: Valeries Mutter
Als sie erfuhr, dass ihre Tochter nach New York gehen und Model werden wollte, sagte Valeries Mutter: »Du und Model? Schlag dir die Flausen aus dem Kopf. Wahrscheinlich landest du in irgendeinem Schnellimbiss als Kellnerin und bedienst dort noch, wenn du alt und grau bist. Geh lieber aufs College und werde Lehrerin. Das ist ein solider Beruf. Man verdient nicht schlecht, und die Pension ist auch nicht zu verachten! Außerdem ist die Arbeitszeit ideal, wenn du später mal Kinder hast. Glaub mir, ich weiß Bescheid! Ich kann ein Lied von solchen Träumen singen, die zu nichts führen. Und überhaupt, diese Models stecken dauernd in Schwierigkeiten, wie man liest. Ich

liebe dich und kann nicht tatenlos zuschauen, wie du in dein Verderben rennst.«

Traumvampire fürchten immer das Schlimmste für Sie. Aber Sie haben selbst genug Befürchtungen, mit denen Sie fertig werden müssen. Lassen Sie sich nicht noch mehr Angst machen. Aber wie Valerie bringen Sie es vielleicht nicht übers Herz, dem Traumvampir Paroli zu bieten oder ihn zu kränken. Valeries Angst verleitete sie zu dem Gedanken, ihre Mutter könne Recht haben, obwohl ihre Intuition ihr riet, ihren Traum unbeirrt zu verfolgen. Valerie kam zu mir in die Beratung und arbeitete daran, den Konflikt aus der emotionalen Distanz zu betrachten, um sicherzugehen, dass sie sich auf ihrem Rad der Freiheit befand, und dann bewusst zu entscheiden, ob sie wirklich Model werden wollte. Danach war sie in der Lage, die Situation so zu sehen, wie sie war: Ihre Mutter projizierte ihre eigene Versagensangst auf die Tochter. Valerie beschloss, das Problem der Mutter nicht als ihr eigenes zu betrachten. Um zu ihrer Mitte zu finden, wählte Valerie eine Verhaltensalternative aus unserer Liste aus. Nachdem sie ein paar Mal tief durchgeatmet hatte, war sie in der Lage, ihrer Mutter für das Interesse und die Liebe zu danken, die sich in ihrer Besorgnis widerspiegelte. Dann erklärte sie beherzt, dass ihre Entscheidung, Model zu werden, unwiderruflich sei. Sie bat ihre Mutter, sie trotz des Vorbehalts zu unterstützen.

Valeries Mutter war nicht daran gewöhnt, dass ihre Tochter ihren eigenen Willen durchsetzte. Es dauerte einen Moment oder zwei, bis sie dieses ungewohnte Verhalten verdaut hatte. Das ist eine typische Reaktion, wenn jemand einem Menschen die Stirn bietet, der ihn klein zu halten versucht. Valerie rüstete sich innerlich für eine weitere Moralpredigt. Aber ihre Mutter sagte schließlich: »Ich verstehe. Na gut, wenn du meinst. Mir ist trotzdem nicht wohl bei dem Gedanken. Aber ich werde dir helfen, so gut es geht.«

Die Veränderungen, die sich in der Dynamik Ihrer Beziehungen bemerkbar machen, wenn Sie beginnen, sich für Ihre Träume stark zu machen, sind verblüffend. Statt den Traumvampiren die Kontrolle zu überlassen, nehmen Sie Ihr Leben selbst in die Hand. Wenn Sie sich nicht von ihren Ängsten anstecken lassen, haben Sie die Möglichkeit, die Situation aus einer anderen Perspektive zu betrachten. Traumvampire haben keine Macht, sondern nur Angst. Wenn Sie sich nicht darauf einlassen, geben Sie ihnen die Chance, sich selbst auf den Weg zu machen, um ihre Freiheit zu finden.

Wer sind die Bezugspersonen in Ihrem Leben, die Sie zweifeln lassen, die ihre Liebe als Rechtfertigung benutzen, um Träume zu zerstören, und Ihnen das Gefühl geben, es sei nicht in Ordnung, Sie selbst zu sein? Schreiben Sie die Namen dieser Traumvampire auf. Trennen Sie dabei zwischen Personen, mit denen Sie auf beruflicher oder familiärer Ebene Kontakt halten müssen, und solchen, deren Gesellschaft Sie aus freien Stücken suchen. Wählen Sie eine Person aus, mit der Sie keinen Umgang pflegen müssen, und machen Sie sich bewusst, wie die Beziehung beschaffen ist. Schüren Sie die Ängste, die sie um Sie aussteht? Reden Sie über Probleme, ohne die Lösungsmöglichkeiten auszuloten? Sind Zweifel die einzige Gemeinsamkeit, die Sie haben? Wenn ja, tragen Sie unter Umständen Ihr Scherflein zu den Ängsten dieses Traumvampirs bei. Sie könnten sich vornehmen, ihn nur noch an den stärkenden, positiven Aspekten in Ihrem Leben teilhaben zu lassen. Schweigen ist ebenfalls ein überaus wirkungsvolles Mittel, wenn Sie nicht wissen, was Sie sonst tun sollen. Erproben Sie diese Verhaltensweisen in einer Beziehung, die kein Muss in Ihrem Leben dastellt, und lernen Sie aus den Erfahrungen.

Schwarzmaler

Dazu gehören alle Personen, die Ihre schlimmsten Befürchtungen über die Härte, Grausamkeit oder Sinnlosigkeit des Lebens bestätigen. Wenn Sie gerade dabei sind, eine Kehrtwende zu machen, um einen Weg aus dem Irrgarten der Angst zu suchen, erinnern die Schwarzmaler Sie daran, dass Sie damit nur Ihre Zeit verschwenden. Diese Beziehungen sind nicht gut für Sie. Aber

Sie haben das Gefühl, dass sie Ihnen gut tun. Wie das Sprichwort sagt: Gleich und Gleich gesellt sich gern. Das Problem ist, dass diese angstbasierte Beziehung zu den Schwarzmalern am einfachsten zu pflegen ist, weil sie rund läuft und harmlos erscheint.

Die zu Tränen rührenden Geschichten der Schwarzmaler können ebenfalls sehr verführerisch sein. Wie alle von Angst motivierten Verhaltensweisen sind sie eine überzeugende Fälschung der Wahrheit. Man kann leicht in ihren Sog geraten und ihnen Glauben schenken. Zu hören, dass andere mit den gleichen Kämpfen im Leben konfrontiert waren und daran gescheitert sind, ist eine perfekte Entschuldigung, die Lösung eines Problems gar nicht erst anzugehen. Manchmal versuchen Ihre Schwarzmaler, Ihnen bei der Lösung eines Problems zu helfen, aber am Ende bekommen Sie nur wieder die alte Leier präsentiert: »Das geht nicht«, »Lass das lieber« oder »Wieso bildest du dir ein, ausgerechnet du könntest die Dinge ändern?«. Die Folge ist, dass sich die Beteiligten gegenseitig mit ihrer Angst anstecken und den Mythos festschreiben, dass Sie machtlos sind und nichts am Status quo ändern können.

Schwarzmaler sagen:

- Die Reichen werden immer reicher, aber arme Schlucker wie wir haben keine Chance. Um reich zu sein, muss man mit einem goldenen Löffel im Mund geboren werden.
- Er hat dich sitzen lassen? Typisch. Männer sind alle gleich.
- Manche Leute haben immer Glück. Schade, dass wir nicht dazugehören!
- Du kannst nichts auf die hohe Kante legen? Ich auch nicht. Das liegt nur an den Steuern.
- Ich habe es dir ja gleich gesagt! Hier kannst du keinen Blumentopf gewinnen.

Praktisches Beispiel für einen Schwarzmaler:
Steves Kollege Craig
Steve arbeitete in einer Werbeagentur. Craig war der Kollege nebenan. Als Steve ihm eröffnete, er habe vor, um eine Gehaltserhöhung zu bitten, betete Craig seine Litanei der Einwände herunter:

»Mann, in diesem Laden hast du absolut keine Chance, Karriere zu machen. Wir beide hätten weiß Gott eine Beförderung oder Gehaltserhöhung verdient, nachdem wir uns letzten Monat die Hacken abgelaufen haben, um den neuen Großkunden zu gewinnen. Aber sehen wir den Tatsachen ins Auge: Nicht mal ein Dankeschön haben wir bekommen! Wir kommen finanziell kaum über die Runden. Klar, wir könnten die Firma wechseln, aber dort geht das gleiche Spiel von vorn los. Ich habe in den letzten Jahren viel zu hart gearbeitet, um alles aufzugeben und noch einmal von vorn anzufangen. Das ist halt so im Leben. Aber es hat gut getan, sich mit jemandem zu unterhalten, dem es genauso geht.«

Nein, es hat niemandem gut getan, weder Steve noch Craig. Außerdem war das keine Unterhaltung, sondern der einseitige Versuch, Steve zu überzeugen, dass man das Rad der Angst nicht verlassen kann.

Wer sind Ihre Schwarzmaler? Seien Sie ehrlich. Das Eingeständnis, dass Ihre beste Freundin Sie in bestimmten Lebensbereichen mit ihrer negativen Sichtweise ausbremst, fällt Ihnen bestimmt nicht leicht. Aber das kommt vor, wenn Sie schneller wachsen und Ihre Schwarzmalerin überflügeln. Sie weiß vermutlich nicht einmal, dass sie Ihnen ein Klotz am Bein ist. Ideal wäre es, wenn sie sich ein Beispiel an Ihrer Furchtlosigkeit nehmen würde. Bleiben Sie befreundet, aber filtern Sie bewusst die Schwarzmalerei aus.

Achten Sie darauf, ob Sie selbst etwa die Litanei der Einwände in Gang setzen. Jeder Mensch hat das Bedürfnis, jemanden zu finden, der sich auf der gleichen Wellenlänge befindet; das Lamentieren über die Ungerechtigkeit des Lebens kann dabei zu einer Gewohnheit werden, die uns das Gefühl vermittelt, es mit einem Gleichgesinnten zu tun zu haben. Hören Sie sich selbst einen Tag lang zu, und wenn Sie feststellen, dass Sie jedes Gespräch mit einer Klage beginnen, sollten Sie sich bewusst bemühen, Ihre Bemerkungen in einen konstruktiven Rahmen zu stellen oder nach einer Erfahrung Ausschau zu halten, die Sie lobend erwähnen können, auch wenn sie nichtig erscheint.

121

Drahtzieher

Das sind die Leute, die Sie manipulieren wollen – zu Ihrem eigenen Besten, versteht sich. Die meisten sind der Überzeugung, Sie bräuchten jemanden, der Sie unter die Fittiche nimmt und Ihnen zeigt, wo es langgeht. Mütter von Kinderstars sind ein klassisches Beispiel oder Väter, die aus ihren Söhnen unbedingt Fußballprofis machen wollen. C. G. Jung erklärte: »Nichts hat einen stärkeren psychologischen Einfluss auf ihre Umgebung und vor allem auf ihre Kinder als das ungelebte Leben der Eltern.« Eltern (auch Großeltern oder Lieblingstanten und Lieblingsonkel), die ein Leben aus zweiter Hand führen, weil sie ihre eigenen unerfüllten Träume durch die Kinder verwirklichen, treibt die tief verwurzelte Angst um, dass die junge Generation genauso scheitern könnte wie sie selbst. Lehrer und Trainer können ebenfalls zu dieser Kategorie gehören. Sie sind Drahtzieher, die eines gemein haben: Sie wecken die Angst in Ihnen, dass der Lebensweg, der Ihnen aufgezwungen wird, der einzige ist, der Sie zu befriedigen vermag. Und sollten Sie sich weigern, stellvertretend für sie ihren Traum zu leben, so würden Sie es bitter bereuen und bis ans Ende Ihrer Tage mit dem Stigma des Versagers behaftet sein. Die Drahtzieher haben ein Leben lang Beweise gesammelt, die ihren Standpunkt untermauern, und sind von seiner Richtigkeit vollkommen überzeugt. Ungeachtet dessen, ob Sie das benötigte Talent, Denkvermögen oder Aussehen haben, um mitzumachen, wenn sie die Strippen ziehen – alle Beteiligten werden eine Enttäuschung erleben und ernüchtert sein, wenn Ihnen der Wunsch fehlt, sich auf das Spiel einzulassen. Und Sie müssen Erfolg haben, denn sonst war die Mühe, die sie sich gegeben haben, für die Katz. Und das wird man Ihnen ankreiden!

Strippenzieher sagen:
- Als ich so alt war wie du, hätte ich weiß Gott was für eine solche Chance gegeben.
- Ich weiß, dass du mir keine Schande machen wirst.
- Wir zählen auf dich. Tu es für deine Familie.

- Du bist viel zu jung, um zu wissen, was du willst. Es wird dir irgendwann einmal Leid tun, wenn du meinen Rat in den Wind schlägst.

Praktisches Beispiel für einen Drahtzieher: Tylers Großvater
Tyler hatte die Zulassung zur Harvard Law School in der Tasche. An dieser Elite-Universität Jura zu studieren war eine Auszeichnung. Nachdem Tyler das Fearless-Living-Programm absolviert hatte, erkannte er jedoch, dass er sich nicht aus Neigung, sondern aus Angst für dieses Studium entschieden hatte. Sein Großvater hatte gesagt: »Als ich so alt war wie du, habe ich davon geträumt, Jura zu studieren. Wir lebten damals in einem heruntergekommenen Mietshaus in der Lower East Side von Manhattan. Mein Vater hielt die Familie mit Gelegenheitsarbeiten über Wasser, und meine Mutter wusch für fremde Leute die Wäsche, um das Haushaltsgeld aufzubessern. Wir waren sechs Kinder und Harvard ein unerreichbares Ziel. Jetzt bist du am Zug, mein Junge. Ich habe mit meinem Feinkostgeschäft in all den Jahren gut verdient und kann es mir leisten, dir die Chance zu bieten, die ich nie hatte. Endlich werden wir doch noch einen Anwalt in der Familie haben, der in Harvard war!«

Der Großvater hatte sich nie die Mühe gemacht, herauszufinden, ob Tyler überhaupt Lust hatte, Jura zu studieren, geschweige denn, als Anwalt zu arbeiten und mit Prozessen seinen Lebensunterhalt zu verdienen. Bis er sein Rad der Angst ermittelt hatte, war Tyler ebenfalls nicht bewusst, dass er seine Zukunft auf dem Fundament einer Angstreaktion aufbaute. Die vermeintlich größte Chance seines Lebens bot ihm nur eine Garantie: dass er von der Angst, die Erwartungen des Großvaters zu enttäuschen, beherrscht sein würde. Und diese Angst würde verhindern, dass er seiner wahren Natur treu war.

Wie löste Tyler den Konflikt? Er bereitete seine Familie schonend auf den »Schicksalsschlag« vor, indem er hier und da Hinweise fallen ließ. Viele Leute greifen zum Wink mit dem Zaunpfahl, lassen es aber dabei bewenden. Diese Strategie sollte aber nur die Vorbereitungsphase für einen ehrlichen Dialog zwischen den Beteiligten sein, an dem letztlich kein Weg vorbeiführt. Nachdem die Drahtzieher mit ein paar geschickt eingeflochtenen Anspielungen konfrontiert wurden, sind sie emotional besser in der Lage, der unvermeidlichen Aussprache ins Auge zu sehen.

Tyler schlug sich wacker. Statt sofort mit der Sprache herauszurücken, sprach er zunächst wichtige Bedürfnisse wie Freude an der Arbeit, Zufriedenheit und sinnvolle Ziele im Leben an. Er und sein Großvater führten eine angeregte Unterhaltung, und dann erzählte ihm Tyler, dass er am liebsten Gedichte schreiben und Lehrer werden würde. Sein Großvater war erschüttert. Doch dann sah er, wie entschlossen Tylers Miene war. »Erzähl mir mehr über deinen Traum«, sagte er schließlich.

Erleichtert stellte Tyler fest, dass seine schlimmsten Befürchtungen nicht eingetroffen waren. Er war richtig euphorisch. Sein Großvater hatte seinen Entschluss nicht nur verstanden, sondern sich auch einverstanden erklärt, das Geld, das er für Harvard beiseite gelegt hatte, in Tylers Lehrerausbildung zu investieren.

Wer sind die Drahtzieher, die versuchen, Ihr Leben zu kontrollieren? Entsprechen die Träume, die sie für Ihre Zukunft haben, wirklich Ihren eigenen? Wenn nicht, sollten Sie die Herausforderung annehmen und für Ihre eigenen Wünsche und Bedürfnisse einstehen, indem Sie den Drahtziehern in Ihrem Leben gesunde emotionale Grenzen setzen.

Verkappte Rivalen

Sie sind nicht leicht zu erkennen, weil sie sich den Anschein von Hilfsbereitschaft geben. Sie erklären Ihnen, wie Sie eine Arbeit angehen, was Sie anziehen, wem Sie um den Bart gehen, wo Sie sich blicken lassen und was Sie sagen sollen, verbrämt mit tausend guten Tipps, die klingen, als hätten sie Hand und Fuß. Das Problem ist, dass diese Orientierungshilfen Sie bewusst in die Irre führen sollen. Verkappte Rivalen sind die einzigen Menschen auf unserer Liste, die Ihnen absichtlich ein Bein stellen. Alle anderen meinen es wirklich gut mit Ihnen, auch wenn der Schuss nach hinten losgeht, weil das Rad der Angst die Oberhand gewinnt. Verkappte Rivalen haben ebenfalls Angst – Angst zu versagen, nicht gut genug oder wertlos zu sein –, aber sie hoffen, Sie damit anzustecken und zu schwächen.

Meistens handelt es sich dabei um besonders kompetente oder begabte Menschen, die sich durch Ihre Kompetenz und Begabung bedroht fühlen. Sie versuchen, Ihnen Knüppel zwischen die Beine zu werfen, damit der Weg zum Ziel für sie frei ist – als wäre das Leben ein Wettlauf, bei dem nur einer auf dem Siegertreppchen stehen kann. Sie sind so auf ihr Rad der Angst fixiert, dass sie moralisch und emotional verarmt sind und glauben, es sei nicht genug für alle da. Mangel, Entbehrung und Beschränkung sind Konzepte, die ihr Rad der Angst in Gang halten. Sie begreifen nicht, dass jeder auf seine eigene Weise ein Gewinner sein kann. Schließlich geht es im Leben nicht um Lorbeeren, Ranglisten und Siegesfeiern, sondern darum, nach persönlichen Bestleistungen zu streben und sich ohne Konkurrenzdenken bewusst zu machen, dass wir die Latte immer höher legen können, wenn wir uns verändern und wachsen.

Wie lässt sich ein verkappter Rivale von einem Mentor unterscheiden, der Sie uneigennützig unter seine Fittiche nimmt? Wenn Sie um bestimmte Informationen oder Empfehlungen bitten, wimmelt der Rivale Sie ab, wechselt geschickt das Thema oder führt Sie aufs Glatteis. Auf der intuitiven Ebene wissen Sie, dass Sie ihm nicht über den Weg trauen sollten. Er lächelt, während er sein Messer wetzt. Er will alles über Ihre Pläne wissen, hält aber mit den eigenen Plänen hinter dem Berg. Außerdem kann er dem Drang nicht widerstehen, hin und wieder eine boshafte oder abwertende Bemerkung einzuflechten, wenn er Ihnen einen »hilfreichen« Rat erteilt.

Verkappte Rivalen sagen:
- Gut, dass du mir dein Konzept für die Präsentation gezeigt hast. Da ließe sich noch einiges verbessern. Wie dem auch sei, ich sehe, dass du viele Punkte angesprochen hast, die dem

Chef wichtig sind. Aber es wäre nicht schlecht, wenn du ihn mit ein paar originellen Ideen überraschen würdest. Wenn ich du wäre, würde ich das Konzept noch einmal gründlich überarbeiten, glaube mir.

- Soll ich dir mal was sagen, unter Freundinnen? Das Kleid passt nicht zu dir. Manche Frauen können flippige Sachen tragen, aber du bist eher der konservative Typ. Willst du unbedingt auffallen?
- Jetzt komm schon, ein Drink schadet nicht. Der Abend hat doch gerade erst angefangen! Du gehst morgen früh viel lockerer in dein Vorstellungsgespräch, wenn du einmal richtig auf die Pauke haust. Ich wette, du warst ein richtiger Streber in der Schule, der nie über die Stränge geschlagen hat. Mann, entspann dich!
- Es spielt keine Rolle, was ich getan habe, um befördert zu werden; es ist wichtig, dass du mit deiner Arbeit vorwärts kommst und Ergebnisse vorlegen kannst. Also löchere mich nicht mit Fragen, sondern sag mir lieber, womit du gerade beschäftigt bist.

Praktisches Beispiel für einen verkappten Rivalen:
Die Leiterin von Georgias Kurs »Kreatives Schreiben«
Eines Abends bat die Lehrerin Georgia nach dem Unterricht zu sich ans Pult und sagte: »Gut, dass Sie mir gesagt haben, dass ein Artikel von Ihnen in der Zeitung veröffentlicht wurde. Aber geben Sie sich nicht der Illusion hin, Sie könnten Journalistin werden. Ihre Arbeiten sind ganz ordentlich, aber die Branche ist beinhart. Ich spreche aus Erfahrung. Ich habe jede Menge Absagen erhalten, genau wie alle anderen. Hören Sie auf mich. Es hat keinen Sinn, sich Hoffnungen zu machen. Ich meine, das könnte ein nettes Hobby sein, aber geben Sie deshalb um Himmels willen nicht Ihren Job auf!«

Georgia war am Boden zerstört und ließ sich durch die Bemerkungen ihrer Kursleiterin von ihrem Vorhaben abbringen. Dann nahm sie an einem meiner Seminare teil und begann, sich ihrer Angst zu stellen. Ihr wurde bewusst, dass sie immer wieder das Gesicht ihrer Lehrerin vor sich sah und ihre Worte hörte, sobald sie einen Artikel einreichen und sich an der Journalisten-schule bewerben wollte. Da die Frau mehr Erfahrung besaß und Kreatives Schreiben unterrichtete, musste sie es ja am besten wissen, dachte Georgia. Aber die Kursleiterin war nur eifersüchtig auf Georgias Talent. Und diese Eifersucht kaschierte sie durch ihren »guten« Rat, der nicht nützlich, sondern schädlich war.

Verkappte Rivalen verstehen sich meisterhaft darauf, solche »guten« Ratschläge zu erteilen. Und falls Sie nachhaken und um mehr Informationen bitten oder ihre Meinung hinterfragen, werden Sie abgewimmelt oder müssen sich anhören, dass Sie keine Ahnung haben.

Verkappten Rivalen sollte man am besten die kalte Schulter zeigen. Ist das nicht möglich, so hören Sie wenigstens nicht auf sie. Auf solche Intriganten können Sie gut verzichten. Sie ändern sich nur, wenn sie eines Tages von allein aufwachen und sich wundern, warum sie keine Freunde haben. Man kann sie nicht zwingen, sich zu ändern. Der Impuls muss von ihnen selbst ausgehen.

Die ewig Gestrigen

Das sind Leute, die ein Thema zur Sprache bringen, das Sie längst abgehakt haben – meistens, um Ihnen unter die Nase zu reiben, was Sie falsch gemacht haben. Das Letzte, was Sie brauchen, sind Menschen, die Sie an das selbstzerstörerische Verhalten auf dem Rad der Angst erinnern, an dem Sie so hart gearbeitet haben. Wenn es einen ewig Gestrigen in Ihrem Leben gibt, werden Erfahrungen und Ereignisse, die Sie verarbeitet, ad acta gelegt und hinter sich gelassen haben, immer wieder aufs Tapet gebracht.

Ich rede nicht von Ihnen und Ihrer besten Freundin oder Ihrem Therapeuten, die Sie in die Vergangenheitsbewältigung einbeziehen, um Ihnen anschließend zu den von Ihnen eingeleiteten Veränderungen zu gratulieren. Wir müssen oft zurückschauen, um zu sehen, wie weit wir vorwärts gekommen sind. Aber die ewig Gestrigen sabotieren Ihr Wachstum, denn sie erlauben Ihnen nicht, auch nur den kleinsten Fehler zu vergessen.

Sie bauen eine lückenlose Indizienkette auf, die Ihre schlimmsten Befürchtungen hinsichtlich der eigenen Person bestätigen, indem sie immer wieder die Vergangenheit ins Spiel bringen. Die ewig Gestrigen rufen Erinnerungen wach, die an die Substanz gehen und Zweifel wecken, ob es Ihnen wirklich gelungen ist, sich von Grund auf zu ändern. Was treibt sie dazu? Sie spüren, dass Sie sich emotional weiterentwickelt haben, und befürchten, oft zu Recht, auf der Strecke zu bleiben. Wenn möglich sollten Sie ihnen helfen, im Gleichschritt mit Ihnen zu wachsen. Aber wie auch immer, lassen Sie sich nicht von ihnen verleiten, Rückschritte zu machen.

Die ewig Gestrigen sagen:
- Hast du in der letzten Zeit mal wieder was von John gehört? Wie lange seid ihr eigentlich schon getrennt? Unfassbar, dass du dich mit so einem Typen eingelassen hast.
- Ich werde nie den Tag vergessen, als ich ins Basketballteam aufgenommen wurde; schade, dass es bei dir nicht geklappt hat. Aber damals warst du klein, dick, hattest eine Brille und wärest nicht einmal im Stande gewesen, einer Fliege etwas zu Leide zu tun, geschweige denn, dich bei einem so schnellen Spiel zu behaupten. Aber dafür warst du ja im Literaturclub und ich nicht. Auch wenn die Leute durch die Bank Streber sind.
- Erinnerst du dich an deinen Spitznamen in der Highschool? Stummel! Ich glaube, du warst der Erste in der Verbindung, der kleiner als einen Meter achtzig war.
- Herzlichen Glückwunsch! Ich habe gehört, dass du zum Partner befördert worden bist! Wenn deine Kollegen in der Kanzlei wüssten, dass du das Examen erst beim dritten Anlauf geschafft hast, würden sie dir wahrscheinlich die Zulassung als Anwalt entziehen. Haha!
- Ich habe gehört, dass du dieses Jahr wieder zu Julias Grillparty gehst. Ein richtiges Besäufnis; du warst letztes Jahr auch ganz schön voll. Kannst du dich noch erinnern, dass du dich übergeben musstest, mitten in ihre Geranien? Eins muss man Julia lassen, ihre Feste sind klasse.

Praktisches Beispiel für einen ewig Gestrigen:
Mein Freund Ken

Nachdem ich begonnen hatte, ernsthaft an meiner persönlichen Entwicklung zu arbeiten, musste ich der Tatsache ins Gesicht sehen, dass ich meinen Kummer weitgebend mit Alkohol betäubt hatte. Das war nicht leicht, vor allem, wenn ich mich an die peinlichen Situationen erinnerte, in die ich mich dadurch gebracht hatte. Als ich mit dem Trinken aufhörte, war es oft schlimm, morgens in den Spiegel zu schauen und mit meinen Gewissensbissen fertig zu werden, aber mein Freund Ken machte alles noch schlimmer. Er wärmte immer wieder – in Gegenwart anderer – Geschichten aus meiner Vergangenheit auf, auf die ich nicht besonders stolz war. Er wollte die Vergangenheit einfach nicht ruhen lassen. Ich weiß, dass er diese Episoden amüsant fand; aber ich versuchte mich zu ändern, und ständig an sie erinnert zu werden, weckte in mir das Gefühl, er sei mit meinem neuen Ich nicht einverstanden. Außerdem schämte ich mich meiner früheren alkoholischen Exzesse und begann langsam an meiner Fähigkeit zu zweifeln, trocken zu bleiben und an meiner neuen Denkweise festzuhalten. Vermutlich wollte Ken dadurch, dass er so intime Einzelheiten kannte, anderen nur beweisen, wie wichtig er in meinem Leben war; er begriff nicht, dass er durch dieses Verhalten genau das Gegenteil erreichte. Seine fortwährenden Anspielungen auf die Vergangenheit brachten mein Rad der Angst in Schwung, sodass ich die Ereignisse noch einmal durchlebte und mich wieder als wertlos empfand – just als ich dabei war zu lernen, meine Angst zu meistern und mich selbst zu akzeptieren.

Schließlich fiel es mir wie Schuppen von den Augen, und ich ging Ken aus dem Weg. Das war schwer. Er war einer meiner besten Freunde gewesen, aber wie er sich verhielt, hatte nichts mehr mit Freundschaft zu tun. Er holte mich mit Gewalt in die Vergangenheit zurück. Heute sehe ich, dass er krampfhaft versuchte, mich dadurch an sich zu ketten, aus Angst, unsere Wege könnten sich im Lauf meines Veränderungsprozesses trennen. Aber damals besaß keiner von uns beiden die Fähigkeit, uns offen auszusprechen. Wir mieden das Thema, und am Ende riss

der Kontakt ab. Sicher hielt er mich für undankbar und eingebildet. Und ich fand ihn unreif und gedankenlos. Keiner von
uns beiden hatte Recht. Kens Angst, mich zu verlieren, bestimmte sein Verhalten, und das brachte wiederum meine Angst
ans Tageslicht, eine Versagerin zu sein. Die Angst hatte erneut
die Oberhand gewonnen und unsere Freundschaft beendet.

Gibt es in Ihrem Leben jemanden, dem es schwer fällt, Ihre
wahre Natur akzeptieren und Sie dabei zu unterstützen, ihr
treu zu sein? Jemand, der immer wieder Geschichten aus der
Vergangenheit aufwärmt, unter die Sie aber endlich einen
Schlussstrich ziehen möchten? Nennen Sie die Namen der ewig
Gestrigen, die heute mit Ihnen sprechen, als wären Sie noch genauso wie vor fünf, zehn oder zwanzig Jahren – oder wie im
vorigen Jahr.

Sie müssen nicht die gleichen Konsequenzen ziehen wie ich
in meiner Beziehung zu Ken. Vielleicht ist Ihr ewig Gestriger
ein Mensch, auf dessen Gesellschaft Sie nicht verzichten möchten. Wenn er das nächste Mal auf Schnee von gestern anspielt,
sagen Sie einfach:»Meine Güte, das ist ja Ewigkeiten her. Stell
dir vor, was mir gestern passiert ist.« Und dann übernehmen Sie
die Kontrolle über das Gespräch.

ANGSTKILLER-ÜBUNG

- Listen Sie Menschen in Ihrem Verwandten- und Bekannten-
  kreis auf, die dem Profil des Traumvampirs, Schwarzmalers,
  Drahtziehers, verkappten Rivalen und ewig Gestrigen entsprechen.
- Müssen Sie den Kontakt zu diesen Personen im Berufs- oder
  Privatleben aufrechterhalten? Wenn ja, wenden Sie die in diesem Kapitel beschriebenen Methoden an, um sich den Umgang mit ihnen zu erleichtern. Wenn nicht, sollten Sie sich
  überlegen, ob Sie nicht lieber darauf verzichten wollen, sich
  der Beziehung mit ihren gegenwärtigen Merkmalen auszusetzen. Das bedeutet nicht, dass Sie eine Konfrontation her-
  beiführen oder langatmige Erklärungen abgeben müssen,

sondern dass Sie sich eine Weile rar machen. Wenn Sie die Beziehung fortsetzen möchten, denken Sie darüber nach, was Sie bei sich selbst verändern könnten (vielleicht ist die Liste mit den Verhaltensalternativen dabei eine Hilfe). Verschwenden Sie Ihre Zeit nicht mit dem Versuch, das Verhalten anderer zu ändern; das wäre frustrierend und letztlich zwecklos. Sie können nur Ihre eigene Antwort auf dieses Verhalten ändern.

- Wählen Sie eine Verhaltensalternative aus, auf die Sie immer zurückgreifen können, wenn Sie Personen mit dem oben beschriebenen Profil begegnen. Zum Beispiel könnten Sie sich umdrehen und gehen, lächeln, das Thema wechseln oder tief durchatmen, während Sie der Unterhaltung ihren Lauf lassen und stillschweigend denken, dass diese Menschen Ihnen keine Hilfe sind.
- Wie und bei wem verfallen Sie selbst in die Rolle des notorischen Pessimisten?
- Wählen Sie eine Beziehung aus, die Sie gern verändern würden, und achten Sie auf Ihr eigenes Verhalten, wenn Sie dieser Person begegnen. Entscheiden Sie sich bewusst für Verhaltensalternativen, die mit Ihrem Rad der Freiheit übereinstimmen.

Jetzt wissen Sie, wer die notorischen Pessimisten sind. Nun kommen wir zu Menschen, die Ihnen nahe stehen und Sie unterstützen, genauso wie Sie ihnen bei der Bewältigung der lebenslangen Herausforderung helfen, der Angst ein Schnippchen zu schlagen und ein Leben in Freiheit zu führen.

5 Ihr Angstkiller-Team

Die richtigen Leute zur richtigen Zeit um Hilfe zu bitten trägt dazu bei, Mut zu fassen und mehr von dem Menschen zu zeigen, der Sie wirklich sind. Doch wenn wir versuchen, den Kontakt herzustellen – sowohl zu Personen, die uns bereits wichtig sind, als auch zu solchen, die wir gern kennen lernen würden –, vermeiden wir tunlichst, unser wahres Ich preiszugeben. Natürlich sollte man genau hinschauen, wem man sich anvertraut: Wir könnten ja einen notorischen Pessimisten vor uns haben, der unbewusst oder absichtlich unsere Bemühungen durchkreuzt, in Einklang mit unserer wahren Natur zu leben, indem er uns Angst einflößt, einen lang gehegten Wunsch zu verwirklichen. Trotzdem können wir nicht alles im Alleingang bewältigen.

Einer der wichtigsten Aspekte eines angstfreien Lebens besteht darin, Menschen zu finden, die nicht nur das Beste für Sie wollen, sondern auch die Großherzigkeit und das Einfühlungsvermögen besitzen, Sie bedingungslos zu lieben und zu unterstützen. Natürlich muss das auf Gegenseitigkeit beruhen, denn Beziehungen sind keine Einbahnstraße. Das Gute an einem angstfreien Leben ist, dass Sie Menschen, die Ihnen nahe stehen und Ihre Hilfe brauchen, besser mit Rat und Tat zur Seite stehen können, wenn Sie Ihre eigenen Ängste im Griff haben. Und Sie verlieren nicht Ihr Selbstgefühl, wenn Sie ihnen die Hand reichen und sich in sie hineinversetzen.

Diese wichtigen Personen in Ihrem Leben bezeichne ich als Freunde, auch wenn es sich um Blutsverwandte oder angeheiratete Familienmitglieder handelt. Mit anderen Worten: Manche Familienangehörige sind Freunde, andere nicht. Vielleicht haben Sie zwei Brüder, von denen nur einer Ihr Freund ist. Oder Sie haben einen Freund, der Ihnen näher steht als manches Familienmitglied.

Alle Personen, die Sie als Freunde identifizieren, sind wichtige Mitglieder in Ihrem Angstkiller-Team. Im Gegensatz zu den notorischen Pessimisten haben sie kein fest umrissenes Profil. Sie spielen zu verschiedenen Zeiten verschiedene Rollen in Ihrem Leben. Sie haben gleichwohl etwas gemein, und das ist die Begeisterung, mit der sie die Entwicklung Ihrer wahren Natur und Ihrer emotionalen Kraftquellen verfolgen. Umgekehrt besteht dasselbe Engagement und Interesse. Es ist wichtig, mindestens drei, vorzugsweise aber fünf bis sieben Personen zu ermitteln, die Sie in Ihr Angstkiller-Team aufnehmen. Sie qualifizieren sich für diese Aufgabe, weil sie gewillt und fähig sind, Sie auf ihre Weise zu unterstützen, und umgekehrt.

Es ist der Gesundheit nicht zuträglich, sich von einer einzigen Beziehung abhängig zu machen, wie sich an dem Abend zeigte, als Phil Meredith verließ. Niemand kann jederzeit jedes Bedürfnis erfüllen, nicht einmal dann, wenn der Partner die große Liebe unseres Lebens und ein echter Seelenverwandter ist. Es gibt Herausforderungen und Veränderungen, bei denen Sie das Wissen und Können eines Experten benötigen. Wenn Sie ein gutes Verhältnis zu Ihrer Mutter haben, kann sie Ihnen während der ersten Schwangerschaft besser mit Rat und Tat zur Seite stehen als Ihr Mann. Und Ihre Schwester, die Topmanagerin, kann Sie bei einer geplanten Firmengründung besser beraten als Ihr Bruder, der gerade erst sein Studium abgeschlossen und noch keinerlei praktische Erfahrung hat. Das mag Ihnen selbstverständlich erscheinen, aber Fakt ist, dass sich viele Menschen auf eine einzige Person verlassen, die sie in allen Lebenslagen unterstützen soll, oder Rat und Trost bei Personen suchen, die dafür denkbar ungeeignet sind.

Deshalb brauchen Sie ein ganzes Angstkiller-Team. Dieses »Dreamteam« ist von entscheidender Bedeutung für Ihr persönliches Wachstum und Ihren Erfolg. Menschen, die erfolgreich, prominent oder berühmt sind, brauchen gleichfalls ein Angstkiller-Team. Sie stehen auf einem Podest, und dort kann man sich sehr einsam fühlen. Sie haben den Status einer Ikone, der man menschliche Schwächen und Bedürfnisse nicht zugesteht. Sie haben Fans oder Bewunderer, aber niemanden, an den sie sich in ihrer Not wenden könnten, weil man Stärke von ihnen erwartet. Lassen Sie es gar nicht erst so weit kommen. Suchen Sie sich Leute, die wissen, dass Sie trotz Spitzenleistungen und Status Ängste wie alle anderen haben.

ANGSTKILLER-ÜBUNG

Die folgende Übung soll Ihnen die Wahl der Mitglieder Ihres Angstkiller-Teams erleichtern:

- Listen Sie Ihre Freunde und engsten Angehörigen auf.
- Wie ist Ihre derzeitige Beziehung? Distanziert? Innig? Die obligatorische, nach dem Motto »Ich muss ja«?
- In welchem Lebensbereich unterstützen sie Sie? Beruf? Zwischenmenschliche Beziehungen? Freizeit? Kindererziehung? Notieren Sie den Bereich neben dem Namen. Manche Personen sind Ihnen vielleicht in allen Bereichen eine große Hilfe, aber das kommt selten vor. Nicht einmal Ihre beste Freundin oder Ihr Partner kann alle Ihre Bedürfnisse kennen oder erraten.
- Definieren Sie den Begriff »Freundschaft«. Was verstehen Sie darunter?
- Welche für eine Freundschaft wichtigen Eigenschaften verkörpern Ihre Familienmitglieder und Freunde? Sind sie liebevoll? Einfühlsam? Amüsant? Frei von Werturteilen?
- Verfügen Sie über die gleichen Eigenschaften?
- Was für ein Freund sind Sie? Welche wichtigen Eigenschaften bringen Sie in eine Freundschaft ein?
- Wie fördern Sie den Wachstums- und Entwicklungsprozess Ihrer Freunde?
- In welchen Lebensbereichen kann man auf Ihre Unterstützung zählen?
- Welche Bereiche der Freundschaft empfinden Sie als eine Herausforderung?
- Was würden Sie gern an Ihren Freundschaften ändern?

Das Angstkiller-Team in der Praxis

Bei der Zusammenstellung Ihres Angstkiller-Teams sollten Sie bedenken, dass es einige Mitglieder geben wird, die zum »harten« Kern der Truppe gehören, während andere kommen und gehen, je nach den Ereignissen in Ihrem Leben.

Meredith aus dem ersten Kapitel, die ihrem Mann früher jeden Wunsch von den Augen abgelesen hatte, listet folgende Personen auf:

1. Lucy, ihre halbwüchsige Tochter
2. Nigel, ihr neuer Lebensgefährte
3. Barbara, eine Freundin
4. Judy, eine Freundin, die ihre Liebe zu Antiquitäten teilt
5. Ralph, ihr Bruder
6. Cathy, die Schwester ihres Exmannes
7. Tracy, eine Freundin

Nigel, Judy und Tracy sind Freunde, die Meredith nach Beginn ihres angstfreien Lebens gewann. Sie lernte Nigel bei einem Flohmarkt in der Nachbarschaft kennen, wo er gerade eine Vase in Augenschein nahm, die nach ihrer Einschätzung viel weniger wert war, als sie kosten sollte. Mit neuem Mut – ein grundlegendes Merkmal ihrer wahren Natur – sprach sie ihn an und gab ihr Urteil als Expertin ab. Er war hingerissen von ihrer unverblümten Art und der offenkundigen Begeisterung für ihre Arbeit als Antiquitätenhändlerin. Den Rest können Sie sich denken. Judy ist Stammkundin in Merediths Laden und inzwischen eine ihrer besten Freundinnen geworden. Und Tracy gehört einer Internetgruppe für allein stehende Frauen an, der sich Meredith angeschlossen hat. Die beiden kommunizieren via E-Mail und haben ein persönliches Treffen geplant, sobald die Suche nach Antiquitäten Meredith in Tracys Gegend führt.

Lucy, Ralph, Cathy und Barbara waren bereits ein Teil von Merediths Leben, als sie noch ihrem Rad der Angst verhaftet war, aber sie hatte sie nie wirklich in ihre Entscheidungen oder Träume einbezogen. Vor der Scheidung, als sich Meredith noch an Phil klammerte, beschränkten sich ihre Kontakte vorwiegend auf notorische Pessimisten, die ihre Ängsten bestätigten. Barbara, eine auf Zahnhygiene spezialisierte Kollegin aus der Praxis, in der Meredith als Teilzeitkraft im Empfang gearbeitet hatte, gehörte zu dieser Kategorie. Beim gemeinsamen Mittagessen hatten die beiden endlos über ihren tyrannischen Arbeitgeber und die schwierigen Patienten lamentiert. Oder über Mann und Kinder, die ihre Dienste als selbstverständlich betrachteten. Barbara, die geborene Komikerin, hatte Meredith ein bitteres Lachen mit ihren Geschichten entlockt. Nachdem Meredith gekündigt und ein Antiquitätengeschäft eröffnet hatte, traf sie sich nur noch gelegentlich mit Barbara zum Mittagessen, um den Kontakt nicht ganz einschlafen zu lassen. Aber sie weigerte sich, Barbaras neuesten Horrorgeschichten Gehör zu schenken. Jedes Mal, wenn sich Barbara beklagte, wechselte Meredith das Thema und sprach über etwas Positives: Sie machte ihr ein ernst gemeintes Kompliment oder sprach über sich (»Ich habe mich heute mal informiert, was die Gestaltung einer Website für meinen Laden kosten würde«). Meredith griff bei allen Freunden, die notorische Pessimisten waren, zu dieser Taktik, aber Barbara war die Einzige, die positiv darauf reagierte.

Es ist nun mal nicht möglich, einen anderen Menschen zu ändern, wenn er es nicht selbst will, auch wenn wir ihn noch so sehr unter Druck setzen. Wir können nur bei uns selbst etwas verändern. Wenn Ihnen die selbstbestätigenden Verhaltensalternativen auf dem Rad der Freiheit in Fleisch und Blut übergegangen sind, werden die Leute in Ihrer Umgebung den Wandel bemerken und positiv oder negativ darauf reagieren. Sie können die Reaktion nicht beeinflussen oder erzwingen. Diejenigen, die negativ reagieren, sind normalerweise nicht länger an der Freundschaft interessiert. Sie haben sich verändert, und in ihren Augen nicht zum Besseren. Wenn wir uns weiterentwickeln und wachsen, müssen wir bereit sein, alte Freunde notfalls ziehen zu lassen und neue in unserem Leben zu begrüßen. Ich lobte Meredith, weil sie Barbara gegenüber offen war, und riet ihr, die wieder belebte Beziehung zu genießen. Barbara hatte begonnen, in ihrem eigenen Leben angstfreie Veränderungen einzuleiten, einschließlich der Suche nach einem neuen Arbeitsplatz.

Lucy, Ralph und Cathy hatten nicht zu den notorischen Pessimisten der Marke »Schwarzmaler« gehört, sondern auf der emotionalen Bühne eine Nebenrolle gespielt. Nachdem Meredith ein angstfreies Leben begonnen hatte, wurde der Kontakt zu ihnen enger, weil sie plötzlich feststellte, dass diese Beziehungen sie beflügelten. Das geschieht häufig. Seien Sie offen für die Möglichkeit, Menschen in Ihren Veränderungsprozess einzubeziehen. Sie werden erstaunt sein, wie viele Sie gern auf Ihrem Weg in ein angstfreies Leben begleiten.

Werfen wir nun einen Blick auf die Rollen, die Angehörige Ihres Angstkiller-Teams übernehmen können. Falls ihnen die Grundprinzipien eines angstfreien Lebens bereits geläufig sind, umso besser. Sie können wirksamer und tief greifender kommunizieren, wenn Sie die gleiche Sprache sprechen. Lassen Sie sich nicht entmutigen, wenn Ihre derzeitige Mannschaft aus weniger als drei Mitgliedern besteht. Ein starkes Team aufzubauen erfordert die Bereitschaft, sich auf die eigenen Bedürfnisse zu besinnen und auf Menschen zuzugehen, an die Sie in diesem Zusammenhang nie gedacht haben. Nutzen Sie jede Gelegenheit, um den Kontakt zu potenziellen Mitgliedern Ihres Angstkiller-Teams aufzunehmen.

Freunde, die Sie stützen

Es gibt Zeiten im Leben, in denen Sie uneingeschränkte Liebe und Unterstützung und Menschen brauchen, die Sie kennen, Interesse an Ihnen haben und Sie anfeuern: »Du wirst diese Herausforderung meistern, da bin ich mir sicher. Tu dein Bestes. Und vergiss nicht, ich mag dich, wie du bist.« Freunde, die Sie stützen, sind wie treue Sportfans: Sie machen Stimmung für Sie, weil sie daran glauben, dass Sie siegen, aber sie lassen Sie auch dann nicht im Stich, wenn Sie eine Schlappe hinnehmen müssen. Sie sind nicht wankelmütig. Egal, ob Sie gewinnen oder verlieren, sie spornen Sie an. Sie ermutigen Sie, am Ball zu bleiben. Und wenn Sie persönliche Bestleistungen erzielen, kennt ihre Freude keine Grenzen.

Eltern (oder Großeltern, nebenbei bemerkt) sind nicht unbedingt geeignet für diese Funktion. Dass sie ihre Kinder automatisch bedingungslos lieben, ist ein Ammenmärchen. Das bedeutet nicht, dass Ihre Eltern oder Großeltern als Mitglieder Ihres Angstkiller-Teams nicht in Frage kommen. Sie haben vielleicht in anderer Form wertvolle Hilfe anzubieten, wir wir noch sehen werden. Aber nehmen Sie sie nicht in die Pflicht, wenn die Befriedigung eines spezifischen Bedürfnisses nicht gerade ihre Stärke ist. Das gilt für alle Mitglieder Ihres Teams. Machen Sie sich bewusst, wie sie Ihnen bei der Bewältigung Ihrer Angst helfen, und erwarten Sie nicht mehr von ihnen, als sie geben können.

Die Personen, die ihrer Rolle als Stütze gerecht werden, schaffen ein Umfeld, in dem Sie angstfrei erkunden können, wer Sie wirklich sind. Sie loben Sie, wenn Sie es am meisten brauchen, aber Sie machen Ihnen auch nichts vor. Sie sind in der Lage, Sie aufzubauen, Sie an Ihre Talente und Fähigkeiten zu erinnern, Ihnen Raum für Veränderung und Wachstum zu lassen, aber sie sind nicht gekränkt, wenn der Entwicklungszyklus der Freundschaft es mit sich bringt, dass Sie zeitweilig weniger Unterstützung brauchen, seltener verfügbar sind oder beides. Sie kennen Ihre Schattenseite und mögen Sie trotzdem. Sie kennen Ihre Schokoladenseite und feiern sie mit Ihnen, ohne dass Sie Angst haben müssen, als egoistisch angestempelt zu werden.

Meine Schwester Cindy hat mich in meinen schlimmsten Zeiten erlebt. Wir hätten allen Grund gehabt, uns nach dem Tod unserer Eltern gegenseitig zu verachten. Sie hatte versucht, Mutterstelle an mir zu vertreten, aber niemand konnte meine Mutter ersetzen. Ich wehrte mich gegen jeden Versuch, mir zu helfen. Trotzdem war sie immer für mich da. Jedes Mal, wenn ich mir selbst ein Bein stellte, schenkte sie mir ein Buch, schickte eine Karte oder rief an, um zu sehen, ob sie etwas für mich tun konnte. Dank ihrer unermüdlichen Unterstützung erkannte ich endlich, dass sie an mich glaubte, und so begann ich allmählich, es auch zu tun. Ihre Freunde glauben an Sie, auch dann, wenn Sie selbst es nicht tun. Das ist das größte Geschenk, das es gibt.

Sie können bei Stützen Dampf ablassen, zum Beispiel über eine echte Hürde in Ihrem Leben. Sie werden Sie daran erinnern, dass Sie hundertprozentig in der Lage sind, die Situation zu bewältigen und sich selbst treu zu sein, wenn Sie es wirklich wollen. Während Sie aufmerksam zuhören, haben Sie Zeit, die Ängste zu verarbeiten, die Sie blockieren. Und Ihre Freunde geben Ihnen das Feedback, das Sie brauchen, um Klarheit über die Situation in Ihrem Leben zu gewinnen, die Ihnen zu schaffen macht.

Die Freunde, die Sie stützen, sind stolz auf jeden noch so kleinen Fortschritt, den Sie verzeichnen können, und fangen Sie auf, wenn Sie ins Stolpern geraten. Vergessen Sie aber nicht, dass Sie sie um Hilfe bitten müssen; schließlich sind sie keine Hellseher. Immer wenn ich das Gefühl habe, auf mein Rad der Angst zurückgeworfen zu werden – das heißt an meinem Wert zu zweifeln –, rufe ich Marta an, eine meiner besten Freundinnen, die mich stützt und der ich vollkommen vertraue; ich frage sie, ob sie Zeit hat, mich an mein wahres Ich zu erinnern. Wenn ja, schildere ich ihr die Erfahrung, die ich gerade mache, oder meine Befindlichkeit und erläutere, in welcher Form ich ihre Hilfe benötige. Wir haben uns gegenseitig dazu erzogen, offen über die Unterstützung zu sprechen, die wir brauchen, statt anzunehmen, dass die Freundin es von selbst weiß. Wenn das Gefühl der Wertlosigkeit aufkommt, vergesse ich meistens, dass meine Arbeit Sinn und Wert hat. Dann bitte ich sie einfach, mich daran zu erinnern, dass ich kompetent in meinem Beruf bin. Anschließend fordert sie mich auf, ihr eines der vielen Dankschreiben vorzulesen, die ich erhalten und zu diesem Zweck aufbewahrt habe. Oder sie weist mich darauf hin, dass die Teilnehmer meiner Kurse sich oft bei mir bedanken, weil sich ihr Leben durch das Fearless-Living-Programm völlig verändert hat. Oder sie spielt mir einen meiner Vorträge vor, in dem ich dem Publikum die eigenen Ängste bewusst machte und ihnen einen Ausweg aus dem

Dilemma zeigte. Marta stützt mich so lange, bis ich sage, dass ich mich besser fühle und mich wieder auf dem Rad der Freiheit befinde.

Am Ende gelingt es ihr fast immer, mich aus meinem Gefühlstief herauszureißen und mich zum Lachen zu bringen. Nach unserem Gespräch fühle ich mich meist wie neugeboren und bin bereit, mich den Herausforderungen des Tages zu stellen, weil mir wieder bewusst geworden ist, dass meine Selbstzweifel nur meine Schattenseite, aber nicht meine ganze Wahrheit sind. Im Zuge dieses Prozesses hat sie mir geholfen, eine neue Kette von Beweisen aufzubauen, die diese Erkenntnis untermauern; vor allem deshalb ist diese liebevolle Unterstützung so wichtig. Sie verleiht uns schneller den Mut, unserem wahren Ich zu vertrauen, als wenn wir dabei auf uns selbst angewiesen sind. Wenn sich das Rad der Angst unablässig dreht, ist es schwer, auch nur einen klaren Gedanken zu fassen und uns vor Augen zu halten, welche Verpflichtungen gegenüber uns selbst wir eingegangen sind. Andere können uns daran erinnern. Sie sind ein Bindeglied, das zu uns selbst zurückführt. Die Initiative zu ergreifen und emotionalen Kontakt zu anderen herzustellen erfordert die Bereitschaft, die eigene Verwundbarkeit zu zeigen, ermöglicht uns aber auch gleichzeitig, uns in der Kunst des Vertrauens zu Menschen zu üben, die uns lieben und schätzen.

Für Meredith war die vierzehnjährige Lucy eine natürliche Stütze. Lucy hatte mit zwölf Jahre die Ehe ihrer Eltern in die Brüche gehen sehen und verstand sich meisterhaft darauf, ihre Mutter aufzumuntern. Kurz vor der Pubertät (die ebenfalls zahllose Veränderungen mit sich bringt) empfand sie es als inspirierend, den Wachstums- und Entwicklungsprozess ihrer Mutter hautnah mitzuerleben. Meredith bewunderte ihrerseits Lucys Urteilsvermögen und ihre zunehmende Reife. In einer Zeit, in der viele Teenager im Dauerstress mit den Eltern leben, schmiedeten Lucy und Meredith eine Beziehung, die auf Respekt und Bewunderung basierte. Deshalb nahm Meredith vertrauensvoll die liebevolle Unterstützung ihrer Tochter in Anspruch. Hier einige Beispiele, die deutlich machen, wie Lucy ihre Mutter ermutigte:

- Lucy kaufte von dem Geld, das sie mit Babysitten verdiente, eine vergoldete Halskette mit Anhänger und ließ »Nr. 1 Mama« darauf eingravieren. Sie überreichte ihr Geschenk an dem Tag, als Meredith den Pachtvertrag für den Antiquitätenladen unterschrieb.
- Lucy machte es sich zur Gewohnheit, Grußkarten zu kaufen, auf denen etwa Folgendes stand: »Was würdest du tun, wenn du wüsstest, dass nichts schief gehen kann?« Sie gab sie ihrer Mutter immer dann, wenn sie Trost oder eine Aufmunterung brauchte.
- Lucy schrieb einen Aufsatz mit dem Titel »Meine Mutter ist mein großes Vorbild«, den sie einrahmte und Meredith zum Geburtstag schenkte.
- Als Meredith abends total fertig nach Hause kam, weil ein Kunde sich darüber aufgeregt hatte, dass er hatte warten müssen, meinte Lucy: »Das hat nichts mit dir zu tun! Du bist eine super Geschäftsfrau. Bestimmt war das ein ganz mieser Typ, der sich immer so aufführt. Er könnte was von dir lernen, zum Beispiel über das Rad der Angst, von dem du mir immer erzählst. Und über das Rad der Freiheit. Denk einfach nicht mehr dran! Übrigens: Alle meine Freundinnen beneiden mich, weil ich eine Mutter habe, die weiß, wo's langgeht!«

ANGSTKILLER-ÜBUNG

Wie bereits erwähnt, haben Marta und ich »gelernt«, uns gegenseitig zu stützen. Sie können ebenfalls ein unterstützendes Netz aufbauen, dessen Mitglieder sich gegenseitig helfen, angstfrei zu leben und sich selbst etwas zuzutrauen. Das Geheimnis besteht darin, die Sprache zu lernen, die eine solche Entwicklung fördert:
- Befehle zu erteilen funktioniert nicht, wenn jemand emotional leidet. Trotzdem wissen sich viele Leute keinen anderen Rat. »Jetzt reiß dich endlich am Riemen!«, heißt es, oder: »Davon geht die Welt nicht unter. Kopf hoch. Lass dich nicht so hängen. Hör auf mit der Heulerei.« Wir können negative

Gefühle nicht mit reiner Willenskraft auflösen. Die Person, die eine Stütze sucht, braucht Trost und keine Predigt. Sie und Ihr unterstützendes Team können aufmunternde Sätze üben und verinnerlichen, zum Beispiel:»Ich verstehe. Es tut mir Leid, dass es dir schlecht geht (dass du dir Sorgen machst, dich überfordert fühlst, an deinen Fähigkeiten zweifelst). Wie kann ich helfen? Was kann ich tun, damit es dir besser geht? Soll ich dich daran erinnern, was für ein wertvoller (kluger, fantastischer) Mensch du bist?«

- Vermeiden Sie alles, was die Gefühle der Person bagatellisiert. Sie wissen genau wie Ihre Gesprächspartner, dass diese Gefühle irgendwann vorübergehen, aber das nimmt ihnen in ebendiesem Moment nicht den Stachel. Verzichten Sie also auf Binsenweisheiten wie »Morgen sieht alles ganz anders aus«, »Du machst aus einer Mücke einen Elefanten«, »Das ist nichts weiter als eine Überreaktion«. Prägen Sie sich stattdessen Sätze ein wie: »Ich freue mich, dass du dich mir anvertraut hast. Was kann ich für dich tun?«

- Werten Sie den emotionalen Schmerz nicht ab, indem Sie Vergleiche anstellen, zum Beispiel: »Es gibt viele, denen es viel schlechter geht als dir.« Ein Einäugiger fühlt sich nicht besser, wenn er daran erinnert wird, dass manche Menschen blind sind. Das gilt auch für emotionale Wunden und schmerzliche Bedürfnisse. Lassen Sie zu, dass die Person ihren Schmerz empfindet; sie hat ein Recht darauf, das Sie ihr zubilligen sollten. Nur so lässt er sich in Besitz nehmen und bewältigen. Vermeiden Sie außerdem, mit Beispielen aus Ihrem eigenen Leben den Gedankenfluss zu unterbrechen. Sie blockieren den Kommunikationskanal, wenn Sie jemanden mit den Worten unterbrechen: »Ich weiß, was du meinst! Als meine Tante Ida sich scheiden ließ, war sie auch völlig am Boden zerstört.« Das ist Schwarzmalerei und keine Stütze. Beschränken Sie sich auf kurze, wertneutrale Zwischenbemerkungen (die darauf hindeuten, dass Sie aufmerksam zuhören), zum Beispiel: »Wirklich? Aha. Und dann?«

- Fragen Sie die Person, ob sie Ihre persönliche Meinung hören will. Seien Sie aber nicht beleidigt, falls sie keinen Wert darauf legt. Wenn die Nerven blank liegen, haben viele keinen Sinn für gute Ratschläge. Und bestätigen Sie unter gar keinen Umständen, auch nicht im Spaß, die Ängste dieser Person, indem Sie Rachegedanken schüren: »Dieser Idiot! An deiner Stelle hätte ich ihn längst erwürgt!« ist destruktiv und keine Hilfe. Sagen Sie vielmehr: »Das hat dich offensichtlich tief verletzt. Aber es gibt viele Menschen, die dich schätzen; lass uns lieber darüber reden.«

- Wenn die Person bereit und gewillt ist, neue Reaktionen und Verhaltensweisen auszuprobieren, fragen Sie: »Was ist für dich wichtig?« Damit wird die Person an die wesentlichen Dinge in ihrem Leben erinnert, auf die sie sich besinnen sollte. Ihre Aufgabe besteht darin, ihrem Gedächtnis auf die Sprünge zu helfen, entweder durch ein verbales Lob, wenn sie es annehmen kann, oder durch die Tatsache, dass Sie mit ihr befreundet sind (falls sie nichts davon hören will, dass sie ein großartiger Mensch ist). Mit diesem Hinweis auf das Wesentliche im Leben bieten Sie ihr die Möglichkeit, sich freizumachen von der Angst und sie mit Ihrer Unterstützung leichter zu überwinden.

Wenn Sie und Ihr unterstützendes Netzwerk diese ermutigende Sprache besser beherrschen, sollten Sie sich gegenseitig darauf aufmerksam machen, wenn Ihnen Bemerkungen herausrutschen, die den anderen ins Gefühlstief hinunterziehen. Marta und ich spielen heute noch Detektiv; wir lachen, wenn wir fündig werden, und Lachen ist bekanntlich die allerbeste Medizin.

Der Rat der Weisen

Manchmal brauchen Sie natürlich mehr als eine Ermutigung. Sie brauchen die Möglichkeit, die Dinge wieder in die richtige Perspektive zu rücken. Das ist der richtige Zeitpunkt, um sich mit den Mitgliedern Ihres Angstkiller-Teams in Verbindung zu setzen, die als Rat der Weisen dienen können. Die Wahl der richtigen Besetzung für diese Rolle ist situationsbedingt. Meredith beriet sich beispielsweise nicht mit der vierzehnjährigen Lucy, als sie die Gründung einer Filiale plante. Stattdessen rief sie ihren Bruder Ralph an, einen erfolgreichen Unternehmer. Ralph war ein guter Zuhörer und Ideenlieferant, obwohl er selbst mit Problemen zu kämpfen hatte, weil ein Konkurrent ihm zwei seiner besten Mitarbeiter abspenstig gemacht hatte. Ralphs Rad der Angst war dabei wieder aktiviert worden, aber er konnte Merediths Situation trotzdem aus einer objektiven Warte betrachten.

Das ist ein wichtiges Merkmal von Personen, die als Kandidaten für Ihren Rat der Weisen in Frage kommen. Das Urteilsvermögen eines Ratgebers ist ungetrübt, auch wenn er selbst unter Versagensängsten leidet. Er hilft, das Für und Wider eines geplanten Projekts zu erwägen. Er kann die Rolle des Advocatus Diaboli übernehmen und auf konstruktive Weise Gegenargumente ins Feld führen, während er aufmerksam zuhört, wie Sie sich die möglichen Ergebnisse der geplanten Aktivitäten ausmalen. Im Anschluss wird er Sie auffordern zu bedenken, wie Sie mit den potenziellen Ergebnissen umgehen würden.

Dass diese weisen Ratgeber Ihre Zielsetzungen in Betracht ziehen können, ohne Ihnen die eigenen Ängste überzustülpen, liegt daran, dass sie bereits ein gewisses Maß an Seelenfrieden, Freiheit und Balance in ihrem eigenen Leben gefunden haben. Sie haben die emotionale Größe, Ihnen nur das Beste zu wünschen. Und wenn Sie Erfolg haben, freuen sie sich aufrichtig mit Ihnen.

Vielleicht brauchen Sie außerdem Ratgeber auf professioneller Ebene. Genauso wie Sie eine Blinddarmoperation nur von einem Chirurgen durchführen lassen würden, ist manchmal die Hilfe von Fachleuten unabdingbar, wenn Sie abnehmen, beruflich umsatteln, eine kriselnde Ehe retten oder sich von einer Sucht befreien wollen. Das Geld, das Sie für Ernährungsexperten, Krankentherapeuten, Ehe- und Familienberater oder Psychotherapeuten ausgeben, ist in der Regel gut angelegt. Adressen finden Sie im Branchenverzeichnis oder mit Hilfe von Suchmaschinen im Internet. Noch besser ist allerdings die bewährte Mund-zu-Mund-Propaganda. Wenn ein Kunde zufrieden ist und jemanden weiterempfiehlt, wissen Sie eher, woran Sie sind. Trotzdem kann es passieren, dass die Beraterin, die bei Ihrer Tante wahre Wunder gewirkt hat, Ihnen nicht weiterhelfen kann. Bei der Wahl eines Beraters im privaten wie beruflichen Bereich spielt das Vertrauensverhältnis eine große Rolle, und das ist eine ganz persönliche Entscheidung. Wenn Sie sich eingeschüchtert oder unbehaglich fühlen, ist der Berater – ungeachtet der Diplome an der Wand – nicht der richtige Ansprechpartner für Sie. Auch, wenn Sie sich unter Druck gesetzt fühlen, weiterzumachen oder einen Vertrag zu unterschreiben, sollten Sie auf dem Absatz kehrtmachen. Gute Beratungsfirmen und Berater sind daran interessiert, dass Sie sich selbst ein Bild machen und die Entscheidung aus innerer Überzeugung treffen. Eine weitere Referenzquelle sind die Berufsverbände. Adressen und Telefonnummern finden Sie ebenfalls im Branchenverzeichnis. Man wird Ihnen vermutlich gern Auskunft geben, wie Sie an die Informationen gelangen, nach denen Sie suchen.

Bei der Beurteilung der Qualifikation des Beraters sind Sie auf sich selbst gestellt. Erkundigen Sie sich unbedingt nach seiner Ausbildung und praktischen Erfahrung. Hören Sie auf Ihre Intuition, vertrauen Sie ihr. Es ist wichtig, dass der Berater Sie aktiv einbezieht und Ihre Mitarbeit durch »Hausaufgaben« fördert. Lassen Sie sich selbst und dem Experten genug Zeit, denn es dauert, bis die Veränderungen greifen.

Gleichgültig, ob Ihre weisen Ratgeber Profis oder Freunde sind, ihre Funktion besteht darin, Ihnen Entscheidungshilfen anzubieten. Als meine Klientin Leslie den Wechsel von einem kleinen dynamischen Betrieb in einen großen Konzern in Betracht zog, rief sie einen erfolgreichen Kollegen an, der keinen Grund hatte, sich durch sie bedroht zu fühlen. Gary begann, das Für und Wider zu erwägen: »Ich verstehe, dass du zögerst. Du würdest erheblich mehr verdienen, aber dafür könntest du nicht mehr so selbstständig arbeiten wie jetzt. Das ist eine sehr persönliche Entscheidung. Denk an deine Fähigkeit, kreativ zu arbeiten und neue Projekte zu entwickeln und zu leiten; du musst dir klar darüber werden, was wirklich wichtig für dich ist. Bei vielen würde das höhere Einkommen ausschlaggebend sein, aber wenn du dich nicht mit dem Gedanken anfreunden kannst, die Anweisungen eines Vorgesetzten zu befolgen, solltest du überlegen, was mehr für dich zählt, Geld oder eigenständiges Arbeiten. Oder wäre es dir lieber, mehr zu verdienen, um dir das eine oder andere zu leisten, weil bei dir das Privatleben an erster Stelle steht? Hinzu kommt, dass es eine echte Herausforderung sein kann, eine größere Projektgruppe zu leiten, und in diesem großen Unternehmen könntest du wirklich etwas bewirken. Am besten schreibst du dir das Für und Wider auf. Lass dir Zeit, um die Sache gründlich zu überdenken. Und übrigens, nach meiner Erfahrung löst sich das Problem von allein, wenn deine Entscheidung in Einklang mit dem steht, was dir im Leben wirklich wichtig ist. Du tust das Richtige, einfach deshalb, weil es mit dem Kern deiner Persönlichkeit übereinstimmt.«

Leslie machte ihre »Hausaufgaben« und hatte ein weiteres Gespräch mit Gary, um die Daten auszuwerten, die sie gesammelt hatte. Dabei kam sie zu dem Ergebnis, dass die Herausforderung, in einem großen Unternehmen zu arbeiten, sie reizte, weil sie sehen wollte, ob sie ihr gewachsen war. Die Angst hatte sich durch die Orientierungshilfen ihres weisen Ratgebers in positive Spannung verwandelt.

Die Mitglieder in Ihrem Rat der Weisen stellen Fragen, ohne Ihnen die Antwort in den Mund zu legen; sie helfen Ihnen dabei, Ihre Optionen auszuloten, ohne Vergleiche anzustellen, was sie persönlich tun oder lassen würden. Ihre eigenen Ängste rücken in den Hintergrund; sie konzentrieren sich darauf, Ihnen wertneutral und ohne eigene, heimliche Zielsetzungen zuzuhören. Sie wissen, dass eine Entscheidung, die sich für eine Person bewährt hat, nicht für jedermann das Nonplusultra ist. Ihnen ist klar, dass die Wahl letztlich allein bei Ihnen liegt. Jedes Mal, wenn Sie den Rat der Weisen einschalten, setzen Sie das Rad der Freiheit in Gang und geben sich die ausdrückliche Erlaubnis, ein Risiko einzugehen.

ANGSTKILLER-ÜBUNG

Um den Nutzen der Begegnung mit einem weisen Ratgeber zu maximieren, sollten Sie sich gut vorbereiten:

- Listen Sie schriftlich auf, was gegen das Risiko spricht, das einzugehen Sie in Betracht ziehen. Geben Sie sich wenn möglich zwei oder drei Tage Vorlaufzeit und damit die Chance, die Liste jederzeit zu korrigieren. Sie erst im Gespräch zu entwickeln ist weniger wirksam, als wenn Sie die einzelnen Aspekte bereits im Hinterkopf haben und Raum für spontane Einfälle schaffen. Vergewissern Sie sich, dass Sie stets ein Notizbuch zur Hand haben, damit Sie spontane Eingebungen zu Papier bringen können. Ich lege sogar Papier und Bleistift auf den Nachttisch, für den Fall, dass ich mitten in der Nacht aufwache, weil mir etwas Wichtiges zu dem Thema durch den Kopf geht.

- Betrachten Sie die Zeit, die Sie mit Ihrem weisen Ratgeber verbringen, aus der geschäftlichen Perspektive. Ich erinnere mich an eine Klientin, eine junge Frau Mitte zwanzig, die ihre Mutter in den Rat der Weisen aufgenommen hatte. Wenn sich Chloe mit einem Problem konfrontiert sah, dessen Lösung eine gewisse Lebenserfahrung erforderte, rief sie ihre Mutter an und bat sie um ihren Rat. Sie diskutierten zwischen einer Viertel- bis halben Stunde über das Thema, telefonisch oder von Angesicht zu Angesicht. Danach aßen Chloe und ihre Mutter, wenn die Zeit es erlaubte, gemeinsam zu Mittag und unterhielten sich bewusst über andere Themen. »Als hätte man einen Schalter betätigt. Die Methode hat sich bei uns bestens bewährt«, erinnert sich Chloe.

- Verlassen Sie sich nicht allein auf Ihr Gedächtnis. Machen Sie sich Notizen oder nehmen Sie die Ausführungen Ihres weisen Ratgebers auf Band auf.

- Ihr weiser Ratgeber hat nicht die Aufgabe, Ihnen die Entscheidung abzunehmen. Jeder Mensch ist für sich selbst und seine Entscheidungen verantwortlich. Sie kontaktieren ihn nicht etwa, um ihm Ihre Problematik aufzuhalsen. Nehmen Sie sich nach jeder Beratung Zeit, Ihre eigenen Schlussfolge-

rungen zu ziehen und weitere Fragen zu notieren, die aufge-
taucht sein könnten.

Stimmen der Erfahrung

Angenommen, Sie wurden durch die Mitglieder Ihres unterstützenden Netzwerks aufgemuntert, haben mit Ihrem weisen
Ratgeber eine anstehende Entscheidung noch einmal aus allen
Blickwinkeln durchleuchtet und mutig beschlossen, ein Risiko
einzugehen und sich auf etwas Neues einzulassen. Um das Für
und Wider von Entscheidungen abzuwägen, die wichtige Themen wir berufliche Veränderungen, Kinderwunsch, Schön-
heitsoperation, Umzug oder Scheidung betreffen, möchten Sie
vielleicht auf Orientierungshilfen von Menschen zurückgreifen,
die eigene Erfahrungen auf diesem speziellen Gebiet haben.
Obwohl Sie sich bereits auf dem angstfreien Weg befinden,
werden die alten Zweifel und Ängste immer wieder einmal in
Ihnen hochkommen. Dann kann die Unterstützung von Personen, die eine ähnliche Lebenssituation und ähnliche Fallstricke
aus eigenem Erleben kennen, von unschätzbarem Wert sein.
    Meredith konnte sich beispielsweise nicht an ihre Tochter Lucy
wenden, ihre liebste Stütze, damit sie ihr während der Scheidung
mit Rat und Tat zur Seite stand. Ihr Bruder Ralph, der Unternehmer, war auch kein Ansprechpartner mit einschlägigen Erfahrungen, da er glücklich verheiratet war. Lucy und Ralph hatten zwar
immer ein offenes Ohr für sie, aber wenn es um konkrete, emotionale und praktische Hilfestellung ging, verließ sich Meredith
lieber auf Cathy, die Schwester ihres Exmannes. Sie wusste, was
Sache war, wenn Meredith sich immer wieder schmerzlich an
glücklichere Zeiten mit Phil erinnerte, als sie beide jung waren.
Sie konnte Meredith auch genau erklären, wie man ein eigenes
Konto einrichtet und eine Kreditkarte beantragt – Neuland,
wenn man achtzehn Jahre lang im Schatten des Ehemanns gestanden hat. Cathy brachte Meredith trotz ihrer Verzweiflung zum
Lachen, wenn sie erzählte, wie schlimm es für sie gewesen war, als
sie die Kinder zur vereinbarten Besuchszeit bei ihrem Ex abliefer-

te und ihre Nachfolgerin die Tür aufmachte. »Das ist ganz normal«, pflegte Cathy zu sagen. »Solche Gefühle kenne ich aus Erfahrung. Das geht vorbei; du schaffst es auch allein, genau wie ich. Und dann fängt für dich ein ganz neues Leben an.«

Diese Stimmen der Erfahrung finden Sie auch in Organisationen und Initiativen wie die Anonymen Alkoholiker, Weight Watchers, für Allcinerziehende oder Existenzgründer und können eine unschätzbar wertvolle Begleitung auf Ihrem Weg sein. Es gibt Tausende dieser Art, einschließlich solcher, die religiös, geschlechtsspezifisch oder ethnisch ausgerichtet sind. Viele Leute suchen Trost und Rat im Internet, wenn sie mit Herausforderungen und Krisen konfrontiert sind; die Themen reichen vom Verlust des Arbeitsplatzes bis zum Verlust eines nahe stehenden Menschen, von der bevorstehenden Geburt des zweiten Kindes bis zur Fürsorge oder Pflege der betagten Eltern. Mentoren gehören ebenfalls zu den Menschen, die mit der Stimme der Erfahrung sprechen. Da sie Erfolg in dem Beruf haben, in dem Sie sich erst die Sporen verdienen müssen, dienen sie als inspirierendes Beispiel dafür, was man auf dem Rad der Freiheit alles erreichen kann. Denken Sie daran: Sollte es in Ihrem regulären Angstkiller-Team niemanden mit der nötigen Erfahrung auf diesem Gebiet geben, so können Sie sich immer noch anderswo danach umschauen.

ANGSTKILLER-ÜBUNG

Die Stimmen der Erfahrung haben die Aufgabe, Ihnen grünes Licht zu geben, auch wenn sie damit die leise Warnung an Sie verbinden, Ihr Vorhaben genau zu durchdenken. Was Sie definitiv nicht brauchen, sind Menschen, die Weltuntergangsstimmung verbreiten. Cathy konnte Meredith während der Scheidung emotional stützen, weil sie ihre eigene Scheidung trotz aller Schwierigkeiten gut bewältigt hatte. Wäre sie verbittert oder am Boden zerstört gewesen, so hätte sie Merediths Chancen, ihrer Angst beizukommen, geschmälert. Um sicherzugehen, dass Ihre Stimmen der Erfahrung Ja zu dem Risiko sagen, das Sie in Erwägung ziehen, machen Sie folgenden Test:

Fragen Sie Ihre potenzielle Stimme der Erfahrung, ob Sie noch einmal die gleiche Entscheidung treffen würde. »Würdest du es wieder genauso machen (die Scheidung einreichen, die Zylinderkopfdichtung reparieren lassen, einen Kredit aufnehmen, mit vierzig ein Kind bekommen)?« Läuft die Antwort auf eine Klagelitanei hinaus, so wissen Sie, dass Sie an einen notorischen Pessimisten geraten sind. Leute, die Ihnen genüsslich die schaurigen Einzelheiten erzählen, auch wenn das Ergebnis unter dem Strich positiv war, sind immer noch auf ihr Rad der Angst fixiert. Die Ehefrau, die wegen einer neuen Eroberung abserviert wurde und inzwischen fest auf eigenen Füßen steht, aber immer noch über ihren Exmann, diesen Mistkerl, vom Leder zieht, hilft Ihnen keinen Deut weiter. Hören Sie auch nicht auf den Nachbarn, der Ihnen erzählt, er habe nach der Operation Höllenqualen gelitten, obwohl sein Schultergelenk so gut wie neu ist. Es ist gut zu wissen, was Sie in etwa erwartet, aber Ihr dringendstes Bedürfnis ist in diesem Moment, darin bestätigt zu werden, dass Sie sich auf dem richtigen Weg befinden und keine Angst haben müssen. Sie brauchen eine geschiedene Freundin, die Ihnen versichert, dass es ihr jetzt ganz gut geht und Sie mit dem Daumen-hoch-Zeichen aufmuntert. Sie brauchen jemanden, der Ihnen sagt, dass die Schmerzen nach der Operation bald vergessen und Sie froh sein werden, dass Sie sich dazu entschlossen haben. Sie brauchen keine Horrorgeschichten, sondern Beispiele, die Mut machen.

Power-Partner

Power-Partnerschaften sind Beziehungen zu Mitgliedern Ihres Angstkiller-Teams, die ein langjähriges Engagement voraussetzen. Sie können viele der beschriebenen Rollen übernehmen, haben aber eine zusätzliche Dimension: Mindestens ein Aspekt Ihres Lebens richtet sich an einem gemeinsamen Ziel oder Projekt aus. Der Power-Partner kann Ihr Lebenspartner, ein Geschäftspartner oder Kollege, Ihr Manager oder Chef sein – jeder, mit dem Sie für längere Zeit eine Verbindung haben. Das A und O ist die innere Verpflichtung, sich an Vereinbarungen und Grenzen, Rollen und Verantwortlichkeiten zu halten, die genau definiert sein müssen. Power-Partner verstehen es, ein Lob zu erteilen und anzunehmen. Power-Partner helfen sich gegenseitig, der Angst ins Gesicht zu sehen, ohne sich deswegen zu verachten. Das ist für viele Menschen eine Herausforderung. Das Erfolgsgeheimnis dieser Power-Partnerschaften besteht darin, dass keine ungebetenen Ratschläge erteilt werden, sodass jeder die Chance hat, zu ergründen, ob er diese Form der Unterstützung braucht oder nicht.

Wenn Sie einen Partner haben, der begriffen hat, dass eine Beziehung nur dann wachsen und gedeihen kann, wenn es allen gut damit geht, sollten Sie ihn in Ehren halten. Sie können ein Team bilden, das sich einem angstfreien Leben verpflichtet fühlt und sich gegenseitig dazu ermutigt. Gemeinsamkeit macht stark, und deshalb können Sie mehr erreichen als jeder für sich allein, finanziell und emotional. Sie ziehen an einem Strang, verweisen die Angst auf ihren Platz und genießen gemeinsam Ihre Freiheit.

Solche Partnerschaften sind zwar ideal, aber im wirklichen Leben eine Seltenheit; das liegt daran, dass die meisten Menschen sich aus Angst auf eine Beziehung einlassen. Beide Partner suchen verzweifelt nach Anerkennung, aber das Vertrauen schwindet, wenn keiner zu dem Risiko bereit ist, sich dem anderen preiszugeben. Wir errichten eine glatte Fassade und verschanzen uns dahinter, weil wir meinen, dann in Sicherheit zu sein – anstatt die Chance zu ergreifen, echte Intimität und Nähe herzustellen, indem wir die Wahrheit über unsere Unzulänglichkeiten enthüllen.

Viele Menschen sind eher in der Lage, wildfremden Sitznachbarn im Flugzeug ihr Herz auszuschütten oder einem Therapeuten ihr Leid zu klagen, als dem eigenen Partner zu gestehen, dass sie Angst haben oder sich einsam fühlen. Aber wie sollen wir Liebe, Freundschaft und Unterstützung finden, wenn wir es nicht wagen, unseren Schutzpanzer abzulegen und uns so zu zeigen, wie wir sind? Vielleicht müssten wir uns immer wieder fragen, ob wir wirklich geliebt werden, wenn wir uns »outen«.

Je mehr wir uns in solche Tarnspielchen verstricken, desto unsicherer werden wir: Wir leben in der ständigen Angst, dass der Partner uns auf die Schliche kommt. Power-Partnerschaften überwinden diese Neigung. Wenn wir uns in einer Partnerschaft hundertprozentig engagieren, können wir auch wir selbst zu sein, denn wir wissen: Power-Partner unterstützen sich gegenseitig darin, immer mehr Aspekte ihrer wahren Natur zur vollen Entfaltung zu bringen.

Sam und Jacob sind ein Beispiel für eine perfekte Partnerschaft. Sie gründeten 1997 in New York einen Web-Inkubator, eine Art »Brutkasten«, in dem Firmen betriebswirtschaftliches und rechtliches Know-how zur Verfügung gestellt wird; drei Jahre später florierte das Zwei-Mann-Unternehmen. Als sich die Gelegenheit bot, die Firma zu erweitern, bekam Jacob kalte Füße. Er hatte keine Lust, sieben Tagen in der Woche rund um die Uhr zu arbeiten. Sam ließ Jacob ausreden, ohne ihn zu unterbrechen. Nachdem er eine Weile nachgedacht hatte, sagte er: »Falls wir unseren Konkurrenten aufkaufen, bedeutet das zusätzliche Arbeit. Die Frage ist, wollen wir das wirklich? Ich weiß, wie wichtig dir deine Freizeit und das Angeln als Ausgleich ist, aber vielleicht können wir einen Kompromiss finden. Wenn du dein Hobby einen Monat lang zurückstellst, bis wir aus dem Gröbsten heraus sind, habe ich kein Problem damit, wenn du ein verlängertes Wochenende nimmst, um zum Fischen zu fahren. Dafür würde ich es begrüßen, wenn du in diesem Jahr während der Weihnachtsfeiertage arbeiten könntest, dann kann ich ein paar Tage bei meiner Familie in Seattle verbringen. Was hältst du davon?«

Diese Partnerschaft funktioniert deshalb so gut, weil jeder die Stärken des anderen zu schätzen weiß und seine Bedürfnisse respektiert. Der Absprung vom Rad der Angst auf das Rad der Freiheit ist leichter, wenn man sich gegenseitig Hilfestellung leistet. Beide profitieren davon. Ein Geschäftspartner könnte sagen: »Ich möchte nicht, dass du dich verpflichtet fühlst zu bleiben, wenn die Firma nicht länger dein Traum ist. Ich sehe, dass du dich beruflich verändern möchtest. Lass uns gemeinsam einen Blick auf die Zahlen werfen und eine Ausstiegsstrategie entwickeln. Es gibt drei Möglichkeiten: Ich übernehme deinen Anteil an der Firma und zahle dich aus, wir suchen neue Investoren, oder wir warten ab, was sich ergibt. Ich werde mein Bestes tun, damit wir eine uns beide zufrieden stellende Problemlösung finden.« Ein Ehemann könnte sagen: »Ich habe nichts dagegen, wenn du ehrenamtlich die Aufgabe übernehmen möchtest, Blinden vorzulesen. Die Kinder und ich kommen schon allein zurecht, wenn du weg bist. Das ist eine gute Gelegenheit, etwas miteinander zu unternehmen.« Und eine Ehefrau könnte sagen: »Zugegeben, ich werde dich vermissen, wenn du einen Monat in Maine bist, aber die Gelegenheit, in einer Künstlerkolonie zu arbeiten, solltest du dir nicht entgehen lassen. Nicht so kurz vor deiner ersten Ausstellung. Das ist schließlich die Chance, von der du immer geträumt hast.«

ANGSTKILLER-ÜBUNG

Wenn Sie eine Partnerschaft eingehen wollen, legen Sie die Einzelheiten in einer schriftlichen Vereinbarung fest. Sie kann eine Klausel einschließen, die besagt, dass die Bedingungen neu auszuhandeln sind, wenn sich die Umstände ändern. Halten Sie alle wichtigen Punkte schwarz auf weiß fest, auch wenn Sie bis über beide Ohren verliebt sind. Vielleicht gerade dann. Viele Ehen sind an den verborgenen Zielsetzungen eines Partners gescheitert oder haben dadurch Schaden genommen. Ob es dabei um triviale Fragen geht (»Wer trägt den Müll raus?«) oder um wichtige (»Welche Religion sollen unsere Kinder haben, meine oder deine?«), spielt keine Rolle: Vergewissern Sie sich beizeiten, dass sie offen angesprochen werden. Das gilt auch für Geschäftspartner. Power-Partnerschaften sind nur so tragfähig wie das vertragliche Fundament, auf dem sie gegründet wurden. Wenn es klar abgefasst ist, haben Sie gute Chancen, gemeinsam ein angstfreies Leben zu führen.

Nun wissen Sie, welchen Platz Freunde in Ihrem Leben haben und wie Sie sich gegenseitig am besten unterstützen. Um Ihr Angstkiller-Team zu erweitern, sollten Sie eine lebenslange

Verpflichtung darin sehen, den Kontakt zu einem Menschen wieder herzustellen, zu dem Sie gern wieder eine enge Beziehung hätten, einem Angehörigen Ihres Angstkiller-Teams für seine Unterstützung zu danken und ein neues Mitglied zu gewinnen. Diesen Grundstock können Sie fortlaufend ausbauen und ihr Angstkiller-Team durch hilfreiche, liebevolle Menschen ergänzen, die große Stücke auf Sie halten.

Nun haben Sie ein Netzwerk von Freunden aufgebaut, die Ihnen jederzeit mit Rat und Tat zur Seite stehen, und sind optimal gerüstet, mit der Arbeit an sich selbst zu beginnen. Diese Arbeit wird Ihnen einiges abverlangen, aber sie ist ein unerlässlicher Bestandteil des Fearless-Living-Programms. Zunächst werden wir unrealistischen Erwartungen zu Leibe rücken – Programmierungen, die immer wieder Ihre Angst schüren, nicht gut genug zu sein.

Zweiter Teil:
Das Fearless-Living-Programm

Gefahren zu meiden ist langfristig gesehen
nicht sicherer, als sich ihnen direkt auszusetzen.
Das Leben ist entweder ein Abenteuer,
das Mut erfordert, oder nichts.

HELEN KELLER

6 Keine Erwartungen

In meinem neuen Zuhause, einer Stadt im Süden des Landes, wartete ich an einem Januarabend darauf, dass Daniel mich abholte. Wir hatten uns im März des Vorjahres während eines idyllischen Frühlingswochenendes in Florida unsterblich ineinander verliebt. Während ich an die University of Minnesota zurückkehrte, um mein zweites Studienjahr zu beenden, und er an seinem College im Süden der Vereinigten Staaten das letzte Studienjahr absolvierte, hielten wir unsere Fernromanze aufrecht. Unsere monatlichen Telefonrechnungen stiegen in astronomische Höhen, und außerdem schickte er mir ständig Blumen und stattete mir zusätzlich noch den einen oder anderen Überraschungsbesuch ab. Als der Sommer kam, vereinbarten wir, dass ich an ein College im Süden überwechseln sollte, um in seiner Nähe zu sein. Ich mietete ein Apartment und zog allein ein, aber ich war fest überzeugt, dass dieses Märchen zu einem Happyend führen würde, und hörte bereits die Hochzeitsglocken läuten. Daniels Liebe gab mir Sicherheit und Geborgenheit; er würde mich nie verlassen, und ich musste nie wieder Angst haben.

Die Beziehung entwickelte sich indessen nicht ganz so, wie ich es mir vorgestellt hatte. Während ich mich frisierte und ankleidete, beschloss ich, Daniel heute zu sagen, dass ich enttäuscht war, weil wir uns in den sechs Monaten seit meinem Umzug so selten gesehen hatten. Ich hatte schon mehrmals Andeutungen gemacht, aber irgendwie war die Botschaft nicht angekommen, und ich war nicht glücklich mit der Situation. Schließlich hatte ich seinetwegen mein altes College verlassen, wo ich mich wohl gefühlt hatte, und mir tausend Meilen von meinen Schwestern entfernt ein neues Zuhause gesucht. Zugegeben, Daniels Studium war kein Pappenstiel, aber war ich nicht ihm zuliebe umgezogen? Er war es mir schuldig, sich mehr Mühe mit unserer Beziehung zu geben.

Was ich nicht wusste, war, dass Daniel für den Abend seine eigenen Pläne hatte. Nach dem Essen, bei dem ich ihm eine Standpauke wegen seiner mangelnden Aufmerksamkeit gehalten hatte, gingen wir in unsere Lieblingsbar, wo wir Freunde von ihm trafen. Ich machte einen Scherz darüber, dass ich vor ein paar Wochen kalte Füße bekommen hatte, wie viele Paare kurz vor dem letzten Schritt zum Traualtar, als wir uns Verlobungsringe angesehen hatten. Daniel wählte diesen Augenblick, um die Bombe platzen zu lassen.

»Mir ging es genauso«, nickte er. »Gut, dass wir die Ringe nicht gekauft haben. Weil ich nämlich zu der Einsicht gekommen bin, dass ich dich nicht mehr liebe.«

Ich erstarrte, hatte das Gefühl zu ersticken. Ich war wieder vierzehn und in Michigan, an jenem regenverhangenen Junitag, als mit den Schüssen aus dem Gewehr meines Vaters meine übermächtige Angst geboren wurde, ich verdiene es nicht, am Leben zu sein. Ich war die geborene Verliererin. Nichts wert. Nicht liebenswert. Ich war in aller Öffentlichkeit von dem Mann abserviert worden, der meinen Schmerz und meine Angst vertreiben sollte. Ich hatte das Gefühl, im falschen Film zu sitzen.

Dann machte die Selbsterniedrigung einer eiskalten Wut Platz. Das war ja wohl die Höhe! Hatte ich nicht schon genug durchgemacht? Wie konnte dieser Kerl es wagen! Daniel kannte meine Vergangenheit. Wieso begriff er nicht, dass ich Verletzungen davongetragen hatte und versuchte, das Beste daraus zu machen? Er hatte die Pflicht, sich genauso viel Mühe zu geben, nachdem er mich aus meiner vertrauten Umgebung herausgerissen hatte und ich ihm gefolgt war – zumal wir uns versprochen hatten, immer zusammenzubleiben? Die anfängliche Lähmung lockerte ihren eisernen Griff. Die Angst trieb mich über die Grenzen meiner zerbrechlichen Selbstkontrolle hinaus: Ich bekam einen Tobsuchtsanfall, feuerte eine Salve von Gehässigkeiten auf ihn ab und warf mit dem Schuh nach ihm, wobei ich den Spiegel hinter der Bar traf, der zu Bruch ging. Der Besitzer hielt es für notwendig, mich vor die Tür zu setzen, im Interesse der anderen Gäste, für deren Sicherheit er nicht garantieren könne. Daniel machte keine Anstalten mitzukommen. Er bat seinen Zimmergenossen, mich nach Hause zu fahren.

In meinem Apartment tigerte ich auf und ab, wie eine Raubkatze im Käfig. Am besten war es, die Stadt eine Weile zu verlassen. Dann würde Daniel schon merken, was er an mir hatte. Ich würde nicht herumsitzen und Däumchen drehen, bis er sich eines Besseren besann; das wäre eine weitere Demütigung gewesen. Geschah ihm recht, wenn er mich vermisste. Was sollte ich mitnehmen? Während ich kopflos hin- und herlief, packte ich meinen Koffer. Dann kochte ich mir eine heiße Schokolade, wischte mittendrin den Tisch ab, setzte mich hin, griff zum Telefon. Ich hatte keine Ahnung, wie es weitergehen sollte.

Ich hinterließ unzählige Nachrichten auf Daniels Anrufbeantworter, aber er rief nicht zurück. Wenn ich seine Nummer wählte, war sie besetzt. Er hatte wohl den Hörer ausgehängt. Ich konnte einfach nicht glauben, dass mir so etwas passierte. Nicht mit Daniel. Nicht, nachdem ich so viel für ihn aufgegeben hatte. Warum ging er mir aus dem Weg? In der Stille, die Tasse mit dem kalten Kakao in der Hand, wollte ich nicht wahrhaben, dass der Mann, der es nicht ertragen hatte, von mir getrennt zu sein, mir den Laufpass gegeben hatte.

Dann tauchte die alte Angst, wertlos zu sein, wieder auf. Kein Wunder, dass ich fallen gelassen worden war wie eine heiße Kartoffel. Ich hatte es nicht anders verdient. Ich rief meine Schwestern an, denn ich musste mit jemandem reden. Ich beichtete ihnen, wie schrecklich ich mich aufgeführt hatte, legte aber auf, als sie begannen, die Litanei vom positiven Denken herunterzubeten. Beide verhielten sich inuitiv wie mein Angstkiller-Team, wie ich später erkannte, als ich das Fearless-Living-Programm entwickelt hatte. Aber damals war ich nicht offen für ihre Liebe und Unterstützung. Ich wollte keine Aufmunterung, sondern Rache, wollte keine Hilfe, sondern dass es ihm genauso schlecht ging wie mir. Der Gedanke, Daniel ein für alle Mal verloren zu haben, machte mir Angst und war ein weiterer Beweis für meine Wertlosigkeit. Ich kam zu dem Schluss, dass die schlimmste »Strafe« für Daniel wäre, wenn ich

Selbstmord beging, dann würde er seine Entscheidung ein Leben lang bereuen. Erschrocken über meine eigenen Gedanken griff ich zum Telefon.

»Hotline für Selbstmordgefährdete. Nancy am Apparat. Mit wem spreche ich?«, sagte eine betont muntere Stimme.

»Rhonda.«

»Hallo, Rhonda. Ich freue mich, dass Sie angerufen haben.«

Ich erzählte der betulichen Nancy, dass ich vorhatte mich umzubringen, und setzte damit ein Frage-und-Antwort-Spiel nach Schema F in Gang. Ich nannte meine Telefonnummer, eine falsche Adresse und schilderte in groben Zügen die Einzelheiten meines Beziehungsproblems. Dann spulte Nancy ihren Text ab – den Eindruck hatte ich zumindest –, der durchgeknallte Typen wie mich davon abhalten sollte, im zehnten Stock aus dem Fenster zu springen. Die frommen Sprüche aus der Konserve und der widerlich falsche Ton deprimierten mich noch mehr; niemand verstand mich. Ich legte auf, nachdem ich der ehrenamtlichen Nancy unter die Nase gerieben hatte, jetzt werde ich mich erst recht umbringen.

Auf der Suche nach einer mitfühlenden Seele rief ich Woody an, Busenfreund, Kummerkasten und meine letzte Hoffnung. Ich eröffnete ihm, dass ich Tabletten geschluckt hatte. Der Gedanke, dass ich zu weit gegangen war, kam mir erst, als er sagte, er sei schon unterwegs, und abrupt auflegte. Nun blieb mir nur die Wahl, wirklich Tabletten zu nehmen oder Woody zu gestehen, dass ich nicht die Wahrheit gesagt hatte. Ich konnte es nicht ertragen, als Lügnerin abgestempelt zu werden. Daniel war ein Lügner. Ich wollte mich nicht auf die gleiche Stufe mit ihm stellen. Diese Überlegung fiel in meiner Verwirrung stärker ins Gewicht als das Risiko, mein Leben wirklich aufs Spiel zu setzen. Ich hatte nichts Exotisches zur Hand, also warf ich wahllos alles an Pillen ein, was ich in meinem Arzneischränkchen und in meiner Handtasche fand. Woody hatte den Notruf angerufen, bevor er aufbrach. Zu meiner Entäuschung traf er gleichzeitig mit der Ambulanz ein. Es hätte besser ins Bild gepasst, wenn ich bereits besinnungslos gewesen wäre, aber ich hatte Pech.

Nach dem Drama in der Notaufnahme des Krankenhauses, wo man mich zwang, eine Flüssigkeit zu schlucken, die nach faulen Eiern roch und einen Brechreiz auslöste, wachte ich in der Psychiatrie auf. Wenn man in dieser Abteilung landet, lassen sie einen nicht einfach wieder gehen, wenn man erzählt, dass man sich nur maßlos über seinen Freund geärgert hat. Sie behielten mich ein paar Tage da, zur »Beobachtung«. Danach erklärte der Therapeut, der mit meinem Fall befasst war, mit dem gebotenen Ernst: »Sie haben hier keine Freunde, keine Familie und keine Unterstützung. Kehren Sie nach Minnesota zurück.« Das war es nicht, was ich hören wollte. Wie konnte jemand so unsensibel sein? Eine solche Behandlung hatte ich von einem professionellen Therapeuten nicht erwartet. Doch insgeheim wusste ich, dass er Recht hatte.

Viele Menschen erwarten, dass unser Leben einen bestimmten Verlauf nimmt. Wir haben es geplant. Wir haben es uns in allen Einzelheiten ausgemalt. Vielleicht haben wir sogar zur Sicherheit in der Kirche noch eine Kerze angezündet. Wir wollen mehr tun, mehr haben, mehr sein. Wir fordern dem Leben nicht nur alles ab, sondern erwarten auch, es zu bekommen. Familienangehörige und Freunde werden ebenfalls in die Pflicht genommen, ihre Bringschuld zu erfüllen, weil wir von ihnen genauso viel erwarten wie von uns selbst. Und wenn wir alles getan haben, was in unserer Macht steht, wenn wir »unser Scherflein beigetragen« und uns »die allergrößte Mühe« gegeben haben, möchten wir Ergebnisse sehen. Haben wir nicht hart gearbeitet und uns einen Platz an der Sonne verdient? Die Enttäuschung ist unvermeidlich, wenn nicht alles nach Plan verläuft – was selten der Fall ist. Und dann sehen wir unsere schlimmsten Befürchtungen bestätigt. Wir erwarten, bis in alle Ewigkeit geliebt zu werden, doch dann werden wir abserviert, und uns beschleicht die Angst, nicht liebenswert zu sein. Wir erwarten, dass uns die Gehaltserhöhung gewährt wird, um die wir gebeten haben, doch dann gehen wir leer aus, und uns beschleicht die Angst, inkompetent zu sein. Wir erwarten Achtung und Zuneigung von unseren Kindern, nach allem, was wir für sie getan haben; doch dann führen sie ihr eigenes Leben und vergessen, uns zum Geburtstag anzurufen. Jede Erwartung, die sich nicht erfüllt, bestätigt unsere schlimmsten Befürchtungen. Unser Verhalten wird von diesen enttäuschten Erwartungen beeinflusst. Die Angst vor Ablehnung greift nach uns. Am Ende erzeugen Erwartungen nichts als Angst und Unzufriedenheit. Die unerfüllten Hoffnungen wirken wie ein Katalysator: Sie verstärken den Impuls, Wut, Selbstmitleid und Opferrolle auszuagieren, die sich aus unseren Ängsten herleiten.

Wenn du mich wirklich lieben würdest, wüsstest du, was ich brauche

Deshalb können Erwartungen unser Wachstum und die Entfaltung unseres Potenzials hemmen. Sie wirken sich wie ein schleichendes Gift auf unsere privaten und beruflichen Beziehungen aus. Wenn wir Erwartungen an andere haben, ohne sie klar zum Ausdruck zu bringen, verlangen wir von ihnen, dass sie Gedanken lesen können. Der andere tappt meistens im Dunkeln und ist auf Raten angewiesen. Unter diesen Umständen ist es nicht leicht, ins Schwarze zu treffen. Wayne erwartete beispielsweise von seiner Frau, dass sie ein Ebenbild seiner Mutter war – eine Bilderbuchhausfrau und Ehefrau nach klassischem Muster, die im Schatten ihres Mannes steht. Aber Lynn, Waynes Frau, machte eine Umschulung, als das jüngste Kind zehn Jahre und aus dem Gröbsten heraus war. Wayne hatte es schon vor der Hochzeit gewusst und sich noch vor Beginn der Ausbildung vor seinen Freunden damit gebrüstet. Trotzdem war er frustriert, dass nun nicht mehr jeden Abend um Punkt sechs das Essen auf dem Tisch stand. Er war empört, dass sie seine Hemden in die Reinigung brachte, statt sie selbst zu waschen und zu bügeln. Und er war wütend, dass sie abends lernte, statt sich neben ihn auf die Couch zu kuscheln und fernzusehen.

Er ließ jedoch kein Wort darüber verlauten. Er erwartete einfach, dass sie wusste, was er brauchte, um sich geliebt zu fühlen. Dass sie offenbar keine Ahnung hatte oder, schlimmer noch, sich vielleicht bewusst über seine Wünsche und Bedürfnisse hinwegsetzte, brachte Waynes Rad der Angst in Gang. Er litt unter der Angst, übergangen zu werden, und entwickelte Minderwertigkeitskomplexe. Sein Vater war ein ganzer Kerl gewesen, der eine treu sorgende Ehefrau hatte, und sein Sohn konnte ihm nicht das Wasser reichen! Wayne ließ es gar nicht erst zu einer Zurückweisung kommen und holte zum Präventivschlag aus: Er zeigte Lynn im Bett die kalte Schulter. Er tat so, als hätte er nichts gehört, wenn sie mit ihm redete. Er kam erst am späten Abend nach Hause, ohne Erklärung. Mit der verdrehten Logik, die Menschen auf dem Rad der Angst zu Eigen ist, meinte er, wenn er Lynn eine Dosis von ihrer eigenen Medizin verabreichte, würde sie erkennen, dass seine Gefühle verletzt waren, weil sie seine Bedürfnisse nicht erraten hatte und ihn folglich nicht richtig liebte. Infolge dieses Verhaltens entzog sich Lynn ihm aber noch mehr. Nachdem sie zum ersten Mal auf der Couch statt im Ehebett geschlafen hatte, kam Wayne zu mir in die Beratung. Er wollte lernen, den »Mut für eine angstfreie Scheidung aufzubringen«.

Intuition und Erfahrung sagten mir jedoch, dass Wayne verzweifelt versuchte, seine Beziehung zu kitten. Wir ermittelten sein Rad der Angst – die Angst, übergangen oder zurückgewiesen zu werden, gefolgt von der Angst, minderwertig zu sein. Dann identifizierten wir sein Rad der Freiheit. Zuerst dachte er wie die meisten Menschen, es sei das Gegenteil zum Rad der Angst und wählte »liebevoll« als seine grundlegende Eigenschaft aus. Seine fünf Helden waren aber Jack Nicklaus, einer der besten Golfspieler aller Zeiten, eine College-Professorin und Wissenschaftlerin, die ihr Leben der Aufgabe gewidmet hatte, die DNS zu entschlüsseln, der Jazzmusiker Duke Ellington, der Baseballstar Babe Ruth und der legendäre Tigerdompteur Gunther Gable Williams. Wayne kam zu dem Schluss, die grundlegende Eigenschaft von Nicklaus, der Professorin und Babe Ruth sei »zielstrebig«, die von Ellington »kreativ« und die von Williams »mutig«. »Ellington und Williams waren aber eigentlich auch ziemlich zielstrebig«, meinte er.

Sie ahnen, was dann geschah. Ich eröffnete Wayne, dass die grundlegende Eigenschaft und seine wahre Natur nicht »liebevoll«, sondern »zielstrebig« sei. Er errötete. »Vielleicht früher mal, in der Highschool, da wollte ich unbedingt Golfprofi werden. Aber unmittelbar vor dem Examen ließ ich mich von einem Headhunter als Investmentbanker mit einem sechsstelligen Jahresgehalt anwerben. Ich war damals 21 und wollte mir die Chance nicht entgehen lassen. Ich erwartete, von der Welt der internationalen Hochfinanz gefesselt zu sein. Wie sich herausstellte, habe ich mir damit eine Menge Arbeit eingehandelt, die meist ziemlich langweilig ist. Trotzdem möchte ich das Geld und den Lebensstil nicht missen, die damit verbunden sind, obwohl ich mit dem Herzen nie richtig bei der Sache war. Vor ein paar Jahren überlegte ich, ob ich mich nicht einem Golfverein anschließen sollte, nur aus Spaß; aber immer fanden bei den Kindern an den Wochenenden irgendwelche Aktivitäten statt, die ich mir nicht entgehen lassen wollte. Also beschloss ich, dass meine Familie dann eben mein Ein und Alles im Leben sein würde. Aber auch das war ein Reinfall.«

Wie Waynes Geschichte zeigt, können unausgesprochene, unrealistische und unerfüllte Erwartungen uns veranlassen, den falschen Weg im Leben einzuschlagen und Menschen dafür zu bestrafen, die wir lieben. Damit machen wir alle Beteiligten unglücklich. Damit zerstören wir Träume. Damit zerstören wir Ehen. Damit bleiben wir an das Rad der Angst gekettet, in einem Teufelskreis, aus dem es kein Entrinnen gibt. Und das Schlimmste ist, dass niemand genau weiß, was eigentlich schief gelaufen ist. Wenn die Dinge nicht so laufen, wie wir es erwarten, fühlen wir uns vom Schicksal betrogen. Wenn die Erwartungshaltung ein wichtiger Faktor beim Denken, Reden und Zuhören ist, wird die Enttäuschung vorprogrammiert und zur Lebensphilosophie. Erwartungen ziehen alles, was geschieht, auf eine persönliche Ebene. Aber niemand will Ihnen etwas Böses. Sie reagieren lediglich blind auf Ihr eigenes Rad der Angst.

ANGSTKILLER-ÜBUNG

Negative Formulierungen sind oft ein Anzeichen dafür, dass unausgesprochene Erwartungen uns daran hindern, ein angstfreies Leben zu führen. Ich gab Wayne eine Liste mit Begriffen, die auf eine mit Erwartungen befrachtete Situation oder Beziehung hindeuten. Je häufiger sie benutzt werden, desto größer ist die Wahrscheinlichkeit, dass das Rad der Angst von Erwartungen angetrieben wird und außer Kontrolle zu geraten droht. Fragen Sie sich, ob die nachfolgenden Begriffe Ihr Verhalten bestimmen oder Ihre Überzeugungen untermauern. Sie sind ein Indikator, wie oft Erwartungen Ihr Bild von der Wirklichkeit prägen.

Sind Sie ein Mensch, der:

leugnet	sich ver-	jammert	Werturteile	leidet
wartet	steckt	ausweicht	fällt	Mutmaßun-
sich mit	Sünden-	sein Schick-	sich abschot-	gen
weniger zu-	böcke sucht	sal verdient	tet	anstellt
frieden gibt	sich ständig	zögert	ständig	kämpft
kontrolliert	rechtfertigt	Kompro-	Wünsche hat	vergleicht
manipuliert	so tut, als ob	misse	verurteilt	sich Sorgen
	sich beklagt	schließt	zaudert	macht

Fühlen Sie sich:

verbittert	im Recht	schuldig	gereizt	als Opfer
verärgert	verwirrt	machtlos	gekränkt	wankelmütig
enttäuscht	zwiespältig	nicht ver-	übergangen	voller Selbst-
ichbezogen	unzufrieden	antwortlich	desinteres-	mitleid
		wie ein	siert	
		Perfektionist		

Waynes negative Verhaltensbegriffe zeigten, dass er ein Mensch war, der sich »mit weniger zufrieden gibt«, »Sündenböcke sucht«, »sich ständig rechtfertigt«, »sein Schicksal verdient«, »Kompromisse schließt« und »vergleicht«. Seine Gefühlsbegriffe waren »verbittert«, »enttäuscht«, »im Recht«, »unzufrieden« und »übergangen«. Ich bat ihn, sie aufzuschreiben und zu lernen, sie ohne Beschämung zu akzeptieren. Auch Sie sollten in den nächsten drei Tagen alle mit Erwartungen befrachteten Begriffe aufschreiben, die Ihnen durch den Kopf gehen oder die Sie laut äußern.

Danach notieren Sie Begriffe, die Ihnen einfallen, wenn Sie merken, dass unausgesprochene oder unrealistische Erwartungen Ihr Rad der Angst in Gang setzen. Welche Begriffe auf der Liste kommen bei Ihnen am häufigsten vor? Gibt es welche, bei denen Sie zusammenzucken oder sich besonders unbehaglich fühlen? Vielleicht haben Sie bereits den einen oder anderen aus Ihrem Wortschatz gestrichen. Prima! Machen Sie sich Ihre Fortschritte immer bewusst. Erinnert einer der Begriffe Sie an bestimmte Freunde? Wenn ja, befinden Sie sich möglicherweise in der Gesellschaft von Menschen, die Ihre Ängste noch verstärken. Notieren Sie die Begriffe, die die größte Macht über Sie haben, und solche, die Sie aus Ihrem Vokabular entfernen möchten. Seien Sie achtsam, während Sie Ihr Bewusstsein schärfen – denn Erwartungen sind ein Fenster, das Ihnen einen Blick auf Ihr Rad der Angst ermöglicht und Ihnen eine Gelegenheit bietet, es von Grund auf zu verändern. Sobald wir entdeckt haben, wie Erwartungen unser Leben vergiften, können wir ihnen ein Schnippchen schlagen und uns auf unser Rad der Freiheit schwingen, eine höhere Ebene, auf der es nur noch eines gibt: ein starkes, angstfreies Selbst!

Genau das geschah mit Wayne. Nachdem er seine Worte der Erwartung identifiziert hatte, wählte er aus der Liste der hundert selbstbestimmten, selbstbestätigenden Verhaltensalternativen (siehe Seite 97f.) diejenigen aus, die ihm seiner Meinung nach in seiner augenblicklichen Situation helfen konnten. Er entschied sich für »anderen etwas Gutes tun«, »gewillt sein, sich auch einmal zu irren«, »stillschweigende Übereinkünfte außer Kraft setzen« und »die Kunst des Gesprächs pflegen«. Er brachte seine Bedürfnisse zum Ausdruck, in Sätzen, die mit »Ich« statt mit »Du« begannen (»Ich fühle mich übergangen, wenn ich den Abend allein vor dem Fernseher verbringen muss«, nicht: »Du schenkst mir überhaupt keine Beachtung! Jeden Abend sitzt du da und lernst!«). Auf diese Weise blieb der Kommunikationskanal offen. Wayne und Lynn führten anfangs jeden Tag und später ungefähr einmal in der Woche ein intensives Gespräch. Das Ergebnis war, dass Wayne seine Bedürfnisse zum Ausdruck brachte und begann, seine Frau für ihre Motivation und Begeisterung aufrichtig zu bewundern. Lynn lockerte ihre allabendliche Lernroutine und erledigte ihre Hausaufgaben wenn möglich tagsüber, wenn Wayne arbeitete. Sie begann, Waynes Gesellschaft wieder zu genießen. Dann engagierte Wayne einen Spitzen-Golftrainer, da er mit der Teilnahme an einem regionalen Golfturnier liebäugelte. Beide kamen überein, den nächsten Urlaub in Mexiko zu verbringen, ohne die Kinder. Im Anschluss daran berichtete Wayne: »Sie hatten Recht. Sobald ich mich wieder auf meine wahre Natur besonnen hatte, wuchs mein Selbstvertrauen. Ich fühle mich jetzt wieder eins mit mir selbst. Beim Golfspielen laufe ich zu Höchstleistungen auf. Ich komme mir nicht mehr wie ein Stümper vor. Und den Rest habe ich auch auf die Reihe bekommen. Mein Bedürfnis nach Kreativität habe ich auch ausgelebt, als wir in Mexiko waren: Dort fand eine Jamsession statt, und ich durfte mitmachen. Früher habe ich Saxophon gespielt, und obwohl meine Fingerfertigkeit ein bisschen eingerostet ist, habe ich mein Gefühl für das Instrument nicht verloren. Jetzt übe ich wieder, nur aus Spaß. Und nicht zu vergessen die wieder gefundene Intimität und Nähe zu meiner Frau. Ich muss Ihnen wohl nicht erzählen, wie innig meine Beziehung zu Lynn geworden ist, seit ich endlich, nach all den Jahren, mir selbst wieder treu bin.«

Das Sündenbock-Spiel

Eine der größten Versuchungen, der Sie in einer Erwartungshaltung erliegen können, ist die Neigung, mit dem Finger auf andere zu zeigen. Wayne hatte Lynn für ihre Eheprobleme verantwortlich gemacht. Und ich schob die Schuld für alles Mögliche, was in meinem Leben schief lief, auf andere. Warum sollte ich mich meinen eigenen schmerzlichen Konflikten stellen, schließlich hatte ich auch so schon genug gelitten! In erster Linie war mein Vater schuld: Er hätte mich lieben »sollen«. Dann das Schicksal, das ungerecht war: Meine Mutter hätte am Leben bleiben »sollen«, weil sie es verdiente. Und Daniel: Er hätte mich reumütig im Krankenhaus abholen und um Verzeihung bitten »sollen«. Statt in mir selbst nach Antworten zu suchen, erschien es mir einfacher, meinen Vater, Daniel sowie Gott und die Welt zum Sündenbock zu machen. Sie hatten mir übel mitgespielt.

Eine meiner langjährigen Klientinnen namens Jennifer ist ein gutes Beispiel dafür, wie diese verdrehte Logik funktioniert. Obwohl sie sich über die Beförderung ins Management freute, für die sie hart gearbeitet hatte, war der neue Job unbekanntes Terrain für sie. Sie hatte nicht mehr ihre vertrauten Mitarbeiter und Verbündeten um sich, wusste nicht genau, wie die Dinge in diesem Bereich gehandhabt wurden, und fühlte sich in ihrer Führungsrolle fehl am Platz. Ihr Chef kam am ersten Arbeitstag auf einen Sprung vorbei, um sie über die Grundregeln und Leistungen aufzuklären, die er von ihr erwartete. Die Liste war lang. Jennifer erwartete wiederum, dass er ihr während der Einarbeitungsphase mit Rat und Tat zur Seite stand – aber die Wochen vergingen und nichts dergleichen geschah. Jennifer bat aber nicht um Hilfe. Folglich fühlte sie sich allein gelassen und nicht genug unterstützt. Sie begann zu zweifeln, ob sie für diese Position die Richtige war. Und sie machte ihren Chef für ihre Situation verantwortlich.

»Woher soll ich wissen, was getan werden muss, wenn er mich nicht darüber aufklärt?«, klagte sie, als sie mich bald nach Antritt der neuen Stellung aufsuchte. »Ich muss alles allein herausfinden. Ich glaube, er kann mich nicht ausstehen. Wahrscheinlich wartet er nur darauf, dass ich auf die Nase falle.«

Da Jennifer ihre Erwartungen nicht klar zum Ausdruck brachte, zog sie voreilige, angstbasierte Schlussfolgerungen. Wenn wir uns unwohl in unserer Haut fühlen, weil unsere Erwartungen nicht erfüllt werden, trübt die Angst unsere Gedanken: »Kein Mensch weiß, wie der Hase hier läuft – ich gehöre nicht hierher – ich hätte den Job gar nicht erst annehmen sollen – der ganze Ärger lohnt sich nicht – was stimmt nicht mit mir –

ich hätte es kommen sehen müssen.« Jennifers Erwartungen hatten sich gegen sie verschworen, waren zu einem negativen inneren Dialog ausgeartet. Sie sammelte fleißig Indizien, um zu beweisen, dass ihre neuen Mitarbeiter inkompetent waren und ihre Bemühungen unterminierten, frischen Wind in die Abteilung zu bringen. Sie hatte eine genaue Vorstellung davon, wie sich ein Vorgesetzter verhalten »sollte«, und entwickelte einen heimlichen Groll gegen ihren Chef, der offenbar nicht wusste, »wie man führt«, und nicht einmal den Versuch machte, sie »wie ein guter Mentor« unter seine Fittiche zu nehmen. Da er eine Position innehatte, die mit Autorität verbunden war, war er der ideale Sündenbock.

Trotz der Fortschritte auf ihrem Weg in ein angstfreies Leben, die Jennifer überhaupt erst bewogen hatten, das Risiko einzugehen und die Führungsposition anzunehmen, knüpfte sie bestimmte Erwartungen an den Wechsel ins Management. Das kommt oft vor: Wenn wir Neuland betreten, wird das Rad der Angst beinahe automatisch in Gang gesetzt. Bei Jennifer war es Angst, als inkompetent abgestempelt zu werden, und das Gefühl der Hilflosigkeit. Sie war auf ihr Rad der Angst und die Erwartungen fixiert, die sie an sich selbst und den neuen Job stellte.

Die gute Neuigkeit ist, dass wir in der Lage sind, selbstbestimmte, selbstbestätigende Verhaltensalternativen zu entwickeln, sobald wir die Erwartungen kennen, die unser Rad der Angst in Bewegung setzen. Das Leben ist ein fortwährender Veränderungsprozess, mit Herausforderungen auf jeder neuen Wachstums- und Entwicklungsebene. Angst und Erwartungen begleiten uns, aber wenn wir daran arbeiten, die Erwartungen loszulassen, wird es uns zunehmend besser gelingen, unserer Angst Herr zu werden.

ANGSTKILLER-ÜBUNG

Hier ein kleiner Test, um Ihren Erwartungen auf die Spur zu kommen:
- Denken Sie an eine bestimmte Situation. Was erwarten Sie in dieser Situation von sich selbst? Und von anderen?

Jennifer fiel es zunächst schwer, diese Fragen zu beantworten. Sie versuchte, ihren eigenen Part zu leugnen: Sie reagierte wütend und gab anderen die Schuld an ihrer Situation.

Reagieren Sie blind? Darüber können Ihnen folgende Fragen Aufschluss geben:

1. Ist »sollte« ein wichtiger Bestandteil Ihres Wortschatzes oder das wichtigste Kriterium für Ihre Entscheidungsfindung?
2. Tun Sie Dinge für andere, weil Ihnen »keine andere Wahl« bleibt?
3. Lassen Sie sich von der schlechten Laune eines anderen Menschen anstecken?
4. Gehen Sie in die Defensive, wenn jemand Sie kritisiert?
5. Suchen Sie eine Rückversicherung bei anderen, bevor Sie eine Entscheidung treffen?
6. Werden Sie automatisch lauter, wenn jemand Sie anbrüllt?

Wenn Sie eine dieser Fragen mit Ja beantwortet haben, reagieren Sie blind. Je zahlreicher die Ja-Antworten, desto häufiger verhalten Sie sich reaktiv, das heißt entsprechend den Erwartungen, die Sie an sich selbst und andere stellen. Die meisten Menschen glauben, dass sie frei entscheiden und agieren, obwohl sie in Wirklichkeit nur *re*agieren.

Wenn Sie Beweise gegen sich selbst (oder andere) sammeln, erfordert es einiges an Mut, sich einzugestehen, dass es noch einen anderen Standpunkt geben könnte. Man muss sich der Wahrheit verpflichtet fühlen, um sich mit der Realität der eigenen Angst zu konfrontieren. Jennifer leugnete ihre Erwartungen zunächst. Sie kamen ihr nur recht und billig vor, und sie konnte jede einzelne rechtfertigen. Das gilt für die meisten Menschen. Erwartungen gehören zum Menschsein dazu. Jeder wünscht sich, sein Leben möge einen bestimmten Verlauf nehmen. Keiner kann von sich behaupten, noch nie das Sündenbock-Spiel gespielt zu haben.

Jennifer gab zu, dass sie erwartet hatte, sich auf Anhieb einzuarbeiten und Selbstvertrauen und Stärke in ihrer neuen Position zu entwickeln – nun, da sie es doch endlich »geschafft« hatte. Sie hatte erwartet, dass ihr Team ihre neuen Ideen begrüßen und sie mit Elan umsetzen würde. Sie hatte erwartet, eine Assistentin zu bekommen, die wohlmeinend und tüchtig war; sie hatte erwartet, ihre Freunde würden sie unterstützen, ihr Vater würde ihr endlich die schuldige Anerkennung zollen, und ihr neuer Chef würde der Bilderbuchvorgesetzte sein, von dem sie immer geträumt hatte.

Jennifer hatte unter dem Strich das Bedürfnis, verstanden, respektiert und geliebt zu werden. Ein Bedürfnis, das wir alle haben.

Als sie sich auf ihrem Rad der Angst im Kreis drehte, trennten diese Erwartungen sie von den positiven Erfahrungen, die sie durch die aktive Arbeit an sich selbst gefördert hätte. In ihren Augen war die Situation völlig verfahren. Sie hatte Angst, den Fehlstart nicht mehr gutmachen zu können. Sie wusste, dass sie blind auf das Gefühl der eigenen Unzulänglichkeit und Hilflosigkeit reagierte. War es bereits zu spät, etwas zu ändern? Natürlich nicht.

Ich wies sie darauf hin, dass sie nur vergessen hatte, vor Antritt ihrer neuen Position »Jennifers Regeln« bekannt zu geben, um ineffektiven Verhaltensweisen ihrer Mitarbeiter vorzubeugen. Sie lachte. Ich riet ihr, ehrlich ihr Gewissen zu erforschen. Sie erkannte, dass sie die Verantwortung (die Macht, eine Situation zu verändern) an jemand anderen abgab (auf den sie keinen Einfluss hatte). Jennifer gelang es, das Grundproblem zu ermitteln: Durch ihre Angst vor dem Gefühl der Hilflosigkeit und Inkompetenz hatte sie sich selbst unter Erwartungsdruck gesetzt und ihr Erfolgspotenzial begrenzt. Wo stand geschrieben, dass sie Anspruch auf eine tüchtige Assistentin hatte? Wo stand geschrieben, dass sie von Anfang an alles wissen und können musste? Was ihre Assistentin betraf, so war ein klares Wort angesagt, wenn sie ihre Aufgaben auf bestimmte Weise erledigen wollte. Alle anderen Mitarbeiter hatten ebenfalls bestimmte Erwartungen, die unausgesprochen blieben. Das alles ergibt eine hochexplosive Mischung, bei der die Katastrophe nicht ausbleiben kann. Kein Wunder, dass viele Menschen beruflich frustriert sind. Mit den eigenen Erwartungen bauen wir immer eine Kette von Beweisen gegen uns selbst und andere auf. Ohne klare Kommunikation und die aufrichtige Verpflichtung zur Eigenverantwortung hat niemand eine Chance, ungeschoren davonzukommen.

Jennifer musste alle stillschweigenden Übereinkünfte mit anderen streichen und üben, ihre Bedürfnisse, Wünsche und Bestrebungen unmissverständlich zu äußern. Stillschweigende Übereinkünfte sind Vereinbarungen, die wir mit anderen ohne deren Wissen getroffen haben. Die offenkundigste stillschweigende Übereinkunft hatte Jennifer mit ihrer Assistentin und ihrem Chef.

Als Jennifer verstand, dass niemand anders als sie selbst dafür verantwortlich war, ihre Bedürfnisse zu kennen und zu erfüllen, ließen die Konflikte nach. Und wenn sie auftraten, wurde die Lösung einfacher. Aufgrund ihrer Angst, als inkompetent abgestempelt zu werden, hatte sie sich selbst unter Druck gesetzt und erwartet, sofort alles zu wissen und zu können. Dadurch blockiert man Lernprozesse. Man muss zuallererst den Ausgangspunkt erkennen, bevor man Fortschritte machen kann.

Jennifer gelangte auf den Weg zur Freiheit, indem sie die Verantwortung für ihre Befindlichkeit übernahm. Am nächsten Tag im Büro brachte sie das Thema Eigenverantwortung offen zur Sprache; sie sagte zu ihrem Chef: »Ich möchte mich voll für Sie und das Unternehmen einsetzen. Könnten wir einen Gesprächstermin ausmachen? Ich hätte da noch ein paar Fragen zur Arbeitsplatzbeschreibung, die Sie mir gegeben haben.«

Zu ihrer Überraschung erwiderte ihr Chef: »Natürlich! Heute Nachmittag um drei könnte ich eine Stunde erübrigen. Passt Ihnen das?«

Jennifer stimmte zu und erschien pünktlich mit einer Fragenliste. Sie führten ein ungemein produktives Gespräch. Es stellte sich heraus, dass ihr Chef ein guter Lehrmeister war und es offenbar genoss, Jennifer an seinem Wissen teilhaben zu lassen.

»Ich bin froh, dass ich helfen konnte«, erwiderte ihr Chef. »Ehrlich gesagt, bis zu unserem heutigen Gespräch hatte ich keine Ahnung, wie viele Aspekte dieser Tätigkeit firmenspezifisch sind. Ich habe einfach vorausgesetzt, dass Sie mit den Interna und Fachtermini vertraut sind. Vermutlich sollte ich eine Liste mit den Begriffen und Kürzeln erstellen und sie allen neuen Mitarbeitern geben. Ich darf gar nicht daran denken, wie viele Mitarbeiter Schwierigkeiten hatten, sich bei uns einzuarbeiten, und sich nicht getraut haben, den Mund aufzumachen. Ich bin sicher, dass wir mit Ihnen eine gute Wahl getroffen haben. Es erfordert Selbstvertrauen und Mut, um Hilfe zu bitten. Ach übrigens, in Ihrer Abteilung fängt morgen ein neuer Mitarbeiter an. Könnten Sie ihn ein wenig unter Ihre Fittiche nehmen?«

Als Jennifer ihren Erfolg vom Verhalten ihres Vorgesetzten abhängig gemacht hatte, war sie bewusst der Kontrolle über ihre berufliche Laufbahn aus dem Weg gegangen. Als sie beschloss, sich einen Mentor zu suchen und ihn um Hilfe zu bitten, übernahm sie wieder selbst die Verantwortung und Kontrolle und entschied sich damit für ein angstfreies Leben. Jennifer wurde aufgrund ihrer Entschlussfreudigkeit und Zielstrebigkeit innerhalb eines Jahres erneut befördert.

Wann haben Sie zum letzten Mal einen Sündenbock gesucht? Waren Sie der Ansicht, Sie hätten das »Recht«, ihm die Verantwortung zuzuschieben? Wie sah Ihre Rechtfertigung aus? Waren andere ebenfalls dieser Meinung? Den meisten Menschen fallen dazu mehrere Situationen ein. Vielleicht hat Ihr Partner etwas getan, was Sie auf die Palme gebracht hat. Oder Ihre beste Freundin hat Sie enttäuscht. Oder Sie können nicht genau sagen, ob Sie zu den Menschen gehören, die gern die Schuld auf andere abwälzen. Eines ist gewiss: Um jemandem die Schuld in die Schuhe zu schieben, müssen Sie erwartet haben, dass sich die betreffende Person anders verhält. Leider wecken Erwartungen immer das Gefühl, dass man selbst keine Kontrolle über die Situation hat; das Rad der Angst dreht sich. Indem Sie erwarten, dass andere Gedanken lesen können und wissen, was Sie brauchen, stellen Sie die Weichen für künftige Schuldzuweisungen. Sie sind für sich verantwortlich, und niemand sonst.

Wünschen, warten und hoffen

Nachdem mich Daniels Freund vom Krankenhaus abgeholt und nach Hause gefahren hatte, wünschte er mir viel Glück und verabschiedete sich. Ich schloss die Tür auf. Bei dem Anblick, der sich mir bot, traf mich der Schlag. Es sah aus wie auf einem Schlachtfeld, chaotisch. Mehl und Kakaopulver waren auf den Arbeitsflächen und auf dem Küchentisch verstreut, Ameisenstraßen hatten sich von der Wohnungstür zum Abfalleimer gebildet. Alle Medikamente aus meiner Notfallapotheke waren nebeneinander aufgereiht, als hätte ich im Flur eine Operation durchführen wollen. Erst jetzt begriff ich die ganze Tragweite der Situation. Ich hatte die Kontrolle über mich verloren. Wie mein Vater. Ich zwang mich, nicht darüber nachzudenken.

Angesichts der Aufgabe, Ordnung in das Chaos zu bringen, fühlte ich mich völlig am Boden zerstört. Nicht einmal das hatte Daniel mir abgenommen, was bedeutete, dass ich ihm wirklich gleichgültig war. Ich fühlte mich im Stich gelassen, verraten. Hätte er es mir nicht zumindest ersparen können, mein Zuhause in diesem Zustand vorzufinden? Ich hatte mir immer gewünscht, ein Mensch zu sein, der in den Augen anderer etwas Besonderes, Außergewöhnliches darstellte, doch dieses Szenario zeigte mir, dass ich alles andere als das war.

Als ich in meinem verwüsteten Apartment stand, erkannte ich, dass etwas mit mir nicht stimmte. Die Gedanken über meine eigene Wertlosigkeit ließen mich nicht los. Ich verfiel in eine abgrundtiefe Depression. Unfähig, auch nur das Nötigste zu tun, rief ich eine Freundin an, deren Eltern mich aufnahmen. Ich nahm volle drei Monate ihre Gastfreundschaft in Anspruch und hoffte die ganze Zeit, Daniel würde anrufen, um einen Rückzieher zu machen. Ich hatte erwartet, dass er mich bis in alle Ewigkeit lieben würde, auch dann, wenn ich mich selbst lieblos verhielt. Ich hatte erwartet, dass er mich retten würde, obwohl ich mich selbst nicht retten konnte. Ich hatte erwartet, dass die Liebe alle Zeitläufe überdauert, obwohl ich nicht wusste, was Liebe ist. »Was stimmt nicht mit mir? Wieso passiert ausgerechnet mir so etwas?«, haderte ich. Insgeheim hatte ich

Angst, dass mir Glück versagt bleiben würde. Wie meiner Mutter. Warum sollte es mir besser ergehen?

Ich war zur Gefangenen meiner eigenen Erwartungen geworden, eines infernalischen Trios aus Wünschen, Warten und Hoffen. Wünschen, die erste Stufe im Mechanismus, der dazu dient, sich der Realität zu entziehen, beinhaltet unreife Denkmuster und den Glauben an Märchen; sie erinnert an ein Kind, das die Kerzen auf dem Geburtstagskuchen ausbläst und zutiefst davon überzeugt ist, dass seine stumme Bitte in Erfüllung geht. Wenn wir warten, die zweite Stufe der Flucht vor der Realität, legen wir die Hände in den Schoß und nehmen an, dass unsere Wünsche wahr werden, ganz ohne unser Zutun. Hoffen, die dritte Stufe, ist der letzte Strohhalm, an den wir uns klammern, wenn wir uns insgeheim eingestehen müssen, dass die Zeit vergeht und wir immer noch nicht am Ziel unserer Wünsche sind. Und während wir hoffen, warten wir weiter auf ein Wunder.

Trotz allem, was mir mit Daniel widerfahren war, gab ich die Hoffnung auf eine Versöhnung nicht auf. Die drei Monate verbrachte ich nicht etwa damit, mein Schicksal selbst in die Hand zu nehmen. Ich tat nur eines – hoffen, dass Daniel anrief. Jedes Mal, wenn das Telefon läutete, sprang ich. Jedes Mal, wenn es an der Tür klopfte, ordnete ich hektisch meine Frisur, nur für den Fall. Natürlich rief Daniel weder an, noch besuchte er mich, aber das hielt mich nicht davon ab zu hoffen, dass er irgendwann doch noch »zur Vernunft« kommen würde. Ich würde so lange warten, wie er brauchte, um sich daran zu erinnern, dass er mich liebte. Ich war das klassische Opfer.

ANGSTKILLER-ÜBUNG

- In welchen Lebensbereichen wünschen, warten und hoffen Sie noch immer?
- Wählen Sie einen wichtigen Bereich aus, in dem Sie wünschen, warten und hoffen, dass doch noch ein Wunder geschieht.
- Sammeln Sie spontan und ohne Bewertung Ideen, wie Sie Bewegung in die Situation bringen könnten. Ihr Angstkiller-

Team ist hervorragend dazu geeignet, Sie bei diesem Brainstorming zu unterstützen.

- Nennen Sie drei Aktivitäten oder Verhaltensalternativen, die Sie voranbringen. Vergewissern Sie sich, dass sie selbstbestimmt und selbstbestätigend sind. Es kann sich dabei um etwas so Einfaches wie einen Brief zu schreiben oder einen Anruf handeln. Es ist besser, irgendwo anzufangen, als weiterhin Däumchen zu drehen. Wenn Sie ein ungutes Gefühl bei diesem Schritt haben, bitten Sie jemanden um Unterstützung.
- Schreiben Sie auf, welche Vorteile diese Verhaltensalternativen haben.
- Wählen Sie eine Verhaltensalternative aus, die Sie innerhalb der nächsten vierundzwanzig Stunden angehen wollen; setzen Sie dann Ihr Vorhaben in die Tat um.

Keine Garantie

Ich wartete darauf, der großen Liebe meines Lebens zu begegnen; irgendwann war ich schließlich auch mal an der Reihe, glücklich zu sein. Ich war unfähig, der Tatsache ins Gesicht zu sehen, dass die Welt uns nichts schuldet. Sie steht im Widerspruch zu allen Happyend-Geschichten, an die wir von Kindesbeinen an geglaubt haben. Wenn wir den geheimen Wunsch haben, als etwas Besonderes zu gelten, sind wir besonders anfällig dafür, uns gegen die Realität zu wehren. In meinen Seminaren kommen bei dieser Erkenntnis oft erstaunliche Dinge ans Tageslicht. Viele warten auf einen geheimen Verehrer, der ihre Qualitäten erkennt und schätzt und sie damit aus ihrem Schmerz herausreißt. Das gilt für private und berufliche Beziehungen gleichermaßen. Die Wahrheit ist, dass wir einzigartig sind, wenn wir unsere wahre Natur leben und das Gefühl des Einsseins mit uns selbst auf dem Rad der Freiheit zum Ausdruck bringen. Doch einige von uns werden durch das Bedürfnis, als etwas Besonderes zu gelten und daher auch auf etwas Besonderes Anspruch zu haben, von der allumfassenden Liebe getrennt, nach der wir uns sehnen; es hält uns davon ab, an uns selbst zu arbeiten, was unerlässlich ist, um wirklich frei zu sein. Immer wenn wir als etwas Besonderes angesehen werden wollen, fordern wir im Grunde eine Sonderbehandlung. Wir fühlen uns anderen überlegen. Wir glauben, wir hätten eine »Extrawurst« verdient.

ANGSTKILLER-ÜBUNG

Hatten Sie jemals Gedanken wie:
- Ich finde, es ist mein gutes Recht, eine Gehaltserhöhung zu verlangen, schließlich lebe ich nur für die Firma.
- Ich verdiene es, von den Menschen geliebt zu werden, weil ich ihnen auch viel Zuwendung gebe.
- Der Erfolg steht mir zu, denn ich habe hart an mir gearbeitet.
- Nach all den Schicksalsschlägen wäre es an der Zeit, dass ich auch mal eine Glückssträhne habe.
- Wieso trifft es immer mich?

Haben diese Gedanken eine Saite in Ihnen zum Schwingen gebracht? Was ist Ihnen beim Lesen sonst noch dazu eingefallen? Haben Sie darin eine Überzeugung wieder erkannt, die bei Ihren Eltern oder Großeltern gang und gäbe war? Meine Klienten haben mir bestätigt, dass, wenn sie sich auf diese Übung konzentrieren, die Stimmen der Vergangenheit laut werden – ein Echo jener Ängste, die von einer Generation zur nächsten weitergegeben werden.

Wenn wir einen Anspruch auf etwas geltend machen, weil wir glauben, wir hätten es uns durch eigene Leistung verdient oder grundsätzlich ein Anrecht darauf, wartet eine herbe Enttäuschung auf uns, wenn das Leben nicht mitspielt. Ein Anspruch ist eine verführerische Erwartung. Wir sind der Meinung, das Schicksal sei es uns schuldig, dass sich unser Wunsch erfüllt. Wird diese Verbindlichkeit nicht eingelöst, so hadern wir mit dem Leben (oder Gott) und fühlen uns unfair behandelt. Wann haben Sie sich das letzte Mal bei dieser Anspruchshaltung ertappt? Menschen mit Anspruchshaltung an das Leben erwarten, etwas geschenkt zu bekommen. Sie gehen davon aus, dass sich der Erfolg von allein einstellt, weil er ihnen zusteht – als sichtbares Zeichen einer außergewöhnlichen Begabung, die ihnen in die Wiege gelegt wurde. Sonst wären sie ja wie Hinz oder Kunz. Sie haben die Vorstellung, dass irgendjemand schon merken wird, dass sie etwas Besonderes sind. Wenn wir lange genug gewartet haben und das Wunder ausbleibt, sind wir ernüchtert. Unsere eigenen Erwartungen bringen uns zu Fall.

Um die Dinge noch komplizierter zu machen, klammern wir uns mit aller Macht an unsere Erwartungen. Wir gehen für sie auf die Barrikaden, verteidigen und verfechten sie. Selbst wenn wir auf verlorenem Posten kämpfen, sagen uns unsere Erwartungen, dass es besser ist, auf unserem »Recht« zu beharren, als unseren Standpunkt zu ändern; das käme einer Niederlage gleich. Erwartungen aktivieren, motivieren und desillusionieren uns immer wieder. Sie programmieren die Enttäuschung geradezu vor, wenn wir uns einbilden, alles »richtig« zu machen und deshalb ein Anrecht auf etwas zu haben. Je größer die Erwartung, desto größer die Enttäuschung. Erwartungen halten unser Rad der Angst in Schwung.

Erwartungen loslassen

Wir können nicht angstfrei leben, wenn wir uns darauf verlassen, dass sich unsere Erwartungen schon irgendwann erfüllen. Wenn wir bereit sind, ein Risiko einzugehen – eine neue Stellung, eine neue Beziehung, eine neue Vorgehens- oder Verhaltensweise –, und die Ergebnisse nicht unseren Erwartungen entsprechen, fühlen wir uns am Boden zerstört. Dazu kommt, dass wir auf unsere Erwartungen fixiert und nicht aufgeschlossen für die Glücksfälle im Leben sind. Wenn wir das Drehbuch unseres Lebens in allen Einzelheiten festlegen, bringen wir uns um das Vergnügen einer unverhofften Begegnung, den Nervenkitzel einer unvorhergesehenen Schicksalswende, den Adrenalinschub einer freudigen Überraschung. Und sollte die Überraschung unliebsam gewesen sein – und das kommt immer wieder einmal vor, wie jeder weiß –, sind wir geneigt, das Handtuch zu werfen.

Doch wir werden nie wissen, was die Zukunft bringt, auch wenn wir unser ganzes Leben damit vergeuden, zu planen, um ja auf der sicheren Seite zu bleiben. Warum also nicht gleich auf die Illusion verzichten, wir könnten die Zukunft voraussehen? Solange wir bestimmte Erwartungen an den Verlauf unseres Lebens stellen, sind wir auf dem Rad der Angst festgenagelt und außerstande, auf den Weg der Freiheit zu gelangen. Doch es bedarf großer innerer Stärke, diese Erwartungen mit Stumpf und Stiel auszurotten und zu lernen, dass wir uns nicht von ihrer Erfüllung abhängig machen sollten. Das kann ich aus eigener Erfahrung bestätigen. Als ich den Spiegel in der Bar zertrümmerte, war ich wütend, nicht nur weil ich erwartet hatte, dass Daniel und ich für immer zusammenbleiben würden, sondern weil ich meinte, einen berechtigten Anspruch auf seine Liebe zu haben, nachdem ich alles für ihn aufgegeben hatte. Als ich an Selbstmord dachte, war das eine Überreaktion, weil ich es nicht ertrug, dass meine Lüge (und Lebenslüge) ans Licht kam. Nach meiner Entlassung aus dem Krankenhaus kreidete ich Daniel an, dass er sich nicht um mich gekümmert und verhindert hatte, wieder mit dem alten Gefühl der Wertlosigkeit konfrontiert zu werden. Insgeheim befürchtete ich, dass mein Vater Recht behalten könnte: Ich war es nicht wert, geliebt zu werden. Mein Rad der Angst hatte mir eingehämmert: Je mehr ich versuchte, ich selbst zu sein, desto mehr Fürsorge und Zuwendung brauchte ich. Diese Bringschuld bürdete ich Daniel auf.

Meinem äußeren und inneren Chaos überlassen zu sein war im Nachhinein das Beste, was mir passieren konnte. Es ging mir nicht gut dabei, aber Daniels Weigerung, meine Probleme zu seinen eigenen zu machen, ließ mir keine andere Wahl, als mich ihnen endlich zu stellen. Es war höchste Zeit, die Verantwortung für mein eigenes Leben zu übernehmen. Ich sah mich zu der Erkenntnis genötigt, dass sich meine Erwartungen auf diese Weise nie erfüllen würden. Mich glücklich zu machen war keine Aufgabe, die einem anderen Menschen oblag, sondern allein mir. Ich musste mich entscheiden, ob ich weiterhin Opfer sein oder die Verantwortung für das Chaos übernehmen wollte, das ich in meinem Leben angerichtet hatte.

Endlich sah ich, dass Daniel mir nichts vorgemacht hatte. Auch der Therapeut nicht. Wenn ich früher jemanden beschuldigte, mich belogen und betrogen zu haben, war ich »aus dem Schneider«, eine typische Angstreaktion. Niemand ist perfekt, sonst wären wir keine Menschen. Wenn wir unser Leben auf den Versprechungen anderer aufbauen, begeben wir uns in die Position des Opfers. Wir erwarten, dass andere unseren Bedürfnissen, Wünschen und Bestrebungen einen höheren Stellenwert als den eigenen beimessen – selbst dann noch, wenn sich die Umstände ändern. Die meisten meinen es ernst in dem Moment, wenn sie ein Versprechen abgeben; aber die Gegebenheiten können sich ändern, sodass das Versprechen unhaltbar wird.

Daniel hatte es satt, für meine unerfüllbaren Erwartungen verantwortlich gemacht zu werden. Und ich hatte es satt, mich zu zwingen, perfekt zu sein. Unsere Reaktionen basierten auf Angst. Wir wiesen beide auf unsere Erwartungen hin, als Beweis für die Richtigkeit unserer Perspektive. Bedeutet das, wir können unsere Verpflichtungen und Verantwortlichkeiten gegenüber anderen Menschen über Bord werfen? Nein, aber oft harren wir in Situationen oder Beziehungen aus, die uns längst nicht mehr befriedigen, nur weil wir früher einmal dachten, sie wären das einzig Wahre. Erwartungen engen unser Blickfeld ein und führen zu Schuldzuweisungen, Werturteilen, Frustration und Enttäuschung. Erwartungen trennen uns von unserer eigenen Wahrheit und der Liebe, die unsere Wunden heilen könnte.

ANGSTKILLER-ÜBUNG

Der Weg zu einem angstfreien Leben ist ein Wachstums- und Entwicklungsprozess, der sich in kleinen Schritten vollzieht. Obwohl sich sofort Veränderungen bemerkbar machen, braucht es seine Zeit, bis wir mit dem Großreinemachen fertig sind und alle angesammelten Erwartungen »entsorgt« haben. Rücken wir also den Erwartungen und Ansprüchen zu Leibe, die sich im Laufe des Lebens bei uns eingenistet haben.

Werfen Sie jeden Tag einen Blick auf die Worte der Erwartung (siehe Seite 183). Welche dienen immer noch als Wegweiser, um Ihr Rad der Angst zu identifizieren? Nennen Sie nun Ihre unerfüllten Erwartungen beim Namen. Listen Sie auf, was Ihnen dazu einfällt, auch wenn es Ihnen kleinkariert oder lächerlich erscheint. Schreiben Sie sich alles von der Seele.

Als »Aufwärmübung« sollen Sie als Erstes die Leerstellen ergänzen:

Meine Eltern haben von mir erwartet, dass ich _____

Meine Geschwister dachten, ich würde _____

Meine Lehrer waren überzeugt, dass ich _____

Meine Großeltern wollten unbedingt, dass ich _____

Mein Chef ist der Meinung, ich sollte _____

Mein Partner verlangt von mir, dass ich _____

Meine Freunde gehen davon aus, dass ich _____

Meine Kinder wollen immer, dass ich _____

Ich erwarte von mir selbst, dass ich _____

Ich finde, ich sollte _____

In meinem Beruf muss ich _____

Ich sollte meinen Körper _____

Ich habe es nie geschafft, _____

Es steht mir zu, dass _____

Die Leute glauben, ich sei _____

Im Urlaub/an Sonn- und Feiertagen

besteht meine Aufgabe darin, dass ich _____

Ich fühle mich meiner Gemeinde verpflichtet, weil _____

Ich möchte, dass meine Freunde _____

Warum kann mein(e) Partner(in) nicht _____?

Ich finde, das ist er/sie mir schuldig.

Es ist mein gutes Recht, dass _____

Ich habe ein schlechtes Gewissen, weil ich nicht _____

Ich habe es satt, dass _____

Wenn ich _____, werde ich endlich glücklich sein.

In dem Fall wäre ich _____

Die größte Enttäuschung in meinem Leben ist _____

Es steht geschrieben, dass der Mensch _____

Gott erwartet von mir, dass ich _____

Erwartungen und Ansprüche in den Rahmen der Eigenverantwortung stellen

Sobald Sie Ihre Erwartungen ermittelt haben, gibt es eine hervorragende Möglichkeit, sich davon zu befreien. Sie stellen sie in einen neuen Rahmen, den ich als »Eigenverantwortung« bezeichne: Sie verlagern Ihre Erwartungen, entlassen andere aus der Verantwortung und siedeln diese in Ihrem eigenen Zuständigkeitsbereich an. Erwartungen sind Ansprüche, die aus Ihrer Sicht berechtigt sind, als Ergebnis Ihrer Worte, Taten oder Pläne. Zum Beispiel: »Ich gehe davon aus, dass man mich befördert; das steht mir zu, schließlich habe ich hart dafür gearbeitet und eine Menge Neukunden an Land gezogen.« Eigenverantwortung beinhaltet eine völlig andere Herangehensweise an das Leben, nämlich die Rückbesinnung auf die eigenen Stärken, die von Ihrer wahren Natur und dem Gefühl des Einsseins mit sich selbst getragen werden. Zum Beispiel: »Ich weiß, ich kann eine überzeugende Verkaufspräsentation liefern, und es macht mir Spaß, dieses Talent in meinen beruflichen Alltag einzubringen.« Wenn Sie die Verantwortung für Ihr Leben übernehmen und es nicht an Erwartungen und Ansprüchen ausrichten, ist die Wahrscheinlichkeit größer, dass Sie selbst Ihr Scherflein beitragen, um positive Ergebnisse wie eine Gehaltserhöhung oder Beförderung zu erzielen. Die Lust an der Eigenverantwortung ist ebenfalls wichtig: Wenn Sie grimmig entschlossen sind, ein bestimmtes Ziel zu erreichen, ist das Resultat nicht annähernd so produktiv und überzeugend, als wenn Sie sich mit Stolz und Freude an die Arbeit machen.

Wenn Sie eine Beziehung mit Eigenverantwortung statt Erwartungen angehen, setzen Sie niemanden unter Druck und erweitern die Bandbreite der Optionen, die dafür sorgen, dass beide Partner zufrieden und sich gegenseitig eine Stütze sind. Wayne, der sich von seiner Frau scheiden lassen wollte, erwartete von ihr, dass sie die gleiche Rolle wie seine Mutter spielen sollte. Als er erkannte, dass er die vertrackte Beziehung nur ändern konnte, wenn er die Verantwortung für seinen eigenen Part übernahm, sagte er: »Ich selbst werde dem eigentlichen Sinn und Zweck meines Lebens mehr Gewicht beimessen. Ich selbst werde mich von dem Selbstvertrauen leiten lassen, das ich aus dieser Konzentration auf mein wahres Selbst gewinne, und ich selbst werde gemeinsam mit Lynn einen Weg finden, unsere Rollen in der Beziehung neu zu definieren, sie auf unsere jeweiligen Bedürfnisse und unsere Partnerschaft abzustimmen.«

Eigenverantwortlich zu leben bedeutet, zielbewusst zu leben. Mit einem sinnvollen Ziel vor Augen, mit Bewusstsein. Selbstbestimmt, eigenverantwortlich und in Einklang mit der eigenen Intuition. Wenn wir die Verantwortung für uns selbst und unser Lebensglück übernehmen, hat das Wort »sollte« keinen Platz mehr in unserem Vokabular. Wir fühlen uns dem Weg verpflichtet, nicht dem Ziel. Unsere Entscheidungen werden nicht von den Umständen diktiert, sondern von den Wahlmöglichkeiten, die mit unserer wahren Natur übereinstimmen. Wenn wir eigenverantwortlich handeln, verabschieden wir uns von dem Gedanken, dass die Vergangenheit unsere Zukunft bestimmt. Die Verantwortung für das eigene Leben zu übernehmen bedeutet, in der Gegenwart zu leben und die Zukunft selbstbestimmt zu gestalten, uns in jedem Augenblick bewusst zu sein, dass unsere Befindlichkeit eine Arbeit ist, die wir selbst leisten müssen. Unsere Stimmung ist nicht davon abhängig, wie andere uns behandeln oder von uns denken. Es gibt keine Werturteile mehr über Situationen oder Menschen, Sie selbst eingeschlossen; das »sollte« existiert nicht mehr in unserem Wortschatz. Wir akzeptieren die Wirklichkeit so, wie sie ist, und lernen, damit umzugehen. Genauso wie unsere Erwartungen das Rad der Angst antreiben, sodass es sich immer schneller dreht, bis wir die Kontrolle über unser Leben verlieren, bringen wir mit unserer Eigenverantwortung, mit der Rückbesinnung auf unsere inneren Verpflichtungen das Rad der Freiheit in Schwung. Eigenverantwortung ist der Weg, der den Fokus von der Angst auf die Freiheit verlagert.

ANGSTKILLER-ÜBUNG

Um die Verantwortung für Ihr Leben zu übernehmen, achten Sie auf die selbstbestimmten Verhaltensalternativen, die Sie auswählen, um auf Ihr Rad der Freiheit zu gelangen. Schreiben Sie mindestens drei pro Tag auf und erweitern Sie das Repertoire nach und nach auf fünf.

Lassen Sie sich nicht entmutigen, wenn Sie zunächst weniger als dreimal in der Woche Ihr Augenmerk auf Ihre selbstbestimmten und lebensbestätigenden Verhaltensalternativen richten. Aller Anfang ist bekanntlich schwer. Führen Sie jedes Mal Buch. Wichtig ist, dass Sie Ihr Bewusstsein schärfen, damit Sie eigenverantwortlich handeln.

Ein glatter Schlussstrich

Siebzehn Jahre, nachdem Daniel unsere Beziehung beendet hatte, wurde ich ein weiteres Mal verlassen. Dieses Mal von Carl, mit dem ich sieben Jahre verheiratet gewesen war. Und wieder im Januar. Als wir im Sprechzimmer der Ehetherapeutin saßen, um einen letzten Versöhnungsversuch zu unternehmen, wurde mir schmerzlich bewusst, dass mich mein Mann nicht mehr liebte und ihn nur noch die Macht der Gewohnheit hielt. Er wollte die Beziehung beenden. Ich wollte es nicht wahrhaben, und deshalb suchte ich verzweifelt nach Indizien, die das Gegenteil bewiesen. Schließlich hatte er im Beisein der Therapeutin gesagt, er wolle sich nicht scheiden lassen – und versprochen, an unserer Beziehung zu arbeiten. Und meine Hand genommen, als ich in Tränen ausbrach; das bewies doch, dass er noch etwas für mich empfand.

Ich hatte an das Eheversprechen als ewigen Bund geglaubt. Ich bin sicher, er auch. Ich würde Carl in aller Ruhe erklären, dass ich so etwas nicht erwartet hatte, und bestimmt würde er sich die Sache noch einmal überlegen; so viel war er mir schuldig. Wenn ich an seine Vernunft appellierte, würde er sich bestimmt mehr Mühe geben. Obwohl ich selbst als Beraterin tätig bin und rein verstandesmäßig weiß, dass diese Methode nicht funktioniert, wollte ich daran glauben. Ich bin schließlich auch nur ein Mensch. Aber Carls Verhalten in den vorhergehenden Monaten konnte ich nicht so einfach abtun. Nach dem Besuch bei der Ehetherapeutin war mir klar, dass wieder ein Mann aus meinem Leben verschwinden würde – eine Tatsache, der ich mich stellen musste.

Das Rad der Angst legte die Schlussfolgerung nahe, das Ende unserer Beziehung sei allein meine Schuld. Doch dieses Mal traf ich die bewusste Entscheidung, mich nicht darauf einzulassen. Durch die Entwicklung meines Fearless-Living-Programms hatte ich gelernt, dass es nichts bringt, einen Sündenbock für mein Gefühl der Wertlosigkeit zu suchen, mich selbst eingeschlossen. Dieses Gefühl war in mir, ich trug es mit mir herum, ob mein Mann nun blieb oder ging. Das Gefühl der Wertlosigkeit und die Angst, eine Versagerin zu sein, waren mein Problem – und nur *mein* Problem.

Es war nicht leicht, das Rad der Angst zu verlassen. Eine Scheidung ist eine einschneidende Erfahrung, eine Tragödie im Leben jedes Menschen, und mein Fall war keine Ausnahme. Ich verspürte den Drang zu beweisen, dass Carl der Böse und ich das Unschuldslamm war. Ich dachte daran, den Kontakt zu meinen alten Freunden wieder aufzunehmen, den Schwarzmalern, und sie davon zu überzeugen, dass Carl einen Riesenfehler gemacht hatte. Aber ich wusste, dass ich meiner Angst nicht nachgeben durfte. Ich wollte nicht, dass meine Beziehung so schäbig endete. Diesmal wollte ich mich nicht von meinen angstbasierten, unbewussten Erwartungen leiten lassen. Ich wollte nicht leugnen, dass zwischen uns nicht alles zum Besten stand. Ich wollte den Kopf nicht in den Sand stecken, wie ich es bei Daniel versucht hatte. Ich wollte weder Carl noch mich selbst für das Scheitern unserer Beziehung bestrafen. Ich wollte einen glatten Schlussstrich ziehen. Ohne Wutausbrüche. Ohne hasserfüllte Worte. Ohne Manipulation oder Schuldzuweisungen. Nur mit einem tiefen Gefühl des Verlusts. Es war unendlich schmerzhaft, aber ohne Wut und das Verlangen zu leugnen. Diesmal empfand ich nur eine abgrundtiefe Traurigkeit.

Es war an der Zeit, meine Ehe zu Grabe zu tragen. Diese Trennung wollte ich anders angehen als bei Daniel. Bei Daniel hatte ich in einer ständigen Erwartungshaltung gelebt. Sie sorgt dafür, dass sich das Rad der Angst ohne Unterlass dreht. Klagen, Entschuldigungen und Selbstvorwürfe leiten sich daraus ab. Dieses Mal würde ich die Landkarte meines Lebens eigenverantwortlich gestalten.

Die Freiheit, die in der Zuständigkeit für das eigene Leben liegt

Wenn wir die Landkarte unseres Lebens eigenverantwortlich gestalten, übernehmen wir die Zuständigkeit, nehmen wir es selbst in die Hand. Wir können nicht erwarten, dass es uns andere auf dem Silbertablett servieren. Für mein Lebensglück waren weder Daniel, Carl noch mein Vater zuständig, sondern nur ich selbst. Manchmal fällt es uns schwer, diese grundlegende Wahrheit zu akzeptieren. Es ist bequemer, Sündenböcke zu suchen, doch das ist immer ein Symptom der Erwartungen, die wir an andere haben. Es gab Tage, an denen ich heilfroh gewesen wäre, wenn es eine andere Frau in Carls Leben gegeben hätte: Dann hätte ich einen Grund gehabt, ihn zu verteufeln und ihm das Leben zur Hölle zu machen, aus Rache, weil er mir so viel Schmerz zufügte. Mit Schuldzuweisungen vergeuden wir bekanntlich nur unsere Zeit, Energie und Kreativität, die wir in die Suche nach echten Problemlösungen investieren könnten. Das hat Bedauern und heimlichen Groll zur Folge, womit wir wiederum unsere innere Stärke, unsere Wahlmöglichkeiten und unseren Mut beeinträchtigen, das eigene Potenzial voll zur Entfaltung zu bringen. Wenn die Angst unsere Reaktionen und die Erwartungen unseren Kurs bestimmen, leben wir nicht authentisch.

An jenem Nachmittag im Januar, als ich mich dem Mann gegenübersah, dem ich ewige Liebe geschworen hatte, erkannte ich, dass mein Glück allein in meiner Zuständigkeit und Verantwortung lag. Nur weil wir uns trennen würden, musste ich nicht bedauern, ihn geheiratet zu haben. Die sieben Jahre unserer Ehe waren wichtig für meinen Wachstums- und Entwicklungsprozess gewesen. Außerdem ließen wir uns nicht scheiden, weil wir uns hassten. Carl ging, weil sich, nachdem wir ein Stück Weges gemeinsam gegangen waren, unsere Wege getrennt hatten. Wer kann schon mit Sicherheit sagen, wann und wo; aber diesmal war ich bereit, mich mit Schmerz, Wut und Enttäuschung zu konfrontieren, auch wenn sie mir bisweilen unerträglich schienen. Ich wollte meine Gefühle nicht umgehen oder beiseite schieben, sondern mich voll darauf einlassen. Wenn ich nicht gewillt war, den Schmerz meiner Scheidung zu empfinden, würde er in der Versenkung verschwinden und jedes Mal wieder auftauchen, wenn ich jemanden zu lieben versuchte. Er würde sich in eine unbewusste Reaktion auf Intimität und Nähe verwandeln. Er rief bereits bestehende Ängste und Verletzungen auf den Plan, Wunden, die nie ganz verheilt waren. Das war für mich nicht mehr annehmbar. Ich wollte mein Potenzial voll ausschöpfen. Ich wollte wieder lieben. Ich wollte frei sein.

Um mich von meiner Scheidung und den alten negativen Gefühlen zu erholen, unter denen ich litt, musste ich die Situation so akzeptieren, wie sie war – also anders, als ich gehofft hatte. Als Carl ging, wurde ich wieder von der Angst ergriffen, eine Versagerin und wertlos zu sein. Es war an mir, zu akzeptieren, dass es sich dabei nicht um Fakten, sondern um Gefühle handelte: Ich musste die Nabelschnur, die mich mit ihnen verband, untersuchen, würdigen und durchtrennen. Ich konnte nicht länger Klimmzüge machen, um dem Gefühl der Wertlosigkeit aus dem Weg zu gehen. Ich musste zu diesem Gefühl stehen, aber mich nicht darüber definieren. Wenn wir uns die Erlaubnis geben, solche negativen Gefühle zu haben (ohne unser Verhalten danach auszurichten), geschieht ein kleines Wunder: Sie nehmen ihren natürlichen Lauf und verlieren irgendwann ihre Macht über uns – vorausgesetzt, wir stehen dazu und wählen selbstbestimmte, selbstbestätigende Verhaltensalternativen, um die Wunden zu heilen, die sie hinterlassen. Und dadurch lernen wir, dass wir uns immer mehr von unserer wahren Natur entfernen, wenn wir unsere Empfindungen leugnen.

Ich musste bereit sein, noch einmal dieselben Gefühle zu durchleben, die ich gehabt hatte, als Daniel sich von mir trennte, mein Vater mich verließ und ich mich selbst durch Alkohol und Selbstmordversuche aufgab. Wenn wir unsere Gefühle zulassen und akzeptieren, hören wir mit der Selbstentwertung auf, die das Rad der Angst braucht, um sich weiterzudrehen. Leugnen wir sie, so laufen wir nur vor uns selbst und den Empfindungen davon, die unsere Menschlichkeit ausmachen.

Während meiner Scheidung war ich einem Wechselbad der Gefühle ausgesetzt: Lachen, Weinen, Schmerz, das Bedürfnis, Dampf abzulassen. Ich bat um Hilfe und Zuwendung. Ich akzeptierte meine Empfindungen und ließ sie zu: Ich fühlte mich niedergeschlagen, zurückgewiesen, töricht, rachsüchtig, von allen verlassen. Ich war bereit, jedes einzelne Gefühl zuzulassen. Doch dabei war mir bewusst, dass sie keine Macht über mich hatten, solange ich mir nicht einredete, sie wären alles, was meine Persönlichkeit ausmachte. Wenn das Gefühl der Wertlosigkeit aufkam, stöhnte ich nicht wie früher: »O nein, nicht schon wieder!«, sondern sagte: »Offensichtlich ist das eine neue Herausforderung für mich.« Während der schmerzlichen Scheidungsprozedur ließ ich dieses Gefühl zu, beschloss aber, ihm mit alternativen Verhaltensweisen, die meinem Rad der Freiheit und meiner wahren Natur entsprachen, entgegenzuwirken. Ich wusste, das war für mich stimmig, um mich selbst so anzunehmen, wie ich bin. Ich wollte meine Aufmerksamkeit auf meine inneren Verpflichtungen richten und meinen eigenen Weg gehen.

Der Schlüssel zur Einzigartigkeit

Menschen, die ihren eigenen Weg gehen, sind nicht daran interessiert, sich um jeden Preis zu profilieren. Sie fallen auf, aber ihr Verhalten ist nicht der Grund dafür. Wenn wir unser Leben eigenverantwortlich gestalten, konzentrieren wir unser Augenmerk auf den Weg und nicht auf das Ziel. Menschen, die von ihren Erwartungen getrieben werden, gehen blind auf ihr Ziel los – auch wenn die Situation frustrierend ist und sie meilenweit von ihrem Rad der Freiheit entfernt sind. Das Ziel zu erreichen hat oberste Priorität, weil sie über diese Leistung ihren Nutzen und menschlichen Wert definieren.

Das gilt auch für Menschen, die im Statusdenken verhaftet sind. Wie meine Schwester Linda, die Mathematiklehrerin, die von einer Anstellung bei der NASA träumte. Sie machte sich mit ihren eigenen Erwartungen das Leben schwer. Sie war frustriert und redete sich ein, sie könne die Welt ohnehin nicht verändern; wozu überhaupt erst anfangen, in Vollzeit zu unterrichten? Sie sammelte Beweise, um ihren Standpunkt zu belegen. Jeder weiß schließlich, wie brutal es heute in den Schulen zugeht und wie schlecht die Bezahlung ist. Also dekorierte sie lieber ihr Haus und schaffte sich ein Aquarium an. Dann kam eine telefonische Anfrage, ob sie zwei Monate lang den Mathematikunterricht an einer Highschool vertretungsweise übernehmen würde. Es handele sich um einen Notfall, die Schule wusste sich keinen anderen Rat mehr. Meine Schwester überlegte, dass sie das Geld gut gebrauchen konnte. Sie begann zu unterrichten. Und damit änderte sich alles. Plötzlich machte ihr die Arbeit Spaß, und sie engagierte sich, statt darauf zu warten, dass ein Wunder geschah und ihr Beitrag gebraucht wurde, um die Welt zu verbessern. Linda ist eine begnadete Mathematiklehrerin mit der erstaunlichen Fähigkeit, selbst den begriffstutzigsten Schülern etwas beizubringen. Eine Tätigkeit ohne Glanz und Gloria, aber sie macht ihre Einzigartigkeit als Mensch aus. Sie trug ihr Scherflein zu einer besseren Welt bei, ohne einen Dank zu erwarten. Als sie akzeptierte, dass sie ein Mensch wie jeder andere war, ohne Sonderstatus, trat sie aus dem Schatten der Angst heraus und leistete einen Beitrag, der sich sehen lassen konnte. Sie begann, Verantwortung für die Entfaltung ihres Potenzials zu übernehmen und ihren eigenen Weg zu gehen.

Diese Erfahrung werden Sie ebenfalls machen, wenn Sie sich auf unser aller Mittelmaß besinnen. Ja, *Mittelmaß*. Weil alle Menschen bestimmte Grundeigenschaften besitzen, sind wir auf einer bestimmten Ebene Mittelmaß. Unsere Einzigartigkeit kann sich nur dann in vollem Licht entfalten, wenn es uns gelingt, wir selbst zu sein. Um die Verantwortung für unser eigenes Leben zu übernehmen und wir selbst zu sein, müssen wir uns auf unsere menschliche Dimension herunterschrauben. Dieser Tatsache verdanke ich meinen Erfolg, dessen bin ich mir sicher. Vorher hatte ich mein eigenes Potenzial eingeschränkt, indem ich mir ausmalte, wie der Erfolg auszusehen hatte und woher er kommen sollte. Nichts war gut oder perfekt genug. Ich hatte keine Lust, für den Erfolg zu arbeiten, was unabdingbar ist. Der Hang, im Statusdenken zu verharren, hält manche Menschen davon ab, in einem Schnellimbiss zu arbeiten, obwohl sie dringend Geld brauchen. Lieber hungern sie, als dass sie eine Arbeit verrichten, die »unter ihrer Würde« ist. Der Punkt ist nur: Jeder Job ist besser als keiner. Status spielt sich nur im Kopf ab. Ich habe fünfzehn Jahre als Kellnerin gearbeitet und dabei alles erfahren, was ich für die Leitung meiner eigenen Firma wissen musste. Ich war mir nicht zu gut für den Job. Dort konnte ich Führungsfähigkeiten erlernen und das Selbstvertrauen gewinnen, vor Publikum zu sprechen. Durchbrechen Sie den Hang, sich profilieren zu müssen, und nehmen Sie wieder Kontakt zur Macht Ihrer menschlichen Dimension auf.

ANGSTKILLER-ÜBUNG: DIE SPRACHE DER EIGENVERANTWORTUNG

Die Sprache, die wir benutzen, wirkt sich auf das Bild aus, das sich andere von uns machen. Sie ist ein Aushängeschild für unsere Gedanken und Überzeugungen. Wenn wir ständig etwas vom

Leben erwarten, werden wir feststellen, dass uns unsere Sprachgewohnheiten schwächen. Wenn wir dagegen unser Leben eigenverantwortlich in die Hand nehmen, stärken sie uns, färben positiv auf unsere Umgebung und die Welt schlechthin ab. Unser Vokabular bestimmt, ob wir uns akzeptieren, an uns glauben und
unsere innersten Überzeugungen leben. Es repräsentiert unsere
gesammelten bewussten und unbewussten Gedanken.

Versuchen Sie, die nachfolgenden Worte der Eigenverantwortung durch regelmäßige Übung in Ihren Wortschatz zu integrieren, als Ersatz für die angstbesetzten Worte der Erwartung. Achten Sie darauf, wie oft Sie sich selbst damit stärken,
und welche Vokabeln auch in Ihrem Angstkiller-Team gang
und gäbe geworden sind.

- Streichen Sie möglichst ganz »sollte« und »müsste« aus Ihrem Vokabular. Diese beiden Wörter engen Ihre Denkweise
  ein und nehmen Ihnen die persönliche Verantwortung ab.
  Ersetzen Sie sie durch Worte der Eigenverantwortung und
  Zuständigkeit, zum Beispiel »Ich ziehe es vor«, »Ich möchte«
  oder »Ich habe beschlossen«.
- Beschränken Sie den Gebrauch von »aber«. Oft bringen wir
  ein Gefühl oder einen Gedanken zum Ausdruck, dem ein
  »aber« folgt. Damit schränken wir die vorherige Aussage ein.
  Ein Beispiel: »Ich liebe dich, aber ...« Wir wissen, was dieses
  »aber« zu bedeuten hat. Ersetzen Sie es durch »und« oder
  »trotzdem«. Diese Worte schließen unsere Eigenverantwortung ein.
- Statt ständig über die angstbasierte Zukunft oder Vergangenheit zu sprechen, in der Vergleiche und Konkurrenzdenken
  zu Hause sind, sprechen Sie so oft wie möglich über die Gegenwart, in der es um die Freiheit geht. Handeln findet nur in
  der Gegenwart statt. Und Gegenwart ist jeder einzelne Augenblick.
- Weigern Sie sich, Ihr Augenmerk ausschließlich auf das Außen zu richten. Damit würden Sie zulassen, dass Ihr Leben
  von Reaktionen auf die Außenwelt bestimmt wird und nicht
  durch Ihr inneres Erleben, in dem Intuition und Eigenverantwortung als wichtigste Kräfte die Zukunft prägen. Wenn

Sie Worte wie »er denkt« oder »sie sagt« benutzen, legen Sie die Macht über Ihr Leben in die Hände anderer Menschen, die sich Ihrer Kontrolle entziehen. Sagen Sie stattdessen: »Ich bin der Meinung ...«

- Streichen Sie die Worte »Das kann ich nicht« aus Ihrem Vokabular. Sie leiten sich aus dem Rad der Angst her. Sagen Sie »Ich kann«, »Ich könnte« oder »Ich werde«; das gibt Ihnen die Freiheit, an die Möglichkeit uneingeschränkter Ergebnisse zu glauben.

- Achten Sie darauf, dass Sie Ihrer inneren Verpflichtung folgen, wenn Sie eine Entscheidung treffen. Eigenverantwortung bedeutet, den eigenen Weg zu gehen, in Einklang mit Ihrer wahren Natur und dem Gefühl des Einsseins mit sich selbst; das ist eine grundlegende Pflicht gegenüber sich selbst. Ohne diese innere Verpflichtung ist keine emotionale Abgrenzung möglich, haben Ja und Nein keine Macht, ist die Integrität eines Menschen hohl. Der Satz »Ich fühle mich verpflichtet« gibt anderen Aufschluss über die Eigenverantwortung, die Sie annehmen.

- Sagen Sie nicht mehr »Furchtbar!«, sondern fragen Sie sich: »Welche Chancen und Herausforderungen bietet mir diese Situation?« Damit aktivieren Sie Ihre Fähigkeit, spontan Ideen zu sammeln. Sie lernen außerdem, Ihr Weltbild in einen neuen, konstruktiven Rahmen zu stellen und von einer negativen, angstbasierten Sicht zu einer positiven Perspektive zu gelangen, die von selbstbestätigenden, stärkenden Verhaltensalternativen getragen wird.

- »Schwierig«, »hart« oder »Problem« sind Begriffe, die den Anschein erwecken, als würde eine Situation unsere Grenzen und Fähigkeiten übersteigen. Ersetzen Sie diese Worte durch »Herausforderung«. Herausforderungen deuten darauf hin, dass es eine Chance gibt, Lösungen, Inspiration und Orientierungshilfen zu finden. Es ist einfacher, sich einer Herausforderung zu stellen als einem »Problem«.

- Schluss mit »Unmöglich!«. Unser angstbasiertes Filtersystem ist eingeschaltet, wenn wir dieses Wort im Munde führen. Tatsache ist aber, dass immer wieder Wunder geschehen, wenn es gilt, gesundheitliche Herausforderungen oder finanzielle Engpässe durchzustehen; sie geschehen, wenn wir eigenverantwortlich denken und handeln. »Möglich« öffnet unser Bewusstsein für die Wahrnehmung einer Situation aus einer anderen Perspektive, sodass wir Chancen darin erkennen.

Die Veränderung unserer Sprachgewohnheiten verankert unsere Verpflichtung zur Eigenverantwortung. Und damit hebeln wir das angstbasierte Filtersystem aus, tauschen es gegen eines ein, das nur in Freiheit gedeiht. Falsch programmierte Wahrnehmungen werden ausgemerzt, und unsere Eigenverantwortung erhält Schubkraft durch Wahrheit und persönliche Integrität.

Angstfrei und eigenverantwortlich

Bei meiner Scheidung traf ich eine Wahl. Ich hatte keine Lust, wieder das Opfer zu spielen, wie damals bei Daniel. Ich zog es vor, die Herausforderung bewusst und liebevoll durchzustehen. Wenn wir mit einem Konflikt oder Risiko konfrontiert sind, das sich außerhalb des Sicherheitsbereichs befindet – in dem wir uns behaglich und sicher fühlen –, setzt sich das Rad der Angst automatisch in Gang. Es ist ein Schutzmechanismus, und deshalb wird es die notwendigen Maßnahmen einleiten, um Sie vor einer Gefahr zu warnen, die im Verzug ist. Wenn Sie das Rad der Freiheit erreicht haben, wird sich das Rad der Angst weiterhin in Bewegung setzen, sobald Sie ein Risiko eingehen; aber der Unterschied besteht darin, dass Panik, Sorge und Zweifel nicht mehr die Oberhand gewinnen. Sie werden das Gefühl als das erkennen, was es ist: Angst. Sie wird keine Macht über Sie haben. Sie wissen um die übergeordnete Funktion der Angst: Sie ist ein Zeichen für Wachstum, Wagnis, Wandel. Carl und ich sind inzwischen Freunde, dank der Verpflichtung, unsere Ehe zu respektieren, indem wir sie eigenverantwortlich beendeten. Es ist gut zu wissen, dass die Liebe zwischen zwei Menschen real ist, und nicht die Bilanz der Entschuldigungen und des Bedauerns.

Wie sieht ein Tag aus, den Sie eigenverantwortlich verbringen? Ihre beste Freundin vergisst Ihren Geburtstag. Sie tragen es ihr nicht nach. Das Paket kommt nicht an, das Sie für Ihre Präsentation brauchen. Sie finden eine andere Lösung. Sie verlieren Ihre Autoschlüssel, und statt Ihre Energie mit Selbstvorwürfen zu verschwenden, rufen Sie Ihren Autohändler an und lassen einen neuen anfertigen. Das mag selbstverständlich klingen, aber wie oft lassen Sie sich von Pannen und Enttäuschungen den Tag verderben? Ohne unsere Erwartungen fänden Frustration, Wut, heimlicher Groll und Eifersucht keinen Nährboden.

Wenn wir den eigenen Weg gehen – durch Selbstakzeptanz, Eigenverantwortung, selbstbestimmte Entscheidungen und die Bereitschaft, uns auf menschliche Dimensionen herunterzuschrauben –, vertreiben wir die Angst und erlauben unserer Intuition, ans Tageslicht zu kommen. Wir lernen, innerlich fokussiert und uns der eigenen Entwicklung bewusst zu sein, die wir durchlaufen. Wir besitzen Macht – die Macht, unser Leben von Grund auf zu verändern.

Es gibt keine Garantien, wenn wir das Risiko auf uns nehmen, unseren eigenen Weg zu gehen. Die Bereitschaft zur Eigenverantwortung befähigt uns gleichwohl, uns auf die eigene Mitte zu konzentrieren und uns wieder aufzurichten, wenn wir fallen. Sie basiert auf unseren lebenswichtigen Fähigkeiten und Verhaltensweisen, auf die wir uns besinnen, wenn wir unser Rad der Freiheit verstehen. Wenn wir unseren eigenen Weg gehen, begleitet uns die Liebe vielleicht auch nicht ewig, aber wir erkennen, dass wir ihr häufiger begegnen, wenn wir dafür offen sind und uns nicht von Werturteilen gängeln lassen. Der Lebenserfolg ist nicht länger ein Nebenprodukt unserer Taten, sondern wird bestimmt durch unser Sein.

ANGSTKILLER-ÜBUNG

Wie finden Sie nun Ihren Weg? Eine »Wegbeschreibung« ist hilfreich und kann der Karteikarte beigefügt werden, die Sie ja immer bei sich tragen. Wir wir gesehen haben, ist die Bereitschaft, unser »Lebensvehikel« eigenverantwortlich zu lenken, das Betriebssystem, das unser Rad der Freiheit in Schwung hält. Es stellt unsere wahre Natur und das Gefühl des Einsseins mit uns selbst in den Vordergrund unserer Denk- und Verhaltensmuster.

Die Wegbeschreibung hat Ähnlichkeit mit einer Zielbeschreibung auf Unternehmensebene, aber sie beruht nicht auf einer persönlichen Verpflichtung im beruflichen oder familiären Bereich. Sie beantwortet vielmehr die Frage, wie Sie durchs Leben gehen wollen. Wenn Sie das Rad der Freiheit als Ausgangspunkt annehmen, ist die Wegbeschreibung einfach und leicht zu merken. Ergänzen Sie einfach die Leerstellen.

Ich fühle mich verpflichtet, mein Leben an meiner grundlegenden Eigenschaft, _____ zu sein (siehe Seite 92), auszurichten – als Fundament meiner Entscheidungen und wichtigstes Kriterium meines Lebenserfolgs. Ich will meine wahre Natur jeden Tag mehr zum Ausdruck bringen. Dabei entwickle ich die Fähigkeit, das Gefühl des Einsseins, _____ (siehe Seite 95), zu akzeptieren und zur vollen Entfaltung zu bringen. Da ich mich bemühe, mir selbst treu zu sein, gestehe ich anderen das gleiche Recht zu. Wenn ich mein Leben am Rad der Freiheit ausrichte, steht es mir frei, mein Potenzial voll auszuschöpfen und ohne Angst zu leben.

Lesen und memorieren Sie Ihre Wegbeschreibung jeden Tag und fügen Sie diese Aktivität der Liste selbstbestimmter Verhaltensalternativen hinzu. Tragen Sie Ihre Wegbeschreibung bei sich und lesen Sie sie so oft wie nötig. Um sie sich noch besser einzuprägen, können Sie sie als Bildschirmschoner für Ihren Computer benutzen oder auf Zetteln notieren und überall dort anbringen, wo man sie auf den ersten Blick sieht – auf dem Badezimmerspiegel, gerahmt auf dem Schreibtisch oder im Terminkalender. Die Wegbeschreibung soll Sie in Augenblicken der Angst daran erinnern, was wirklich wichtig ist. Sie ist nicht nur eine Orientierungshilfe, die Sie zu Ihrer eigenen Mitte zurückbringt – zu dem Menschen, der Sie sind –, sondern auch eine Erlaubnis, für sich selbst einzutreten und Ihr Potenzial voll zur Entfaltung zu bringen.

Nun haben Sie eine Landkarte für Ihren eigenen Lebensweg zur Hand – einen selbstbestimmten Weg, der Ihnen innere Kraft verleiht und seinen Ausgang im Rad der Freiheit nimmt. Jetzt gilt es nur noch, den Klammergriff der Angst zu durchbrechen.

7 Keine Entschuldigungen

Kara kam in der festen Überzeugung zu mir, in ihrem Leben laufe eigentlich alles nach Plan. Nach den Maßstäben der Gesellschaft war sie überaus erfolgreich. »Ich bin mein eigener Herr, ich habe eine eigene Firma. Ich verdiene fantastisch. Mickey, mein Ältester, ist Assistent der Geschäftsleitung und meine rechte Hand. Nebenbei studiert er Betriebswissenschaft. Meine beiden Mädchen gehen noch zur Highschool, aber sie helfen in den Sommermonaten und Weihnachtsferien im Geschäft aus. Susan möchte Physiotherapeutin werden; Shannon liebäugelt mit einem Elitecollege und will Medizin studieren. Die Leute beneiden uns. Das weiß ich, aber es ist mir egal. Wir können uns das eine oder andere leisten, und auch sonst können wir nicht klagen. Aber als ich bei dieser Tagung Ihren Vortrag über ein angstfreies Leben und Selbstverwirklichung hörte, hatte ich das Gefühl, die Worte gälten mir. Es gibt nichts, was aus dem Ruder gelaufen wäre, aber irgendetwas stimmt trotzdem nicht so ganz. Dabei könnte ich nicht einmal sagen, was es ist.«

Die Maske, die Kara ihrer Umwelt präsentierte, war die einer Karrierefrau und vorbildlichen Mutter. Doch hinter dieser Fassade vermutete ich eine Frau, die Angst und eine Entschuldigung dafür hatte, dass sie ihren verborgenen Traum nicht lebte. Nach einem längeren Gespräch gestand sie:

»Ich freue mich, dass Shannon Medizin studieren möchte. Das war ursprünglich auch mein Traum. Während der Highschool war ich eine gute Skifahrerin, die Nummer eins in der Abfahrt, und die Talentsucher der besten Colleges im ganzen Land wollten mich mit einem Stipendium für ihre Mannschaft gewinnen. Ich wollte mir einen Namen machen und irgendwann einmal ins Profilager überwechseln. Aber ich hatte einen Unfall beim Training, mein Knie war völlig im Eimer. Danach war nichts mehr wie früher.

Ich bin in einer großen Familie aufgewachsen, wir waren acht Kinder, und meine Eltern hatten kein Geld, um mich aufs College zu schicken, geschweige denn, mir ein Medizinstudium zu finanzieren. Ich hatte gute Noten, aber ohne die Spitzenleistungen im Skifahren war ich chancenlos, an ein Stipendium heranzukommen. Es sollte wohl nicht sein. Klar ging es mir damals schlecht. Und nicht nur, weil mir das Stipendium durch die Lappen gegangen war. Ich musste meinen Traum vom Skifahren ein für alle Mal begraben; das war furchtbar.

Ich versuchte, mit meiner Mutter darüber zu sprechen, aber sie sagte nur: ›Es gibt Menschen, die viel schlechter dran sind. Die im Rollstuhl sitzen und weder Arme noch Beine bewegen können!‹ Und mein Vater war ohnehin verschlossen. Er arbeitete hart und liebte uns, keine Frage, aber er war der Meinung, ein Mann dürfe seine Gefühle nicht zeigen. Einmal ertappte er mich nach der Operation dabei, wie ich weinte; ein einziger Blick von ihm genügte, mich zum Schweigen zu bringen. Und mein älterer Bruder ... nun, er gab mir auf eine subtile Art zu verstehen, es geschähe mir recht. Früher drehte sich immer alles um mich und meine sportlichen Leistungen. Deshalb kam es mir so vor, als hätte ich die verdiente Strafe erhalten.

Wie dem auch sei, ich schraubte meine Erwartungen herunter. Ich besuchte zwei Jahre lang ein Gemeinde-College und schloss mit Spitzennoten ab. Meinen ersten Mann lernte ich in einem Betriebswirtschaftskurs kennen; es war Liebe auf den ersten Blick. Wir heirateten nach kürzester Zeit und ließen uns scheiden, als unsere jüngste Tochter drei war. Es war hart als allein erziehende Mutter mit drei Kindern, aber so ist das nun mal im Leben. Es gab danach den einen oder anderen Mann, aber mit den Kindern war das schwierig. Trotzdem, ich kann mich nicht beklagen. Und mit siebenundvierzig wäre es ohnehin zu spät, noch einmal von vorn anzufangen. Ich gebe zu, ich habe mit dem Gedanken gespielt, noch einmal die Schulbank zu drücken und einen medizinischen Beruf zu erlernen, aber das müsste nebenher laufen, und wer hat schon die Zeit dazu? Die Firma hält mich auch so genug auf Trab. Außerdem bin allein stehend und muss fürs Alter vorsorgen; auf die Kinder möchte ich mich lieber nicht verlassen, die gehen irgendwann aus dem Haus.

Wissen Sie, was merkwürdig ist? Mit dem Gedanken an den wohl verdienten Ruhestand kann ich mich nicht anfreunden. Das Knie hat mir in vielen Dingen einen Strich durch die Rechnung gemacht – bei mir haben sich Verwachsungen gebildet, das sind freie Gelenkkörper, die Schmerzen verursachen, nicht stark, aber beständig. Ich würde gern eine Europareise machen, wenn ich nicht mehr arbeiten muss. Aber Paris oder Rom zu Fuß besichtigen – daran ist nicht zu denken!

Es gibt einiges, wofür ich dankbar sein kann, und finde es eigentlich vermessen, dass ich trotzdem nicht rundum zufrieden bin. Aber ich frage mich dauernd, wie mein Leben verlaufen wäre, wenn ich damals nicht die Kontrolle über die Ski verloren hätte und so unglücklich gestürzt wäre. Insgeheim befürchte ich, dass die wahre Kara an jenem Tag aus der Bahn geworfen wurde und ihr Lebensziel verfehlt hat.«

Zulassen, dass die Vergangenheit die Zukunft bestimmt

Karas Entschuldigung dafür, dass sie ihrer wahren Natur nicht treu war, war kein Hirngespinst. Ihre Knieverletzung hatte ihr wirklich Grenzen gesetzt und ihre Möglichkeiten eingeschränkt. Die meisten Entschuldigungen sind ähnlich einleuchtend, deshalb gelingt es ihnen auch immer wieder, uns daran zu hindern, unseren Weg zu gehen. Ihr Vater war ein cholerischer Trunkenbold, Sie wuchsen in Armut auf, Sie waren aufgrund einer Lesestörung ein schlechter Schüler, Sie hatten ohne entsprechende Ausbildung keine Chance, als Geiger in einem Orchester mitzuspielen, oder Sie mussten als Sprössling eines Berufssoldaten so oft umziehen, dass sich keine Gelegenheit bot, Freundschaften zu schließen. Ich selbst führte früher oft als Entschuldigung an, dass ich mit vierzehn Waise wurde und den Tod meiner Eltern mit ansehen musste. Solche Entschuldigungen entsprechen Tatsachen. In diesem Sinn sind sie wahr. Das

Problem ist nur, dass solche Wahrheiten unser Leben früher einmal, in der Vergangenheit, geprägt haben.

Wir können die Hürde unserer Entschuldigungen nur deshalb nicht überwinden, weil das Rad der Angst uns zu dem Glauben verleitet, dass sich die Vergangenheit in irgendeiner Form wiederholt. Damit können wir unsere persönliche Verantwortung, Zuständigkeit oder Eigeninitiative getrost ad acta legen. Entschuldigungen erlauben uns außerdem, unsere Werthaltungen, Überzeugungen und inneren Verpflichtungen zu ignorieren und damit das Gefühl der persönlichen Integrität auszuhebeln. Vermutlich bringen Sie die Angst nicht in solcher Deutlichkeit zum Ausdruck, aber sie ist der eigentliche Drahtzieher hinter den Kulissen. Ich hielt mich für eine Versagerin, weil ich meine Mutter nicht gerettet hatte, und meine Angst, wertlos zu sein, überzeugte mich, dass ich wieder versagen würde. Das war meine Entschuldigung, die rechtfertigte, dass ich kein Risiko einging. Ich war Weltmeisterin in der Kunst des Überlebens und hatte genügend Indizien dafür gesammelt, die meine Entschuldigung untermauerten, auf Sparflamme zu leben – und niemand hatte den Mut, den Scharfblick oder die Erlaubnis, mich darauf hinzuweisen. Ich hatte kein Angstkiller-Team. Es war mir gelungen, alle Menschen auf Distanz zu halten. Und ich war hundertprozentig überzeugt davon, dass ich nicht für die Entwicklung verantwortlich war, die mein Leben nahm.

Kara hatte Angst, dass ihre Pläne wieder durchkreuzt würden, wenn sie versucht hätte, ihre Träume zu verwirklichen. Als sich die Chance auf ein Medizinstudium und die Freude am Skifahren durch die Verletzung zerschlagen hatte, verinnerlichte sie die Lektion, dass es riskant sei, »Flausen« im Kopf zu haben, und unerträglich, wenn Träume durch Schicksalsschläge zerstört werden. Daraus schloss sie unbewusst, dass die Enttäuschung nicht ausbleiben konnte, wenn sie ein Risiko einging. Dieser Gedanke wurde zu einer Self-fulfilling Prophecy. Das Rad der Angst drehte sich.

Mit Entschuldigungen rechtfertigen wir uns dafür, dass wir unser Potenzial nicht voll zur Entfaltung bringen. Kara benutzte ihre Entschuldigung für alles, was nicht stimmig war, angefangen bei ihrem Gewichtsproblem bis hin zu einer vagen Unzufriedenheit mit ihrem Leben, dem Mangel an Zeit für eine Umschulung oder der Unfähigkeit, sich vorzustellen, dass man selbst den Ruhestand genießen konnte. Entschuldigungen können sich aus unerfüllten Erwartungen herleiten. Das Rad der Angst trichterte ihr ein: »Hör auf zu träumen. Wozu sich ein Ziel setzen? Du wirst nur wieder verletzt und enttäuscht. Geh lieber auf Nummer Sicher und sei zufrieden mit dem Status quo. Er entspricht vielleicht nicht deinen Idealvorstellungen, aber lieber den Spatz in der Hand als die Taube auf dem Dach.«

Dieses Phänomen macht sich auch bei Menschen bemerkbar, die nach einer Scheidung Angst haben, sich wieder zu verlieben. Oder wieder auf ein Pferd zu steigen, wenn sie irgendwann einmal abgeworfen wurden. Aber wenn wir unser Lebenspotenzial voll entfalten wollen, müssen wir lieben, als wären wir nie verletzt worden, müssen träumen, als hätten sich unsere Hoffnungen nie zerschlagen, und müssen Schritte auf dem Weg in eine Zukunft gehen, als hätte uns das Schicksal nie Kummer bereitet.

Hören Sie auf den Rat des großen George Bernard Shaw: »Die Menschen machen immer die Umstände für das verantwortlich, was aus ihnen geworden ist. Ich glaube nicht an die Umstände. Die Menschen, die es im Leben zu etwas bringen, sind immer diejenigen, die nach den gewünschten Umständen Ausschau halten und sie selbst schaffen, wenn sie nicht zu finden sind.« Also: Keine Entschuldigungen. Wir können unser Leben nur dann von Grund auf verändern, wenn wir erkennen und akzeptieren, wo wir jetzt im Leben stehen, und nach vorn schauen. Die Choreografin Agnes DeMille sagte einmal zu einer Gruppe hoffnungsvoller Tänzer, die ihre physischen Grenzen beklagten: »Tanzt in dem Körper, den ihr habt.« Und ich sage: Lebt in dem Leben, das ihr habt. Es mit Entschuldigungen und Bedauern zu vergeuden läuft darauf hinaus, unsere wahre Natur abzulehnen. Und das ist der schlimmste Frevel von allen.

Der Verdienstorden

Manche Menschen haben mehr als eine Entschuldigung, warum sie Angst davor haben, sich freizuschwimmen, und lieber auf der Stelle treten. Ich kenne das. Ich sammelte früher selbst unverdrossen Entschuldigungen, als Rechtfertigung, mit halber Kraft durchs Leben zu gehen und mich in meinen Möglichkeiten zu beschränken.

Wenn jemand, mit dem wir über die verpassten Chancen in unserem Leben sprechen, uns versteht, entsteht eine starke Bindung. Die Erfahrung kann heilsam, aber auch trügerisch sein. Wie haben Sie sich das letzte Mal gefühlt, nachdem Sie jemandem Ihr Herz ausgeschüttet haben? Noch schlechter als vorher, am Boden zerstört, deprimiert? Oder wie von einer Last befreit, erleichtert, froh? Aus der Antwort wird ersichtlich, ob Sie damit Ihr Rad der Angst in Bewegung halten oder sich von der Vergangenheit befreien. Es gilt also, achtsam zu sein.

Mein Leben hätte auch anders verlaufen können, etwa indem etwas von dem, was ich mir früher wünschte, eingetreten wäre. Trotzdem stellt sich die Frage, ob es schöner oder besser gewesen wäre als das Leben, das ich jetzt führe. Ich werde es nie wissen, aber die Dinge, die ich mir damals wünschte, wären vermutlich nur Umwege gewesen, die mich letztlich doch zu dem Platz im Leben geführt hätten, der mir in Wirklichkeit zugedacht war. Zugegeben, ich hätte den Verlust der Liebe, verpasste Gelegenheiten und die vergeudete Zeit beklagen können, aber vielleicht war die Liebe nicht verloren, keine Gelegenheit verpasst, keine Minute meines Lebens vertan. Ja, ich hatte Liebesbeziehungen in meinem Leben, die nicht von Dauer waren, doch sie waren wichtige Etappen auf meinem Weg, tiefer zu lieben als ich es mir je erträumt hätte. Ja, ich hatte mein gerüttelt Maß an scheinbar vergeudeten Jahren, aber im Laufe der Zeit hatte ich gelernt, mich von meinem Schmerz zu heilen, meine Angst zu überwinden und mich selbst und andere ohne Bedauern zu lieben. Das verlieh mir den Mut, ein authentisches Leben zu führen, meinen eigenen Weg zu gehen und meinen Beitrag zu leisten.

Um diesen Mut aufzubringen, musste ich bewusst die Entscheidung treffen, auf meinen »Verdienstorden« zu verzichten. Die meisten Menschen besitzen einen. Es handelt sich um eine imaginäre Auszeichnung, die wir uns für alles verleihen, was wir durchgemacht haben. Sie umfasst alle Entschuldigungen, mit denen wir das Leben rechtfertigen, das wir führen, oder auch nicht. Wir sind stolz auf unseren Verdienstorden und tragen ihn wie einen sichtbaren Beweis für unsere Tapferkeit angesichts der unvermeidlichen Konflikte im Leben. Er bezeugt, dass wir Verletzungen im Lebenskampf davongetragen haben. Kein Wunder, dass wir nicht mehr aus uns gemacht haben, bei diesem Handikap. Wir tauschen Kriegsgeschichten aus, die bestätigen, dass es da draußen an der Front gefährlich ist und wir kein Risiko ohne Erfolgsgarantie eingehen sollten. Wir erteilen uns gegenseitig die Erlaubnis, uns in der Sicherheit des Status quo zu verschanzen, statt mutig vorwärts zu gehen. Wir sprechen die gleiche Sprache. Wir nicken mitfühlend. Wir haben das Gefühl, das sei wahre Freundschaft, aber in Wirklichkeit bestätigen wir uns nur gegenseitig in unseren Ängsten. Und deshalb ist der Verdienstorden ein Abzeichen der Angst. Erst als ich das erkannte und akzeptierte, hatte ich die innere Kraft und Freiheit, ihn abzulegen. Als ich aufhörte, meine Litanei der Entschuldigungen herunterzubeten, konnte ich mich auf das konzentrieren, was mir jetzt möglich ist, statt meinen Blick ständig auf die Vergangenheit zu richten. Und damit habe ich eine gewaltige Kehrtwende in meinem Leben bewirkt.

ANGSTKILLER-ÜBUNG: VERGEBUNG

Um Ihr Angstabzeichen abzulegen, müssen Sie bereit sein, die Vergangenheit zu überwinden, den Gedanken loszulassen, wer Sie sein *könnten*, und Ihren Frieden mit allen Umständen und Menschen schließen, die Sie in Ihrem Entwicklungs- und Wachstumsprozess ausgebremst haben, Sie selbst eingeschlossen. Jedes Mal, wenn wir unser Abzeichen auf Hochglanz polieren, indem wir Entschuldigungen vorbringen, zeigen wir, dass wir unserer Angst verhaftet sind, und mit was und wem es

Frieden zu schließen gilt. Wenn wir verpasste Chancen bedauern, sollten wir versuchen, uns selbst zu verzeihen und Frieden mit uns zu schließen.

Meine frühere Zimmernachbarin Kathryn fragte mich unlängst, ob ich meinem Vater wirklich verziehen hätte. Zuerst wollte ich die gewohnte Antwort abspulen: »Natürlich.« Aber ich zögerte. Wie beantwortet man eine solche Frage, wenn man sich letztlich eingestehen muss, dass die Antwort nicht Schwarz oder Weiß ist, sondern verschiedene Grauschattierungen aufweist?

Ich habe bei mir selbst und anderen beobachtet, dass Verzeihen und Friedenschließen keine einmalige Sache, sondern ein längerer Prozess ist. Die erste Phase tritt normalerweise ein, kurz nachdem jemand durch das Verhalten eines anderen Menschen verletzt wurde. Aber zu diesem Zeitpunkt handelt es sich weniger um Vergeben und Vergessen, sondern vielmehr um *Leugnen*. Als ich bei der Beerdigung meines Vaters das Lied »Danke« sang, redete ich mir ein, ich hätte ihm verziehen. Aber ich vergoss nicht eine Träne, als ich ihn im Sarg aufgebahrt sah. Ich hatte wesentlich mehr Verletzungen davongetragen, an deren Heilung ich arbeiten musste, obwohl mir das damals nicht bewusst war. Leugnen oder Verdrängen ist ein Schutzmechanismus, der uns zeitweilig hilft, mit den schlimmsten Angriffen auf unsere Seele fertig zu werden. Aber am Ende müssen wir sie zur Kenntnis nehmen und loslassen.

Die zweite Phase des Verzeihens ist die *Wut*. Sie ist ein Gefühl, das uns ganz in Anspruch nimmt und uns erlaubt, eine einschneidende Erfahrung als Entschuldigung und Rechtfertigung zu benutzen. Wie konnte er mir das antun? Warum passiert das ausgerechnet mir? Wir fühlen uns wie ein Passant, der bei einer Schießerei aus einem vorbeifahrenden Auto versehentlich von einer Kugel getroffen wurde. Das ist nicht fair! Menschen, die auf dieser Stufe stehen bleiben, sind nie wirklich in der Lage zu verzeihen, und sie gestatten der Angst, ihr Leben zu lenken. Wenn ausgerechnet mir so etwas passiert, habe ich bestimmt nichts anderes verdient, lautet die verdrehte Logik der Angst. Wahrscheinlich war es doch meine Schuld. Selbstmitleid, heimlicher Groll und Schuldzuweisungen sind in dieser Phase an der Tagesordnung. Auch die Depression ist häufig eine Form der Wut, die verinnerlicht wurde. In diesem Zustand steigern wir uns immer mehr in die Überzeugung hinein, dass wir verraten wurden und durch diese einschneidende Erfahrung Narben davongetragen haben.

Die dritte Phase des Verzeihens – die *Akzeptanz* – kann eine gewaltige Herausforderung sein. Was geschehen ist, lässt sich nicht mehr ungeschehen machen. Wir können die Zeit nicht zurückdrehen. Deshalb müssen wir nach vorn schauen. Die Wut in uns hineinzufressen macht krank, vergiftet uns innerlich – nicht die Person, der sie gilt. Weinen Sie, lassen Sie Dampf ab, aber machen Sie sich klar, dass Sie dieser Person Macht über sich einräumen, wenn Sie sich auf Gefühle fixieren, die der Vergangenheit angehören. Hören Sie auf, nach Deutungen und Gründen zu suchen. Hören Sie auf mit den Schuldzuweisungen. Lassen Sie die Person los, die Sie verletzt hat, und bitten Sie um Heilung. Akzeptieren Sie die Situation, wie sie ist, und gehen Sie Ihren Weg weiter, so gut Sie können.

Die vierte und letzte Phase des Verzeihens ist das *Mitgefühl*. Wir sind in der Lage, uns einfühlsam in die Situation des anderen hineinzuversetzen. Erst heute, viele Jahre nach ihrem Tod, sehe ich meine Eltern als das, was sie waren: zwei Menschen mit Ängsten und Unsicherheiten, die sie nicht überwinden konnten, weil ihnen dazu die Fähigkeiten fehlten, die sich aber verzweifelt wünschten, geliebt zu werden. Nicht anders als die meisten Menschen. Mein Vater hatte die Zurückweisung nicht verkraftet, deshalb brachte er meine Mutter und sich selbst um, weil er meinte, nicht ohne sie leben zu können. Für ihn schien der Tod der einzige Ausweg aus der Angst zu sein. Ich habe ihm seinen Irrglauben und seinen Mangel an Selbstakzeptanz verziehen und Mitgefühl entwickeln können, weil ich wieder Kontakt zu meiner wahren Natur und dem Gefühl des Einsseins mit mir selbst gefunden habe – und somit auch wieder in Kontakt mit dem Leben und allem war, was dazugehört.

Ich habe meinem Vater vergeben und meiner Mutter – in dem Sinn, dass die Tragödie, die damals geschah, meinen Alltag nicht mehr beeinträchtigt. Ich bin in der Lage, andere an meinen Erfahrungen teilhaben zu lassen, durch Vorträge, Bücher und Kassetten. Ich habe meinem Vater verziehen, weil ich heute weiß, dass er große Angst hatte. Ich habe ihm verziehen. Das bedeutet nicht, dass ich endgültig »darüber hinweg bin«. Die Tragödie ist ein Teil, ein Faden im Teppich meines Lebens. Ich kann sie nicht mit reiner Willenskraft auslöschen. Heute will ich das nicht einmal mehr. Meinem Vater zu verzeihen bedeutet nicht, dass ich die bittersüßen Augenblicke vergesse, wenn ich mich nach meiner Mutter sehne. Als ich mich verlobte, weinte ich. Es war nicht fair, dass meine Mutter nicht da war, um mir bei der Wahl des Brautkleids zu helfen! Bei meiner Scheidung weinte ich ebenfalls. Es ging mir schlecht; wo war sie? Habe ich meinen Eltern verziehen? Ja. Aber das bedeutet nicht, dass ich mir nicht manchmal ihr Lächeln vorstelle und mich nach ihrer Liebe sehne. Es bedeutet nicht, dass ich bis an mein Lebensende in der vierten Phase verharre und mich in ihre Lage versetzen kann. Die Phasen sind miteinander verknüpft und bestimmen meinen Standpunkt, je nachdem, wie ich das Leben angehe.

ANGSTKILLER-ÜBUNG

Wenn ich ein Trauma oder einen überwältigenden Erfolg in meinem Leben verarbeiten muss – mit anderen Worten, wenn das Risiko eine dominante Rolle spielt –, spült der Gedanke an meine Eltern oft längst vergessene Gefühle der Wut, des Verrats, der Zurückweisung und Wertlosigkeit an die Oberfläche. Dann muss ich mich stets aufs Neue fragen, ob ich ihnen wirklich verziehen und meinen Frieden mit ihnen geschlossen habe.

Statt von mir ein einfaches Ja oder Nein als Antwort zu erwarten, stelle ich mir folgende Fragen:
- Welches Bedürfnis haben die betreffende Person/Personen oder Situation damals nicht erfüllt?
- Wie häufig denke ich über die Erfahrung nach? Einmal im Monat? Täglich? Stündlich?

- Welche negativen Gefühle kommen in mir hoch, wenn ich an diese Erfahrung denke? Wie intensiv sind diese Empfindungen?
- Welche Befriedigung oder Vorteile habe ich, wenn ich nicht verzeihe oder meinen Frieden mit dieser Situation schließe?
- Bin ich bereit, den Menschen, die daran beteiligt sind, zu verzeihen?
- Bin ich bereit, mir selbst zu verzeihen, wenn ich Werturteile fälle und feindselige oder andere negative Gefühle gegenüber dieser Person/den Personen oder der Situation hege?

Wenn ich mir diese Fragen stelle, erkenne ich, wie viel Macht mein Rad der Angst über mich hat und in welchem Ausmaß die mangelnde Bereitschaft, zu verzeihen, mir positive Energie entzieht. Die Antworten bringen ans Tageslicht, ob ich selbst die Verantwortung für frühere Verletzungen übernehme oder immer noch meine Zeit damit vergeude, nach Sündenböcken zu suchen. Das hilft mir herauszufinden, ob es überhaupt etwas zu verzeihen gibt. Mit wem und oder was muss ich Frieden schließen? Mit mir selbst? Mit einem anderen Menschen? Mit der Situation? Dann erinnere ich mich daran, dass Verzeihen nicht bedeutet, das Verhalten zu billigen. Verzeihen bedeutet vielmehr, die Chance wahrzunehmen, mich von den Fesseln zu befreien, die mich an etwas ketten, worauf ich höchstwahrscheinlich keinen Einfluss habe. Ich entscheide mich bewusst dafür, das Bedauern in die Kulissen zu verbannen und das ins Rampenlicht zu rücken, was war oder ist. Verzeihen hat nichts damit zu tun, eine Verhaltensweise oder Situation abzusegnen. Verzeihen ist ein Mittel, um die Hürden der Vergangenheit zu überwinden, auf dem eigenen Weg voranzukommen, sich freizuschwimmen und in der Gegenwart zu leben. Verzeihen verwandelt Bedauern und Entschuldigungen in Lektionen, die wir gelernt, und Fähigkeiten, die wir erworben haben; sie helfen uns, unser eigener Herr zu werden, unser eigenes Leben zu meistern.

Wenn ich an meine Entschuldigungen denke und feststelle, dass sie mir immer noch Kopfzerbrechen bereiten, weiß ich, dass ich noch an mir arbeiten muss, um verzeihen zu können. Wenn ich mich dabei ertappe, dass ich mir schlagfertige Antworten und geistreiche Bemerkungen zurechtlege, um meinen Standpunkt zu verteidigen, weiß ich, dass ich noch an mir arbeiten muss, um verzeihen zu können. Wenn ich in meinen Entschuldigungen eine negative Einstellung zum Ausdruck bringe, beeinträchtigen sie nach wie vor mein Verhalten, und ich erkenne, dass ich noch an mir arbeiten muss, um verzeihen zu können.

Wenn wir verzeihen, tun wir das nicht in erster Linie für die Personen oder Situationen, mit denen wir hadern: Wir tun es immer für uns selbst. Verzeihen ermöglicht es uns, die Menschen und Umstände, die uns vielleicht den Schlaf geraubt haben, anzunehmen, loszulassen und Frieden mit ihnen zu schließen. Verzeihen erfordert die Bereitschaft, die eigenen Erwartungen hinter uns zu lassen und die Realität so zu akzeptieren, wie sie war oder ist. Ja, ich habe meinen Eltern verziehen und meinen Frieden mit ihnen geschlossen. Und was noch wichtiger ist, ich habe mir selbst verziehen.

ANGSTKILLER-ÜBUNG: FRIEDENSVERTRAG

In meinen Workshops bitte ich die Teilnehmer, sich folgenden Friedensvertrag einzuprägen. Wenn Sie den Text täglich memorieren, vertiefen Sie Ihre Bereitschaft und innere Verpflichtung, sich selbst und anderen zu verzeihen. Das Rad der Angst wird nicht zuletzt durch die Unfähigkeit zusammengehalten, uns selbst zu verzeihen, und durch den Hang, ständig Werturteile über unsere Gedanken und Gefühle zu fällen. Bitten Sie ein Mitglied Ihres Angstkiller-Teams, sich als Zeuge des Friedensvertrags zur Verfügung zu stellen, den Sie mit sich selbst schließen. Diese Person kann Sie, wenn nötig, dabei unterstützen, ihn einzuhalten. Verzeihen hat eine heilsame Wirkung. Seien Sie offen für den Weg der Freiheit, der vor Ihnen liegt, wenn Sie bereit sind zu verzeihen.

Ich, _____ [Ihr Name], erkläre mich hiermit bereit, mir selbst zu verzeihen.

Ich bin bereit, jedem Mensch und allen Personen zu verzeihen, die mich aus meiner Sicht verletzt, mir geschadet oder mich verraten haben.

Ich verzeihe mir, wenn ich mich selbst enttäuscht oder meine Bedürfnisse, Wünsche und Träume ignoriert habe.

Ich verzeihe mir Werturteile oder unrealistische Erwartungen, die ich mir selbst oder anderen gegenüber hege.

Ich bin bereit, das Positive in mir selbst und anderen zu sehen.

Ich bin bereit, mich wieder auf meine wahre Natur zu besinnen, indem ich verzeihe.

Ich bin bereit, mich wieder auf mein Gefühl des Einsseins mit mir selbst zu besinnen, indem ich verzeihe.

Ich werde meine kostbare Zeit und Energie nicht mehr mit dem Zustand der Unversöhnlichkeit verschwenden.

Stattdessen bin ich bereit, zu verzeihen, um meiner selbst willen.

Wenn ich verzeihe, löse ich meine Ängste auf.

Wenn ich verzeihe, bin ich frei.

Ihre Unterschrift: _____

Zeuge:_____

Datum: _____

Wenn wir endlich erkennen, welchen Einfluss unsere Entschuldigungen auf unser Leben haben, ist es nicht an der Zeit, uns die Leviten zu lesen. Es ist vielmehr an der Zeit, um zu feiern und Ja zu sagen zu der Heilung, die uns vom Schmerz des Bedauerns über die verpassten Gelegenheiten befreit hat. Nun können wir loslassen.

Abschiedszeremonie

Um die Verantwortung für meinen Verdienstorden zu übernehmen (in Wirklichkeit ein Angstabzeichen) und mich gleichzeitig seinem Zugriff zu entziehen, habe ich eine Abschiedszeremonie entwickelt, die mir sehr geholfen hat.

Im Lauf der Jahre wurde mir mehr und mehr bewusst, welche Macht meine Eltern immer noch über mich hatten. Sie beeinflussten mein Leben über ihren Tod hinaus. Ich war auf mein Rad der Angst fixiert, auf dem ich mich ständig im Kreis drehte, und wurde immer wieder von dem Gefühl heimgesucht, wertlos zu sein. Ich hatte den Traum von einem Sonntagsspaziergang mit meiner Mutter nie losgelassen, oder den Wunsch, zu verstehen, was sich zwischen meinen Eltern abgespielt hatte, und oder den Schmerz, der mir als Einziges geblieben war. Am zwanzigsten Jahrestag ihres Todes wusste ich, dass es Zeit war loszulassen.

Loslassen war eine der größten Herausforderungen, die ich jemals bewältigen musste. Ein Risiko, das meine Angst, wertlos zu sein, wieder heraufbeschwor. Ich dachte, loszulassen würde bedeuten, dass meine Eltern für nichts und wieder nichts gestorben waren. Damit musste ich auch meinen Verdienstorden ablegen (in Wirklichkeit das Angstabzeichen), der mir den Mut einflößte, mich mit meinen Ängsten zu konfrontieren und ein erfülltes Leben zu führen. Meine größte Angst war, dass ich meine Eltern vergessen würde, wenn ich losließ. Loslassen kam in meinen Augen einem Verrat gleich; ihr Leben würde in Bedeutungslosigkeit versinken.

Wenn ich mich dagegen weigerte loszulassen, bewies meine Bindung, wie sehr ich sie liebte. War ich nicht bereit, ihretwegen ein Leben lang Kummer und Leid auf mich zu nehmen? War ich nicht bereit, Beziehungen zu opfern, um weiterhin in Scham- und Schuldgefühlen auszuharren? War ich nicht bereit, meine Mutter auf ein Podest zu stellen, damit ich sie zum Opfer hochstilisieren konnte? All diese Beweggründe waren für mich wie eine Nabelschnur, die mich als loyale Tochter auswies. Zwanzig Jahre lang war ich unfähig, sie zu durchtrennen.

Und dann, an jenem zwanzigsten Jahrestag, bat ich Marta, mich zu einem See in den Hügeln über Los Angeles zu begleiten. Ich wollte die Abschiedszeremonie in einer Umgebung durchführen, die meiner Seele gut tut. Für mich bedeutet das Bäume, Wasser und Vögel. Ich brachte einen Kupfertopf, einen weißen Salbeizweig, Papier und Bleistift mit. Ich bat Marta, Zeugin zu sein und mich dadurch bei meinem Vorhaben zu unterstützen. Sie nahm rechts hinter mir Aufstellung, als ich mit der Abschiedszeremonie begann.

Als Erstes setzte ich mich mit Bleistift und einem Blatt Papier auf den Boden und schrieb mir den Kummer und Schmerz von der Seele, der sich in den letzten zwanzig Jahren angesammelt hatte. Dann zerschnitt ich ein weiteres Blatt Papier in schmale Streifen und notierte auf jedem einzeln Gedanken, Gefühle und Verhaltensweisen, die ich loslassen wollte. Danach schrieb ich meiner Mutter einen Brief, in dem ich ihr sagte, wie sehr ich sie liebe, und am Schluss meinem Vater, dass ich ihn ebenfalls liebe und ihm verzeihe. Ich schrieb und schrieb, bis ich nicht mehr konnte. Ich weinte über eine Stunde. Dann lächelte ich, erschöpft, aber erleichtert. Ich hatte alles zu Papier gebracht. Ich hatte nichts ausgelassen, nichts beschönigt, nichts unter den Teppich gekehrt.

Ich füllte den Kupfertopf mit Sand und legte die Briefe und Papierstreifen einen nach dem anderen hinein; ich zündete sie an und sprach dabei laut aus, was ich tief in meinem Herzen empfand. Zuerst kam der Brief mit der Wut, dem Schmerz und der Traurigkeit an die Reihe. Ich fügte alle Gedanken, Gefühle und Verhaltensweisen hinzu, von denen ich mich lösen wollte. Das Schlusslicht bildeten die Briefe, in denen ich meiner Liebe und der Bereitschaft zu verzeihen Ausdruck verliehen hatte. Ich sagte meiner Mutter und meinem Vater, es sei für mich an der Zeit, loszulassen und der Mensch zu werden, der zu sein mir bestimmt war. Obwohl meine Stimme zitterte, war meine innere Überzeugung unerschütterlich. Ich sagte ihnen, wer ich geworden war und was ich gelernt hatte, weil oder obwohl sie meine Eltern gewesen waren. Als die Briefe brannten, spürte ich eine Veränderung in mir; etwas war in Bewegung geraten, was auf eine innere Akzeptanz hindeutete. Irgendetwas war anders. Ich konnte das Geschehen noch nicht in Worte fassen, aber eines war sicher: Ich übernahm endlich die Verantwortung für mein eigenes Leben. Meine Eltern hatten immer gewollt, dass ich losließ, wie ich nun erkannte. Sie wollten nicht, dass ich litt. Sie wollten, dass ich lebe. Sie liebten mich. Sie wollten nicht, dass ich in Angst lebe.

Ich nahm den schwelenden Salbeizweig und beschrieb damit einen Kreis um mich herum, ein altes magisches Zeichen, das Schutz bietet und die Geister der Vergangenheit vertreibt. Dann fächelte ich die Briefe mit dem Salbei, als Zeichen dafür, dass ich Kummer und Schmerz losließ und die Heilung akzeptierte. Als ich die Briefe betrachtete, die sich in Asche verwandelt hatten, wusste ich plötzlich, dass ich sie in der Erde vergraben musste. Ich nahm einen Stein und grub ein Loch am Ufer des Sees, dann schüttete ich die Asche sorgfältig hinein. Ich bedeckte sie mit ein paar Hand voll Erde und sprach dabei die Worte: »Ich verzeihe euch. Ich verzeihe mir. Ich bin bereit loszulassen. Ich nehme die Liebe in meinem Leben an.« Dann nahm ich meinen leeren Kupfertopf und verabschiedete mich. Ich verabschiedete mich von Scham- und Schuldgefühlen. Ich verabschiedete mich von Schuldzuweisungen und heimlichem Groll. Ich verabschiedete mich von der Rhonda, die Angst gehabt hatte.

Als ich losließ, verabschiedete ich mich auch von meinem Bedürfnis, zu verstehen, Antworten zu erhalten und die Märtyrerin zu spielen. Loszulassen bedeutete zu akzeptieren, was meine Eltern mir zu ihren Lebzeiten und nach ihrem Tod mit auf den Weg gegeben hatten, und mich von allem zu verabschieden, was mich innerlich schwächte. Loszulassen bedeutete, die Verantwortung für mich selbst zu übernehmen. Loszulassen bedeutete, mich mit allen meinen Fehlern, Unzulänglichkeiten und Kümmernissen anzunehmen, aber auch meine Stärken, Fähigkeiten und die Möglichkeit zu akzeptieren, Freude zu empfinden. Loszulassen bedeutete, meine Entschuldigungen über Bord zu werfen. Loszulassen bedeutete, mich selbst zu finden.

Befreien Sie sich von Ihren Entschuldigungen

Auch Sie können verzeihen, loslassen und sich selbst finden. Machen Sie eine Liste von allen Personen, die immer noch Wut, Frustration und heimlichen Groll bei Ihnen hervorrufen, auch wenn Sie seit Tagen, Jahren oder Jahrzehnten kein Wort mehr mit ihnen gewechselt haben – selbst, wenn sie bereits gestorben sind. Und wenn Ihre größte Entschuldigung eine traumatische Erfahrung war – wie Karas Knieverletzung –, dann schreiben Sie auf, welche Personen das Problem nicht angemessen oder in Ihrem Interesse behandelt haben. Bei Kara waren es beispielsweise die Mutter, die ihre Schmerzen durch den Vergleich mit anderen bagatellisiert hatte, ihr Vater, der eiserne Selbstdisziplin verlangt hatte, und ihr Bruder, der insgeheim meinte, es geschähe ihr recht. Zuerst fiel es ihr schwer, sich selbst die Erlaubnis zu geben, ihre Familie auf die Liste zu setzen, weil sie nicht akzeptieren wollte, dass sie ihnen insgeheim Vorwürfe machte. Doch damit hatte sie auch die Gelegenheit, ihnen für all das Gute zu danken, das sie ihr mit auf den Weg gegeben hatten.

Sie sollten nun die gleiche Übung machen; lassen Sie niemanden aus, sondern gestehen Sie sich zu, dass Sie dieser Person nicht nur positive, sondern auch negative Gefühle entgegenbringen. Setzen Sie auch Ihren eigenen Namen auf die Liste, wenn Sie können. Wählen Sie jetzt einen Namen auf Ihrer Liste aus, zum Beispiel die Person, die den größten Einfluss auf Ihr Leben hat.

Wenn Sie meinen, dieser Herausforderung noch nicht gewachsen zu sein, ist das in Ordnung; nehmen Sie einfach eine andere Person. Mit wem Sie anfangen, spielt keine Rolle. Was zählt, ist Ihre Bereitschaft anzufangen.

Schreiben Sie zwei Briefe an die Person Ihrer Wahl. Im ersten notieren Sie, was Sie verletzt, in Wut versetzt, schmerzt. Schreiben Sie sich alles von der Seele. Sie müssen nicht nett und höflich sein. Sagen Sie ungeschminkt, was in Ihnen vorgeht. Im zweiten Brief führen Sie alle Gründe auf, warum Ihnen diese Person wichtig ist und was Sie von ihr gelernt haben. Fügen Sie, wenn es Ihnen möglich ist, den Wunsch hinzu, ihr zu verzeihen. Zwischen dem ersten und dem zweiten Brief können Sie, wenn Sie möchten, auf einem getrennten Blatt Papier die Gedanken, Gefühle und Verhaltensweisen aufschreiben, die Sie loslassen wollen.

Diese Gedanken, Gefühle und Verhaltensweisen in einem Brief zu Papier zu bringen kann eine Herausforderung sein, denn dabei brechen häufig alte Empfindungen auf, die Sie tief in sich vergraben haben. Sie aufzudecken erfordert Mut und die Bereitschaft hinzuschauen. Aber genau das sind die Eigenschaften, die Sie von nun an in Ihr Leben integrieren werden. Deshalb können Sie genauso gut gleich damit anfangen.

Suchen Sie sich als Nächstes einen Platz, an dem Sie die Briefe und Blätter verbrennen und dabei zuschauen können: im Kamin, in einer mit Sand gefüllten Schale oder einem kleinen Lagerfeuer unter freiem Himmel. Sie können das Papier aber auch zerreißen; damit erzielen Sie die gleiche Wirkung.

Sprechen Sie beim Verbrennen oder Zerreißen Ihre Absicht loszulassen laut aus, auch wenn Sie meinen, dass Sie noch nicht so weit sind. Nennen Sie den Namen der Person und sagen Sie laut, dass Sie sie loslassen. Nennen Sie Ihren eigenen Namen und sagen Sie laut, dass Sie sich von der Situation befreien.

Falls Sie Unterstützung brauchen, bitten Sie ein Mitglied Ihres Angstkiller-Teams, das Ihnen nahe steht, Sie bei der Zeremonie zu begleiten. Diese Person soll Ihnen zur Seite stehen, aber nicht eingreifen. Sie ist nur für den Fall da, dass Sie Trost oder Unterstützung brauchen. Aber *nur Sie* entscheiden, ob Sie eines von beidem brauchen. Diese Grenzen müssen vor Beginn der Zeremonie gesetzt werden. Nach dem Prozess bat ich Marta, mich in den Arm zu nehmen. Während der Heimfahrt spürte ich dann, dass ich über das reden wollte, was ich bei der Zeremonie empfunden hatte. Sie erklärte sich einverstanden, über meine Gefühle zu reden, was es mir wiederum erleichterte, sie zu verarbeiten und die Veränderung zu akzeptieren, die sich in meinem Innern vollzog.

Achten Sie ebenfalls auf Veränderungen, wenn Sie Ihre Abschiedszeremonie beendet haben. Sie sind meistens nicht spektakulär, sondern eher subtil. Vertrauen Sie einfach darauf, dass dieses Ritual seine Wirkung hat, ob Sie damit nun ein kleines oder großes seismisches Beben auslösen. Kara erzählte, dass sie sich nach dem Verbrennen der Briefe ausgeglichener fühlte. Nicht mehr. Aber auch das ist bereits ein großer Sprung nach vorn auf dem Weg, der aus der Angst in die Freiheit führt. Später nutzte sie diese Erinnerung an ihre Abschiedszeremonie, um weitere Veränderungen in Gang zu setzen. Ich nutze sie als positive Verstärkung für Veränderungen, die bereits stattgefunden haben, immer dann, wenn das Rad der Angst wieder die Kontrolle zu übernehmen droht.

ANGSTKILLER-ÜBUNG: DAS LOGBUCH DES LEBENS

Sobald Sie Ihre Entschuldigungen und die daran beteiligten Menschen losgelassen haben, sind Sie bereit, die Verantwortung für Ihr Leben zu übernehmen, uneingeschränkt und ohne Angst. Das ist ein spannendes Unterfangen, aber ich gebe zu, dass es einem bisweilen Angst machen kann. Sie werden allerdings bald feststellen, dass die Angst nicht nur gegen Sie, sondern auch *für* Sie arbeiten kann. Wie bereits gesagt, ganz ausmerzen lässt sich die Angst nicht, aber wir können den damit verbundenen Adrenalinstoß nutzen, um sie mit Hilfe dieser »Hochspannung«, unter der wir stehen, zu durchbrechen. Der Verhaltensforscher Abraham Maslow ist der Meinung, dass wir ähnlich wie ein psychisch gesundes Kind wachsen und uns weiterentwickeln, wenn die Grundbedürfnisse des Menschen nach Sicherheit, Zugehörigkeit, Liebe und Achtung befriedigt sind.

Diesen Wachstums-und Entwicklungsprozess können Sie mit dem »Logbuch des Lebens« unterstützen, einer Art Tagebuch, in dem Sie den Kurs verzeichnen, den Sie einschlagen. Wenn Sie schwarz auf weiß vor sich sehen, wie Sie den Tag verbracht haben, können Sie sich ein klares Bild davon machen, ob Sie Ihre Zeit aus Angst mit tausend nebensächlichen Dingen vergeuden oder beherzt genug sind, den Kurs anzupeilen und beizubehalten, der Ihnen vorbestimmt ist. Das Logbuch zeigt außerdem, ob Sie sich auf diesem Kurs bewusst und selbstbestimmt an den Werthaltungen und Leitprinzipien orientieren, die mit Ihrer wahren Natur übereinstimmen, oder ob Sie ständig Gefahr laufen zu kentern, weil Sie blind und panisch reagieren. Das Logbuch des Lebens weist Sie nochmals darauf hin, dass nur Sie als

Kapitän dafür zuständig sind, Ihr Lebensschiff zu steuern. Keine Entschuldigungen mehr. Ihr Leben wird von Aktivitäten bestimmt und definiert, mit denen Sie Ihre Zeit verbringen. Das Logbuch ist sehr aufschlussreich; betrachten Sie die Eintragungen mit den Augen eines Fremden, der Sie nicht kennt. Was sagt es über die Person aus, die es führt? Hat die Familie Priorität? Die Arbeit? Welche Werthaltungen hat diese Person?

Das Logbuch verrät darüber hinaus, wo sich Gefahrenzonen befinden, in denen sich Ihnen die Angst in den Weg stellt: Mit welchen angstbasierten Verhaltensweisen sabotieren Sie Ihren eigenverantwortlich gewählten Kurs? Entschuldigungen wie »Dazu fehlt mir die Zeit«, »Dazu fehlt mir die Kraft« oder »Dazu fehlt mir das nötige Geld« werden als faule Ausreden enttarnt. Wenn Sie schwarz auf weiß vor sich sehen, in welchem Ausmaß Sie vom Kurs abgewichen sind, bringen Sie eher die Kraft auf, die Situation zu verändern, denn Sie übernehmen die volle Verantwortung dafür, was Sie aus Ihrer Zeit machen.

Die meisten Menschen wissen nicht wirklich, wie sie ihre Zeit verbringen. Sie haben eine ungefähre Vorstellung davon, aber oft vergeuden sie Minuten, Stunden oder ganze Tage damit, das Rad der Angst zu meiden oder den eigenen Erwartungen gerecht zu werden. Zählt man die Zeit hinzu, die für Klagen, Entschuldigungen und Selbstvorwürfe draufgeht, so ist es ein Wunder, dass sie überhaupt etwas zustande bringen.

Debbie hat mit ihrem Logbuch spektakuläre Erfolge erzielt. Sie arbeitet in einer Telefonmarketingfirma und hatte sich persönlich das Ziel gesetzt, in der Woche zweihundert potenzielle Interessenten anzurufen. Als sie mit dem Fearless-Living-Programm begann, fand sie das Logbuch völlig überflüssig: Sie schwor Stein und Bein, sie könne auch so auf die Minute genau sagen, wie sie ihre Zeit verbringe. Sie war gleichwohl einverstanden, es eine Woche probehalber zu führen.

Nach der ersten Woche kam sie mit einem langen Gesicht wieder. Das Logbuch bewies, dass sie ihre Zeit nicht so effektiv nutzte, wie sie gedacht hatte. Mit ihren Telefonaten erreichte sie zusammen genommen nur etwas mehr als die Hälfte des Solls. Debbie entdeckte, was für ein wirksames Instrument das Logbuch ist. Es zeichnet alle angstbasierten Kursabweichungen auf, aber auch die Aktivitäten, die in einer freien Entscheidung wurzeln. Es stellte sich heraus, dass Debbie zwar fleißig telefonierte, sich nach einem besonders gut oder schlecht verlaufenen Akquisitionsgespräch aber eine Pause gönnte. Diese Pause dauerte so lange, wie sie brauchte, um im Büro die Runde zu machen und allen zu erzählen, wie viel Stress sie hatte – aus Angst, ihre Kollegen könnten sie für faul halten. Die Stunden, die sie auf ihrem Rad der Angst verbrachte, hielten sie davon ab, ihr Verkaufstalent voll zur Entfaltung zu bringen und sich jedes Quartal einen Bonus zu verdienen. Sobald sie ihr Verhaltensmuster durchschaute, erkannte sie, dass die »Bürorunde« sie daran hinderte, ihre eigenen Normen zu erfüllen und ihre Ziele zu erreichen. Heute schafft Debbie 350 Telefonate in der Woche und stellt fortwährend neue Verkaufsrekorde auf.

Notieren Sie alle halbe Stunde in Ihrem Logbuch, wie Sie den Tag verbringen. Vielleicht denken Sie, dass Sie für solche Dinge keine Zeit haben, aber ich versichere Ihnen, dass Sie keine Zeit haben, sie *zu unterlassen*. Mit dem Logbuch verlieren Sie keine Zeit, sondern gewinnen Zeit, zwischen vier und acht Stunden in der Woche. Überlegen Sie, was Sie mit dieser Zeit anfangen könnten!

Kara war nach anfänglichem Zögern heilfroh, dass sie sich auf das Logbuch eingelassen hatte. Sie ist inzwischen Expertin für emotionale Effizienz. Sie konnte Zeit erübrigen, um zur Abendschule zu gehen und sich ihren Traum zu erfüllen: Sie will medizinisch-technische Assistentin werden. Sie hat sich operieren lassen; die Funktionsfähigkeit ihres Knies ist heute weitgehend wieder hergestellt, und die Schmerzen sind geringer geworden. Sie hat eine Freundin aus ihrem unterstützenden Netzwerk gebeten, im Gesundheitsbereich ihre »Partnerin« zu werden: Diese Freundin achtet darauf, dass Kara ihr Power-Walking-Programm einhält und sich im Gegensatz zu früher vernünftig und ausgewogen ernährt. Kara hat sichtlich abgespeckt und eine neue Beziehung. Sie fühlt sich jünger und dynamischer als je zuvor. Und sie hat beschlossen, nicht bis zum Ruhestand zu warten, um sich einen Urlaub zu gönnen. Sie hat eine dreiwöchige Europareise gebucht und wird ihren Kindern in dieser Zeit die Leitung der Firma überlassen. Kara hat ihr Leben wieder in Besitz genommen und verfügt selbst über ihre Zeit. Dabei hat ihr das Logbuch maßgeblich geholfen.

Für die Aufzeichnungen beachten Sie bitte folgende Regeln:

- Schreiben Sie eine Liste mit den Aufgaben und Verpflichtungen, die Sie haben, nach Priorität geordnet. Legen Sie die Liste fürs Erste beiseite.

- Schreiben Sie eine Woche lang jede halbe Stunde auf, was Sie gemacht haben, zum Beispiel: ferngesehen, im Internet gesurft, im Wartezimmer beim Zahnarzt gesessen, mit der Mutter telefoniert, mit den Kindern Ball gespielt oder mit Kunde X oder Y ein Verkaufsgespräch geführt. Die Eintragungen sind nur für Ihre Augen bestimmt, damit Sie auf den ersten Blick erkennen, wann Sie auf Ihr Rad der Angst fixiert waren; also seien Sie ehrlich mit sich selbst. Wenn Sie eine ganze Tüte Kartoffelchips verputzt haben, nachdem Sie einen Rüffel von Ihrem Chef verkraften mussten, schreiben Sie es auf. Wenn Sie nach dem frustrierenden Freitagabend bei der Single-Party das ganze Wochenende im Bett geblieben sind, schreiben Sie es auf. Wenn Sie den größten Teil des Vormittags in der Kantine vertrödelt haben statt an Ihrem Schreibtisch, um Ihre E-Mails zu beantworten, schreiben Sie es auf.

- Lassen Sie sich nicht davon abschrecken, in der ersten Woche jede halbe Stunde Buch zu führen. Konzentrieren Sie sich zum Eingewöhnen nur auf den Bereich, den Sie im Auge behalten wollen. Wenn Sie an Ihrer beruflichen Laufbahn arbeiten wollen, achten Sie zum Beispiel darauf, wie viel Zeit Sie mit Aktivitäten verbringen, die Ihre Karriere wirklich fördern. Das gilt auch, wenn Ihr Zielbereich eine Beziehung ist. Fügen Sie nach und nach immer mehr Bereiche hinzu, bis Sie vierundzwanzig Stunden am Tag und sieben Tage in der Woche beisammenhaben.

- Ordnen Sie die Aktivitäten am Ende der ersten Woche Kategorien zu, zum Beispiel Beruf, Beziehung, Kinder, Verwandte, Fitness, persönliches Wachstum, Freizeit, Spiritualität,

Freundschaften. Fügen Sie Kategorien hinzu, die Ihr Leben beschreiben. Ordnen Sie die Fahrtzeit zur Arbeit und nach Hause der Sparte »Beruf« zu, die Fahrt ins Fitnessstudio der Sparte »Fitness«. Wenn Sie zwei Dinge gleichzeitig erledigen, beispielsweise in einer privaten Runde Visitenkarten Ihrer Firma austauschen, verteilen Sie die Zeit auf beide Kategorien.

- Addieren Sie die Zeit, die Sie in der vergangenen Woche für jede einzelne Kategorie aufgewendet haben.
- Nehmen Sie nun Ihre Prioritätenliste wieder zur Hand; vergleichen Sie Ihre tatsächlichen Aktivitäten mit denen, die für Sie wichtig sind. Wenn die Eröffnung des Restaurants, von dem Sie schon immer geträumt haben, auf Ihrer Liste an erster Stelle steht, Sie Ihrem Ziel aber keinen Schritt näher gekommen sind, werfen Sie einen Blick ins Logbuch, um festzustellen, ob es Möglichkeiten für eine Kursänderung gegeben hätte. Hätten Sie trotz Arbeitsbelastung eine Stunde abzweigen können, um sich über mögliche Standorte und ortsübliche Mieten für Ihr Restaurant kundig zu machen? Hätten Sie ein paar Minuten erübrigen können, um grob zu überschlagen, ob Ihre Ersparnisse als Startkapital reichen und ob Sie sie als Risikokapital investieren könnten? Hätten Sie eine Verschnaufpause einlegen können, um kreativ zu sein und beispielsweise über die Gestaltung, die Speisekarte und die Weinliste des Restaurants nachzudenken, von dem Sie träumen? Wenn es diese Chancen gab und Sie keinen Gebrauch davon gemacht haben, um Ihrem Ziel einen Schritt näher zu kommen, hat die Angst Sie zurückgehalten und nicht etwa Zeitmangel. Wenn es diese Chancen gab und Sie sie kontraproduktiv genutzt haben, zum Beispiel für eine Kauforgie, die ein Loch in Ihr Erspartes gerissen hat, hat die Angst Ihre Pläne durchkreuzt. Solange Sie es bei einem Lippenbekenntnis bewenden lassen, aber nichts dazu tun, um Ihren Traum zu verwirklichen, sind Sie auf der sicheren Seite. Sie gehen kein Risiko ein, also können Sie auch nicht Schiffbruch erleiden. Erfolg haben Sie aber auch nicht. Ganz im Gegenteil: Solange Sie nur davon sprechen, aber nicht bereit sind, sich für den Erfolg ins Zeug zu legen, ist Ihnen der Misserfolg gewiss.

- Das gilt für jeden Lebensbereich. Haben Sie genug Zeit mit dem Menschen verbracht, den Sie lieben, weil die Beziehung zu ihm allerhöchste Priorität hat? Oder sind Sie früh ins Bett gegangen, weil Sie keine Lust hatten, die Energie in ein Gespräch zu investieren? Haben Sie die Kinder vor dem Fernseher »geparkt«, weil Sie etwas Dringendes im Haushalt erledigen mussten, beispielsweise das Bad putzen? Haben Sie Überstunden im Büro gemacht, um Fähigkeiten zu verbessern, die Sie gerade erst erworben haben? Oder haben Sie die Flucht ergriffen, weil Sie insgeheim fürchten, dass Sie das nie schaffen und der Wahrheit lieber aus dem Weg gehen? Waren Sie heute Morgen Joggen, weil es Ihnen wichtig ist, fit zu bleiben? Oder haben Sie »vergessen«, den Wecker zu stellen? Wenn Sie diese Fragen ehrlich beantworten, werden Sie feststellen, ob Sie der Angst Macht über Ihr Leben einräumen.

- Wählen Sie einen Bereich aus, an dem Sie arbeiten wollen. Vielleicht ist es derselbe wie in Kapitel eins, oder ein anderer, der Ihnen heute wichtiger erscheint. Sie können sich für jeden beliebigen entscheiden.

- Verpflichten Sie sich, die Zeit, die Sie für diesen Bereich aufwenden, mindestens um fünf Minuten am Tag zu verlängern. Nutzen Sie diese Zeit für selbstbestimmte, am Rad der Freiheit orientierte Verhaltensweisen. Fünf Minuten sind kein großer Aufwand, aber Sie bewirken damit, dass diese neuen Verhaltensweisen geübt und in Ihren Alltag integriert werden; damit ist der Erfolg vorprogrammiert. Gehen Sie schrittweise vor: Suchen Sie sich nicht fünf Bereiche gleichzeitig heraus, weil Sie meinen, Sie müssten hier über Nacht etwas ändern. Damit ist der Misserfolg vorprogrammiert. Es ist wichtig, zuerst das Rüstzeug zu beherrschen, um Erfolg zu haben, zu gewinnen und die alternativen Verhaltensweisen unauslöschlich zu verinnerlichen. Wenn Sie auch nur fünf Minuten am Tag Bewegung in einen Bereich Ihres Lebens bringen, werden Sie die Folgen Ihr Leben lang spüren. Wenn Sie sich Tag für Tag fünf Minuten Zeit dafür nehmen, fördern Sie die Fähigkeiten, die Sie brauchen, um Veränderungen in welchem Lebensbereich auch immer zu realisieren. Ihr Selbstvertrauen wächst: Sie beginnen, sich auf Ihre eigenen Fähigkeiten zu verlassen.

- Zweigen Sie jede Woche fünf Minuten mehr für diesen Bereich ab. Wenn Sie noch mehr erübrigen, rechnen Sie sich diese Zeit als Bonus an.
- Wenn Sie das Gefühl haben, dass Sie in diesem Bereich eine solide Arbeitsgrundlage geschaffen haben, fügen Sie einen zweiten Bereich hinzu. Wenn Sie auch den gut im Griff haben, nehmen Sie den nächsten dazu. Aber bitte immer einen nach dem anderen! Es geht darum, Ihre Zeit zu meistern, nicht zu managen.
- Führen Sie Ihr Logbuch mindestens zwölf Wochen lang. Angst lässt sich nicht ohne Achtsamkeit überwinden, und die beste Möglichkeit, Veränderungen genau im Auge zu behalten, ist das Logbuch. Es hat Ähnlichkeit mit einer Autobiografie. Sie halten unauslöschlich fest, wie Sie Ihr Leben in Bewegung gebracht und jeden Tag fünf Minuten bewusst in diesen Veränderungsprozess investiert haben. Der Rückblick auf die Ausgangssituation stärkt Ihr Selbstvertrauen. Sie wissen, dass Sie sich hundertprozentig auf sich verlassen können.

In Angst zu leben bedeutet, Ihre Zeit und Ihr Leben zu vergeuden. Wenn Sie aufrichtig mit sich selbst sind, werden Sie sehen, dass der Tag genug Stunden hat, um angstfrei zu leben. Die Angst liefert uns Entschuldigungen für tausend Nebensächlichkeiten, die uns von den wirklich wichtigen Dingen in unserem Leben ablenken. Wir werden es nie schaffen, sie ernsthaft in Angriff zu nehmen, weil die Angst uns ständig auf Trab hält. Deshalb sollten Sie Tag für Tag und Woche für Woche Ihre Logbucheintragungen vornehmen und sich damit beschäftigen. Es wird nicht lange dauern, bis Sie Ihre Entschuldigungen über Bord werfen, Ihre Zeit wieder in Besitz nehmen und eigenverantwortlich Entscheidungen treffen, die Ihren Kurs im Leben bestimmen und befreien.

Sie haben gute Fortschritte gemacht und sind nun gerüstet, genau hinzuschauen, wie sich die Formen der Angst im Alltag manifestieren.

8 Keine Klagen

Doug ließ sich auf das Sofa in meinem Büro fallen und seufzte.
»Ich dachte, ich versuche es mal mit Ihnen! Mein Freund Jason
hat mir erzählt, wie toll Ihr Programm funktioniert, obwohl ich
eigentlich nicht glaube, dass es was für mich ist«, sagte er. »Ich
meine, es geht ja um angstfreies Leben, und Angst kenne ich
nicht. Mein Problem ist, dass alle guten Frauen in festen Händen sind. Ich bin zweiunddreißig und habe langsam das Gefühl,
dass der Zug ohne mich abgefahren ist. Wenn mir eine Frau gefällt, hat sie entweder einen Ring am Finger oder eröffnet mir
gleich in den ersten beiden Sätzen, dass sie eine feste Beziehung
hat. Aber ich wüsste nicht, wie mir diese Fearless-Living-Ge-
schichte dabei helfen könnte.«

Doug hatte genug Beweise gesammelt, um seinen Ängsten
ständig neue Nahrung zu geben; mit seinen Klagen kaschierte
er seine größte Angst. Klagen sind ein Schmiermittel, das unser
Rad der Angst in Schwung hält. Wenn wir uns beklagen, haben
wir einen anderen Verlauf der Dinge erwartet. Wie wir in Kapitel sechs gesehen haben, führen Erwartungen an andere oder an
das Leben zwangsläufig zu Enttäuschungen, und Enttäuschungen kommen oft in Klagen zum Ausdruck. Aber damit machen
wir alles nur noch schlimmer, weil wir unsere Aufmerksamkeit
auf Aspekte richten, die in unserem Leben schief gelaufen sind,
statt die Initiative zu ergreifen und ein Problem zu lösen oder
die Situation so zu nehmen, wie sie ist, und unseren Frieden mit
ihr zu schließen.

Judy beklagt sich über ihre aufreibende Arbeit als Sprechstundenhilfe in einer Arztpraxis, die sie so viel Energie kostet,
dass sie sich abends nicht mehr dazu aufraffen kann, Schauspielunterricht zu nehmen, Fotos einzukleben, ihren Lebens-
lauf auf den neuesten Stand zu bringen oder an einem Casting
teilzunehmen. Sie macht bei sich selbst und anderen Werbung
für ihre Angst, zu scheitern und ein Risiko einzugehen, wenn

sie ihre Schauspielausbildung ernsthaft in Angriff nähme. Gene lamentiert, seine Frau müsse immer das letzte Wort haben, genau wie ihre Eltern und seine, nebenbei bemerkt. Er macht damit auf seine Angst aufmerksam, ein Schwächling zu sein.

Die meisten Menschen sehen in Klagen ein Thema, das zur Unterhaltung beiträgt. Eine Seminarteilnehmerin gestand, sie habe oft keine Ahnung, worüber sie sonst reden solle. Traurig, aber wahr. Ich selbst war früher ein Jammerprofi. Und nicht nur das: Ich fühlte mich wohl in der Gesellschaft der notorischen Schwarzmaler, die mit mir gemeinsam das Klagelied anstimmten. Ich fand immer einen aufmerksamen Zuhörer, dem ich die neuesten »Pleiten-Pech-und-Pannen-Geschichten« unterjubeln konnte.

Das kommt Ihnen bekannt vor? Wenn Sie mit solchen Schauermärchen aufwarten können, haben Sie reichlich zu tun. Sie ersparen sich damit, die wirklich wichtigen Tagesthemen in Angriff zu nehmen oder den Umgang mit anderen sinnvoll zu gestalten. Sie haben gar keine Zeit zu bemerken, was in Ihrem Leben positiv ist. Ihr Tag dreht sich um die Aufmerksamkeit, die Sie mit Ihrer kurzweiligen Pleiten-Pech-und-Pannen-Geschichte aus Ihrem Leben erregen. Wie alle erklärten Defätisten, die an sich selbst und dem Schicksal zweifeln, fanden meine Schwarzmaler-Freunde und ich früher ein wahres Vergnügen daran, uns gegenseitig mit unseren Leidensgeschichten zu übertrumpfen. Sie bestätigten mich auch in meiner Überzeugung, dass die Situation hoffnungslos war, wie immer sie auch beschaffen war. Ich war der Wortführer, wenn es galt, sich zu beklagen. Und machte damit nur mein Gefühl der Wertlosigkeit publik.

Jammern kann zur Gewohnheit werden

Wenn wir uns angewöhnen zu jammern, kann es passieren, dass wir regelrecht nach dem sprichwörtlichen Haar in der Suppe suchen: Wir beklagen uns über alles, was sich anbietet – das Wetter, den Verkehr, das Menschengewühl im Einkaufszentrum, die Warteschlange in der Bank, die Tatsache, dass wir älter werden. Der Defätist nimmt Frustrationen und Rückschläge persönlich und sieht darin den Beweis, dass er für Pech und Probleme prädestiniert ist, und zwar in allen Bereichen seines Lebens. Deshalb ist es besser, kein Risiko einzugehen, denn es kann ja nur schief gehen. Für Pessimisten ist das Glas eben halb leer, während es für den Optimisten halb voll ist. Der Pessimist gehört zu den Menschen, die Angst haben und sich mit Klagen Luft machen. »Typisch, dass das mir passiert!«, sagt er mit einem melodramatischen Achselzucken, wenn das Flugzeug mit einer Dreiviertelstunde Verspätung startet, die Internetverbindung beim Herunterladen einer dreißigseitigen Datei zusammenbricht, das Fußballspiel restlos ausverkauft ist oder erst in einer halben Stunde ein Tisch im Restaurant frei wird.

Wenn der Defätist beschließen würde, seine angstbesetzte Perspektive zu ändern und auf das Rad der Freiheit aufzuspringen, könnte er während der Wartezeit am Flughafen lesen oder ein Nickerchen machen. Er könnte sich daran erinnern, dass er früher zu Fuß in die Bibliothek marschieren musste, um sich das Informationsmaterial mühsam zusammenzusuchen. Er könnte sich das Fußballspiel in einem Lokal in der Nachbarschaft ansehen, wo es einen großen Monitor gibt. Er könnte mit jemandem ein Gespräch anknüpfen, während er auf einen freien Platz im Restaurant wartet. Wenn er sich schon ein gutes Stück weiterentwickelt hat, begreift er diese Widrigkeiten nicht als Problem, sondern als eine Lern- und Wachstumschance. Vielleicht beschließt er, dankbar für das verspätete Flugzeug und die Zwangspause zu sein. Vielleicht stellt er fest, dass es an der Zeit ist, den Internet-Provider zu wechseln. Vielleicht lernt er in dem Lokal Gleichgesinnte kennen, die genauso fußballbegeistert sind wie er. Vielleicht macht er sich eine mentale Notiz, das nächste Mal telefonisch einen Tisch im Restaurant zu bestellen und somit die Kontrolle über einen kleinen Lebensbereich zu übernehmen, statt in der Opferrolle auszuharren.

Der innerlich gereifte Mensch, der sich weiterentwickelt und der Angst ein Schnippchen geschlagen hat, redet nicht, sondern handelt. Er trifft seine Entscheidungen selbst, statt sie anderen oder den Umständen zu überlassen. Er ist nicht passiv, sondern aktiv. Er lässt das Schicksal nicht über sich ergehen, sondern gestaltet es nach seinen eigenen Vorstellungen und Möglichkeiten. Er beklagt sich nicht, sondern nimmt jeden Augenblick so an, wie er ist, und macht das Beste daraus. Für ihn ist jede Situation eine Chance, etwas Neues dazuzulernen, etwas über sich selbst auszusagen oder eine Bitte zu äußern.

Oft ist eine Klage genau das: eine unerfüllte Bitte. Ein Deckmäntelchen für Fragen, die wir nicht stellen, Themen, die wir nicht ansprechen, und Probleme, die wir nicht in Angriff nehmen. Nehmen Sie Ihre Klagen unter die Lupe. Könnten Sie das eine oder andere Problem schon morgen lösen, mit Verhaltensalternativen, die auf Ihrer freien Entscheidung und nicht auf Angst basieren?

ANGSTKILLER-ÜBUNG

- Führen Sie eine Woche lang Buch über Ihre Klagen:
Worüber beklagen Sie sich am häufigsten?
Was hätten Sie zu verlieren, wenn diese spezifische Klage wegfiele?
Welches Bedürfnis bedienen Sie, wenn Sie Ihre Klagen fortsetzen?
Welche Probleme, über die Sie klagen, scheinen unlösbar zu sein?
Welche bereiten Ihnen wirklich Kopfzerbrechen?
Welche Probleme sind langfristig?
Welche ließen sich leicht beseitigen?
Welche könnten Sie gleich in Angriff nehmen?
Bei welchen brauchen Sie Hilfe?
- Behalten Sie im Auge, welche Gefühle und Empfindungen mit Ihren Klagen verbunden sind:
Sind es dieselben, die Sie auch auf dem Rad der Angst verspüren?
- Formulieren Sie Ihre Klagen zu Herausforderungen um:
Sagen Sie beispielsweise nicht mehr »Mein Chef ist ein Tyrann«, sondern: »Ich werde einen Weg finden, um besser mit ihm auszukommen, oder mir einen neuen Job suchen.«

- Formulieren Sie Ihre Klagen zu Bitten um:
Sagen Sie beispielsweise Ihrem Chef: »Ich wüsste gern, was ich tun kann, um die Arbeitsbeziehung zwischen uns zu verbessern. Vielleicht können wir uns einmal über unsere mangelhafte Kommunikation unterhalten?«
- In welcher Hinsicht würde sich Ihr Leben verändern, wenn Sie keine Klagen hätten?

Ein Kummerkasten, um sich Luft zu machen

Es gibt Momente im Leben, in denen es gut tut, über eine wirklich frustrierende Situation zu reden und sich Trost und Ratschläge zu holen. Wenn Sie Ihrem Kummer Luft machen oder auch Dampf ablassen, hat das nichts mit Jammern zu tun. Wählen Sie Angehörige Ihres Angstkiller-Teams als Kummerkasten-Onkel und -Tanten. Alle Beteiligten werden von dieser Erfahrung profitieren. Im Gegensatz zur Klage ist sie positiv und produktiv. Wenn Sie sich beklagen oder jammern, treten Sie auf der Stelle. Wenn Sie Ihrem Kummer Luft machen, nehmen Sie Ihre Gefühle an und ergreifen die Gelegenheit, dadurch einen klaren Kopf zu bekommen oder Ihre Erwartungen über Bord zu werfen. Beides trägt schlussendlich dazu bei, eine konstruktive Lösung zu finden.

Vielleicht haben Sie bereits Vertraute, die in jeder Lebenslage für Sie da sind, und umgekehrt; wenn Sie diese Funktion formal bestätigen, wird sie noch effektiver. Neben meinen beiden Schwestern steht Marta auf der Liste meiner Kummerkasten-Tanten ganz oben. Wir sind darin geübt, uns bei diesem Prozess gegenseitig aufmerksam zuzuhören und hundertprozentig präsent zu sein.

Wenn wir lernen, unserem Kummer Luft zu machen, besteht die Gefahr, wieder in unsere alten, eingefleischten Verhaltensmuster zurückzufallen – zum Beispiel zu jammern, Horrorgeschichten zu erzählen, uns kleiner zu machen, als wir sind, oder Probleme zu Tode zu analysieren. Um eine »Kurskorrektur« herbeizuführen, können wir uns gegenseitig an die Kummerkasten-Regeln erinnern, die im Folgenden beschrieben sind. Es bedarf vielleicht mehrerer Versuche, Ihre Kummerkasten-Onkel und -Tanten in den Prozess einzuweisen, aber die Mühe lohnt sich. Um zu verhindern, dass Marta und ich unser Ziel aus den Augen verlieren, haben wir die Regeln ausgedruckt und neben das Telefon gelegt, als Gedächtnisstütze sozusagen. Vielleicht möchten Sie genauso verfahren.

Hier sind die Kummerkasten-Regeln, die ein angstfreies Leben fördern:

1. Wählen Sie einen Partner aus, bei dem Sie Ihrem Kummer Luft machen oder Dampf ablassen können; er sollte Sie unterstützen und Ihr volles Vertrauen genießen.
2. Erklären Sie, dass Sie etwas auf dem Herzen haben, und fragen Sie ihn, ob er Zeit für Sie hat. Wenn nicht, sollten Sie die Entscheidung respektieren und einen Ihnen beiden passenden Zeitpunkt suchen. Falls Sie extrem unter Stress stehen oder einer Panik nahe sind – vielleicht haben Sie gerade Ihre Hochzeit abgeblasen, wurden fristlos entlassen oder warten auf das Ergebnis einer Gewebeprobe –, kontaktieren Sie andere Mitglieder Ihres Angstkiller-Teams, die verfügbar sind und Ihnen helfen, Ihre Angst zu überwinden.
3. Honorieren Sie, dass Ihre Zeit und die Ihres Partners kostbar ist, indem Sie klarstellen, wie viel Sie in etwa davon in Anspruch nehmen werden: »Ich muss mal Dampf ablassen. Hast du eine Viertelstunde Zeit für mich?« Das ist nicht der richtige Zeitpunkt, um zu plaudern oder Pläne für Unternehmungen zu schmieden. Sie bitten Ihren Kummerkasten-Partner um »Fokuszeit«, damit Sie die konkrete Herausforderung meistern, der Sie sich gegenüber sehen. Das Zeitlimit wird Sie daran erinnern, Ihren Kummer so klar und präzise wie möglich zu formulieren und nicht ständig vom Thema abzuschweifen. Wenn Sie hingegen weit ausholen müssen, um einen klaren Kopf zu bekommen – auch das kann zum Dampfablassen gehören –, sollten Sie es bewusst tun. Sagen Sie: »Ich hatte einen schlimmen Tag. Macht es dir etwas aus, wenn ich dir erzähle, was passiert ist?« Die Möglichkeit, in

einem werturteilsfreien Umfeld ungehemmt über die eigenen Ängste zu sprechen, bewirkt, dass wir Schamgefühle leichter ablegen. Wenn Ihr Kummerkasten-Partner Zeit hat, Ihren Ausführungen zuzuhören, dürfen Sie loslegen.

4. Erklären Sie, dass Sie jemanden brauchen, bei dem Sie sich aussprechen können, aber bitten Sie Ihren Kummerkasten-Partner, Ihnen keine Problemlösungen anzubieten: »Wenn ich darüber rede, fällt mir vielleicht eher etwas ein. Im Moment bin ich so aufgewühlt, dass ich keinen klaren Gedanken fassen kann.« Die Aufgabe Ihres Partners besteht darin, aufmerksam zuzuhören. Punkt. Dampf abzulassen oder dem Kummer Luft zu machen hat nichts mit guten Ratschlägen oder dem Bedürfnis zu tun, jemanden zu haben, der einem zustimmt oder Kontra gibt. Es ist ein Prozess, bei dem Sie Ihre Gefühle annehmen und negative Gedanken in positive Handlungsmöglichkeiten verwandeln, die Ihre Optionen erweitern, lebensbestätigend und konstruktiv sind. Damit verpufft der Impuls, zu den destruktiven Verhaltensmustern auf Ihrem Rad der Angst zurückzukehren, um den emotionalen Schmerz oder Kummer zu betäuben. Wenn Sie Ihrem Kummer Luft machen, müssen Sie sich nicht tagelang den Kopf über das Problem zerbrechen, das Ihnen oft auch noch nachts den Schlaf raubt. Sie schaffen ein Umfeld, in dem Sie ohne Angst entdecken können, was tatsächlich wichtig für Sie ist, welche Verhaltensweisen nicht mehr angemessen sind und letztlich was für ein Mensch Sie wirklich sind.

5. Lassen Sie innerhalb des vereinbarten Zeitrahmens alles heraus. Mit anderen Worten: Falls der Teil der Geschichte, der Ihnen den meisten Kummer bereitet, der peinlichste ist, halten Sie nicht damit hinterm Berg. Das ist eine ideale Gelegenheit, Ihre Gefühle offen darzulegen, also nur keine falsche Scheu. Auch wenn Sie sich verletzlich fühlen, denken Sie daran: Sie haben diese Person ausgewählt, weil Sie sicher sind, dass Sie bei ihr kein Blatt vor den Mund nehmen müssen.

6. Atmen Sie tief durch.

7. Wenn Sie eine Bestätigung brauchen, dass Sie in Ordnung sind, so wie Sie sind, und die Herausforderung meistern wer-

den, dann bitten Sie darum. Sagen Sie Ihrem Kummerkasten-Partner, wie er Ihnen dabei helfen kann, Ihre Angst zu überwinden. Manchmal reicht es aus, wenn wir hören, dass wir nicht verrückt, dumm oder ein hoffnungsloser Versager sind. Oder wenn wir daran erinnert werden, was in unserem Leben wirklich wichtig ist. Marta und ich beenden den Kummerkasten-Prozess normalerweise damit, dass wir sagen: »Und nun erzähl mir, was dir wirklich wichtig ist.« Das führt dazu, dass wir uns auf unsere wahre Natur und das Gefühl des Einsseins mit uns selbst besinnen, die immer wichtiger sind als das vorliegende Problem. Danken Sie Ihrem Kummerkasten-Partner für die Bereitschaft, Ihnen Zeit zu schenken und Sie zu unterstützen. Sagen Sie schlicht und einfach: »Danke, dass du mir zugehört hast.«

8. Wenn Sie sich den Kummer von der Seele geredet haben, wechseln Sie das Thema oder verabschieden sich und legen auf. Es ist an der Zeit, Ihren Fokus zu verlagern. Damit signalisieren Sie Ihrem Unbewussten, dass Sie Ihre Gefühle geklärt haben und bereit sind, Verhaltensalternativen zu ergreifen, die sich an Ihrem Rad der Freiheit orientieren.

In bestimmten Situationen wie Scheidung, Tod oder anderen traumatischen Ereignissen werden Sie vielleicht das Bedürfnis haben, Ihrem Kummer mehrmals Luft zu machen. Dagegen ist nicht das Geringste einzuwenden. Machen Sie sich dieses Bedürfnis einfach nur bewusst; verteilen Sie die Bürde auf mehrere Partner, statt sie bei einer einzigen Person zu belassen, was zur seelischen Belastung werden kann. Wenn Sie merken, dass Sie Ihrem Kummer häufiger Luft machen, als Ihnen lieb ist, oder Ihren Partnern mehr zumuten, als sie verkraften können, sollten Sie professionelle Hilfe in Betracht ziehen. Therapeuten sind geeignete Partner in diesem Prozess, in dem es darum geht, aufmerksam zuzuhören und das Umfeld zu schaffen, das Sie brauchen, um sich sicher und angenommen zu fühlen.

Ein Kummerkasten-Partner, der Ihnen vertraut ist, hat den Vorteil, dass er weiß, was Ihnen wichtig ist. Er wird Ihnen später keine Gefühle vorhalten, die von kurzer Dauer sind. Wenn Sie in Ihrer Wut sagen, dass Sie Ihren Mann hassen, wird Ihr Gesprächspartner Ihnen das nicht mehr unter die Nase reiben, wenn sich die Gewitterwolken verzogen haben und wieder eitel Sonnenschein herrscht. Marta ist in dieser Hinsicht nicht zu überbieten. Sie weiß, wann eine Bemerkung, die ich in der Hitze des Gefechts äußere, nicht wörtlich zu nehmen ist. Ich lasse einfach Dampf ab. Das bedeutet, ich darf unzensiert alles sagen, auch wenn es mich keinen Deut weiterbringt oder unangenehm ist. Wenn ich meinen Kummer loswerden kann, bin ich in der Lage, die Situation schneller zu verarbeiten, wie wir beide wissen, und umso schneller kommt mein starkes Selbst wieder zum Vorschein.

Kummerkasten-Partner sind auch dazu da, Gefühle so anzunehmen, wie sie sind. Da sie objektiv sind, wissen sie, dass der emotionale Schmerz oder Kummer nicht bis in alle Ewigkeit andauern wird, so schlimm er Ihnen im Moment auch vorkommen mag. Aber sie speisen Sie nicht mit Gemeinplätzen ab, sondern gestatten Ihnen, Ihre Gefühle zu erkunden und zu verarbeiten, ohne sie zu bagatellisieren oder ein Urteil zu fällen.

Das erinnert mich an Abigail, eine junge Frau, deren beste Freundin aus Liebeskummer Selbstmord beging. Als Abigail davon erfuhr, machte sie sich Vorwürfe, weil sie die versteckten Hilferufe nicht bemerkt hatte, mit der ihre Freundin am Abend vor der Tragödie ihre Verzweiflung signalisiert hatte. Abigails alte Gefühle der Wertlosigkeit brachen wieder durch. Sie fand keine Worte, um ihren Selbsthass zu beschreiben. »Diese Schuldgefühle werden mich bis an mein Lebensende begleiten«, sagte sie zu ihrer Mutter.

Ihre Mutter, die mit mir befreundet ist, erwiderte darauf: »Lass deinen Gefühlen ruhig freien Lauf. Oder weine, und wenn du willst, nehme ich dich in die Arme, um dich zu trösten.« Abigail begann zu schluchzen, und ihre Mutter wiegte sie wie damals, als sie noch ein Kind war. Sie widersprach ihrer Tochter nicht und wertete ihre Empfindungen auch nicht ab, indem sie beispielsweise sagte: »Du musst kein schlechtes Gewissen haben« oder »Das geht vorbei«. Ihre Mutter wusste, dass solche Schuldgefühle irgendwann nachlassen oder verschwinden. Sie kamen bei Abigail noch mehrere Jahre lang hoch, immer am Todestag ihrer Freundin, genau wie es auch mir mit meinen Eltern erging. Es wurde besser, als Abigail ein Gedicht über ihre Empfindungen schrieb und es sich jedes Jahr an diesem Tag laut vorlas.

Daran sieht man, dass Gefühle, die sich aus Angstreaktionen herleiten, nicht die ganze Wahrheit sind. Abigail ist keine Versagerin, auch wenn der Tod ihrer Freundin diese Angst hervorrief. Sie fühlte sich schuldig, aber es war nicht ihre Schuld, dass sich ihre Freundin das Leben genommen hatte. Auch für Sie gilt: Nehmen Sie Ihre Gefühle an, indem Sie Ihrem Kummer Luft machen, aber verleihen Sie ihnen keine Macht, indem Sie Ihr Verhalten danach ausrichten. Abigails Heilungsprozess begann, als ihre Mutter ihr die Möglichkeit zu trauern gab.

Oft läuft es unter dem Strich auf die Erkenntnis hinaus, dass Gefühle trügerisch sind. Ich spreche von Gefühlen, die in angstbasierten Gedanken wurzeln, und das sind leider die meisten. Trotzdem glauben viele Menschen, dass diese angstbasierten Gefühle definieren, wer sie sind. Das ist ein Trugschluss: Gefühle sind wechselhaft, sie kommen und gehen wie ein Schnupfen oder wie Gedanken. Die Summe der Gefühle macht nicht den Menschen aus, der wir sind. Denken Sie an das Wechselbad der Gefühle in Ihrem Alltag. Einmal macht Ihnen die Arbeit Spaß, dann finden Sie sie wieder frustrierend. Einmal lieben Sie Ihren Partner, dann würden Sie ihn wieder am liebsten auf den Mond schießen. Ein Mal liebäugeln Sie mit dem Gedanken, sich beruflich selbstständig zu machen, dann ist Ihnen der Aufwand zu groß. Sie wissen, was ich meine.

Leider neigen viele Menschen dazu, ihre intensivsten Gefühle in der Hitze des Gefechts auszuagieren, ob sie nun wahrhaftig sind oder nicht. Deshalb ist es wichtig, dass wir unserem Kummer Luft machen: Es bewahrt uns vor Angstreaktionen. Abigail benutzte ihre Mutter als Kummerkasten. Hätte sie geschwiegen oder ihre Mutter ihre Empfindungen mit Worten wie »Du brauchst kein schlechtes Gewissen zu haben« bagatellisiert, so hätte Abigail das Gefühl der Wertlosigkeit wahrscheinlich ausgelebt. Abwehrhaltung, Depression, Abschottung oder, schlimmer noch, ein dramatischer Selbstmordversuch wie in einem Dreigroschenroman wären unter Umständen die Folge gewesen, wie ich aus eigener leidvoller Erfahrung weiß.

In weniger dramatischen Situationen agieren wir solche Gefühle und Empfindungen oft im Alltag aus, obwohl wir wissen, dass es uns nicht gut tut. Wir können nicht anders. Eine Frau ruft mitten in der Nacht ihren Exmann an, weil sie sich einsam fühlt. Ein Mann kapselt sich ab; er gibt es auf, seiner Frau etwas begreiflich zu machen, sie versteht ihn ja doch nicht. Sie treffen eine Entscheidung, die große Tragweite für Ihre berufliche Zukunft hat, weil in der Firma Gerüchte herumschwirren, auf die Sie reagieren. Sie schreiben Ihrem Chef wutentbrannt eine E-Mail und würden sie am liebsten im selben Moment zurücknehmen, da Sie auf »Abschicken« geklickt haben.

Wenn Sie keine Zeit oder Gelegenheit haben, sich mit Ihrem Kummerkasten-Partner in Verbindung zu setzen, machen Sie sich im stillen Kämmerlein Luft. Schreiben Sie sich alles von der Seele: Randbemerkungen, Gedanken, Gefühle, alles. Wenn Sie fertig sind, zerreißen Sie das Blatt Papier; wenn Sie wollen, reißen Sie es in kleine Fetzen, das tut mir beispielsweise gut. Wiederholen Sie diesen befreienden Vorgang, sooft Sie möchten. Durch diesen Prozess haben Sie sich in kompakter Form ein Ventil verschafft: Sie brauchen dazu nur ein Blatt Papier als Kummerkasten-Partner. Außerdem können Sie, um Kurzschlusshandlungen zu vermeiden, auf ein Kissen eindreschen oder Ihre Gefühle in den Wind hinausschreien. Schließen Sie diesen Prozess bewusst ab: Notieren Sie den nächsten Schritt, den Sie ins Auge fassen, eine positive Aussage, die Sie innerlich stärkt, oder ein Lob, weil Sie den Mut hatten, Ihre Gefühle anzunehmen, statt sich blind abzureagieren.

Damit Sie sich so annehmen, wie Sie sind, und sich Ihre Menschlichkeit mit allen ihren Licht- und Schattenseiten zugestehen, denken Sie an die ALFA-Regel:

1. Akzeptieren Sie Ihre Gefühle. (»Ich bin fuchsteufelswild über die Art, wie mich mein Chef vor den Kollegen aus der Zweigstelle behandelt hat.«)
2. Lassen Sie sich Zeit, um Ihre Gefühle zu verarbeiten. Nehmen Sie Ihre Gefühle an, indem Sie Ihrem Kummer Luft machen, aber agieren Sie sie nicht aus. (Schicken Sie die E-Mail in Ihrer Wut nicht ab!)
3. Fragen Sie sich: »Was ist mir wirklich wichtig?« (»Im Grunde mag ich meinen Job; außerdem bin ich dafür bekannt, dass ich in jeder Situation einen kühlen Kopf bewahre und ein guter Teamspieler bin.«)
4. Agieren Sie in Übereinstimmung mit Ihrer inneren Verpflichtung gegenüber den Dingen, die Ihnen wirklich wichtig sind. (Machen Sie einen Termin aus, um mit Ihrem Chef in aller Ruhe Ihren Standpunkt und Möglichkeiten zu erörtern, wie man ähnliche Situationen in Zukunft besser handhaben könnte. Wenden Sie sich mit Lösungsvorschlägen an Ihren Vorgesetzten, nicht mit Problemen.)

Wenn Sie die ALFA-Regel beherzigen, koppeln Sie Ihr Verhalten von Ihren negativen Gefühlen ab. Sie besinnen sich auf Ihre innere Verpflichtung gegenüber Ihrer wahren Natur und treffen dadurch die bewusste Entscheidung, was für ein Mensch Sie sein und werden wollen.

Wie man dem Selbstmitleid ein Ende setzt

Eine weitere Möglichkeit, wie sich die Mitglieder eines Angstkiller-Teams gegenseitig helfen können, den Klagen ein Ende zu setzen, ist die leise Erinnerung daran, dass uns die Frage nach dem Warum der Lösung des Problems keinen Schritt näher bringt. Mit der Frage »Wie?« allerdings holen wir es in unsere eigene Verantwortung zurück und ergreifen die Initiative.

Nachdem mein Vater meine Mutter vor meinen Augen getötet hatte, fragte ich jeden Tag nach dem Warum; ich war so fixiert darauf, dass ich bis zur Volljährigkeit und einige Jahre darüber hinaus blind durchs Leben ging. Warum hatte mein Vater eine so grauenvolle Tat begangen? Warum ausgerechnet vor meinen Augen? Warum hatte ich ihn nicht davon abhalten können? Warum hatte er mich nicht auch umgebracht? Warum hatte Gott überhaupt zugelassen, dass meine Eltern starben, vor allem meine Mutter? Warum wurde ich überhaupt geboren? Solange ich aber nach dem Warum fragte und keine Antworten bekam, trat ich auf der Stelle, war erstarrt in dem Moment, als das Krachen eines Gewehrs die Angst in mir weckte, ich verdiene es nicht, am Leben zu sein.

Als ich Jahre später mein Programm entwickelte, fand ich die Lösung: Ich begann, nicht mehr »Warum?« zu fragen, sondern »Wie?«: Wie kann ich meine Erfahrung in eine positive Kraft ummünzen, die nicht nur mir, sondern auch anderen Menschen hilft? Wie kann ich die Fixierung auf meinen Kummer und Schmerz durchbrechen und mir bewusst machen, was gut und richtig in meinem Leben ist? Wie kann ich mir selbst verzeihen und meine positiven Eigenschaften, Fähigkeiten und Leistungen anerkennen? Wie kann ich meine Zeit und Energie auf das Hier und Jetzt konzentrieren, statt ständig darüber nachzugrübeln, warum Gott die Tragödie zugelassen hat?

Der Wechsel vom Warum- in den Wie-Modus ermöglicht uns ein Leben, das produktiver und freudvoller ist, als wir es uns jemals vorstellen konnten. Selbst wenn Ihre Warum-Fragen weniger dramatisch sind als meine, nageln sie Sie gleichermaßen auf dem Rad der Angst fest und verhindern, dass Sie auf das Rad der Freiheit gelangen. Im Rahmen meiner langjährigen beruflichen Arbeit mit Klienten habe ich festgestellt, dass diese Warum-Fragen immer auf die universelle Frage hinauslaufen: »Warum ich?«

- Warum haben mir meine Eltern nicht von klein auf beigebracht, wie man mit Geld umgeht?
- Warum finde ich niemanden, der mich wirklich liebt?
- Warum haben sich meine Eltern scheiden lassen?
- Warum kann ich mich nicht besser beherrschen?
- Warum hatten meine Eltern nie Zeit für mich?
- Warum hat mich mein Chef bei der Beförderung übergangen?
- Warum bin ich so unorganisiert?

Diese Warum-Fragen haben große Macht über die Menschen, die sie stellen. Es geht hier nicht so sehr um das Ausmaß des Unglücks, sondern um Ihre Wahrnehmung. Wenn Sie das Gefühl haben, dass Ihnen das Schicksal aus welchen Gründen auch immer übel mitgespielt hat, und sich ständig den Kopf über das Warum zerbrechen, zementieren Sie die Angst, dass Sie minderwertig, nutzlos, machtlos oder ein Pechvogel sind.

Fakt ist, dass wir solche Fragen nie mit hundertprozentiger Sicherheit beantworten können. Trotzdem gibt uns die Frage nach dem Warum ein besseres Gefühl. Wir können uns der Illusion hingeben, dass wir an uns arbeiten und vorwärts kommen, obwohl wir uns in unserem Rad der Angst befinden und uns ständig im Kreis drehen. In manchen Therapien ist es nützlich, dem Warum auf den Grund zu gehen, aber diese Analyse findet unter Anleitung eines erfahrenen Beraters statt, der damit einen bestimmten Zweck verfolgt. Wenn wir uns immer wieder nach dem Warum fragen, kommen wir der Antwort keinen Schritt näher, denn der Handlungsimpuls fehlt. Was gefördert wird, ist die Selbstanalyse; aber wenn ich noch mehr über die zahllosen Herausforderungen in meinem Leben nachgrüble, wird meine Angst nur größer und mein Selbstwertgefühl geschwächt. Und selbst wenn ich versuche, die Dinge in die richtige Perspektive zu rücken, indem ich mir vor Augen halte, dass es anderen noch schlechter geht als mir, wird die Situation dadurch nicht besser. Wenn wir uns mit anderen vergleichen, bagatellisieren wir den eigenen Kummer und haben ein schlechtes Gewissen, weil wir uns selbst wieder einmal bemitleidet haben – was wiederum der Angst Auftrieb gibt.

Warum-Fragen bewirken, dass wir mit unserem Problem in einer Sackgasse stecken bleiben. Wie-Fragen bringen etwas in Bewegung und bewirken, dass wir aktiv und selbstbestimmt nach Antworten suchen. Fragen Sie also: »Wie gelingt es mir, mein Bewusstsein zu schärfen und die Chancen zu entdecken, die es überall in meinem Leben gibt?«

ANGSTKILLER-ÜBUNG: DANK SAGEN

Wenn wir der Litanei der Klagen ein Ende setzen wollen, müssen wir lernen, unsere Erfahrungen bewusst in einen neuen, konstruktiven Rahmen zu stellen. Denken Sie an die Macht und die Meisterschaft, mit der Sie Ihr Leben lenken könnten, wenn Sie in der Lage wären, eine negative Situation in eine positive zu verwandeln, in eine Chance. Wenn es Ihnen mit Hilfe eines einfachen Trainingsprogramms und entsprechender Übung gelänge, das Glas als halb voll und nicht als halb leer wahrzunehmen! Dieses Trainingsprogramm gibt es: Es ist leicht nachzuvollziehen und nimmt fünf bis zehn Minuten am Tag in Anspruch, aber die Wirkung ist immens. Schon nach kürzester Zeit bauen Sie emotionale Stärke auf, ähnlich, wie Sie bei regelmäßigem Krafttraining physische Stärke entwickeln. Geloben Sie sich, das emotionale Training ernst zu nehmen und regelmäßig zu üben.

Schreiben Sie als Erstes auf, wofür Sie dankbar sein können. Gehen Sie dabei über das Konzept der »Gottesgabe« hinaus, das so alt ist wie die Menschheit. Eine Gottesgabe ist eine wichtige positive Kraft für die meisten: gute Gesundheit, Freiheit vom Wünschen und Wollen, Liebe, die Chance, etwas zu verändern. Dank sagen können wir dagegen für abertausend Dinge, die »eine Nummer kleiner« und ganz spezifisch sind. Solche Danksagungen bewirken mehr, als uns nur eine Zeit lang ein gutes Gefühl zu vermitteln. Sie bewirken eine grundlegende Einstellungsänderung und verwandeln eine negative Denkweise in eine positive. Sie führen eine grundlegende Änderung unserer Sprachgewohnheiten herbei und verwandeln eine negative Ausdrucksweise in eine positive. Sie verändern unsere Weltsicht. Sie bringen uns mühelos auf das Rad der Freiheit. Danksagungen verlagern unseren Fokus: Unser Blick konzentriert sich auf das, was wir haben, statt nach dem zu schielen, was wir nicht haben. Wenn Sie diese Danksagungen zu einem festen Bestandteil Ihres Tagesablaufs machen, trainieren Sie die Fähigkeit, Chancen und Möglichkeiten zu erkennen, die es vorher nicht gab.

Danksagungen helfen zum Beispiel in Situationen, die Neuland sind. Betsy nahm allein an einer Feier teil. Schon beim Betreten des Saals, in dem großes Gedränge herrschte, fühlte sie sich unwohl. Sie kannte keine Menschenseele, und solche Massenveranstaltungen lagen ihr nicht. Die übrigen Gäste waren wesentlich älter als sie. Gerade wollte sie wieder gehen, als sie zum Tanzen aufgefordert wurde. Da sie nicht unhöflich sein wollte, nahm sie an. Bis zu diesem Zeitpunkt hatte sie das Gefühl gehabt, der Situation nicht gewachsen zu sein. »Das ist nicht mein Ding«, dachte sie. »Und erst diese Leute! Was mache ich hier überhaupt?« Doch als sie die Tanzfläche betrat, war sie in ihrem Element. Betsy hatte einen Tanzkurs besucht und ging davon aus, dass sie keinen ebenbürtigen Partner hatte. Sie täuschte sich. Als der ältere Herr, der sie aufgefordert hatte, sie wie ein Profi über das Parkett wirbelte, war sie dankbar, dass sie die Standardtänze gelernt hatte. Als die Musik verstummte, machte er ihr ein Kompliment. Sie war dankbar, dass er ihre Mühe, mit ihm Schritt zu halten, zu schätzen wusste. Als er sich verabschiedete, wurde ihr bewusst, dass sie um ein Haar ein Fest verlassen hätte, das ganz unterhaltsam zu werden versprach. Betsy schickte ein stummes Dankgebet für die Einladung zum Himmel. Bis Mitternacht hatte sie reichlich Gelegenheit, das Tanzbein zu schwingen; ihre Partner waren hervorragende Tänzer, und sie genoss die »kostenlosen Tanzstunden«. Die Einladung hätte sich als Reinfall erweisen können. Aber statt zu jammern und nur das Negative zu sehen, erweiterte Betsy ihre Optionen und richtete ihr Augenmerk auf die positiven Seiten der Erfahrung. Negativ ist etwas nur dann, wenn wir es als negativ definieren; die Entscheidung liegt bei uns. Dadurch, dass sie am Ende ihre Dankbarkeit für die Einladung zum Ausdruck brachte, gelang es Betsy, Vorurteile über Bord zu werfen, die vom Rad der Angst aktiviert worden waren, und sowohl ihrer wahren Natur als auch dem Gefühl des Einsseins mit sich selbst Rechnung zu tragen. Sie gelangte auf das Rad der Freiheit und amüsierte sich prächtig.

Hier einige Regeln, die Ihnen das Danksagen erleichtern:
• Fünf Danksagungen am Tag sind optimal. Sie können freilich mit weniger beginnen und jeden Tag weitere hinzufügen, sobald Sie mehr Übung darin haben.

- Halten Sie Ihre Danksagungen schriftlich fest, wie Betsy nach dem Ball. Sie können sie auch laut aussprechen, auf dem Weg zur Arbeit oder zu einem Meeting, und später notieren. Damit legen Sie praktisch ein Archiv mit den kleinen und großen Veränderungen in Ihrem Leben an, das die Fortschritte dokumentiert.
- Benutzen Sie die Gegenwartsform: »Heute bin ich dankbar für ...« Damit richten Sie den Fokus auf Ihre Erfahrungen im jeweiligen Augenblick.
- Meiden Sie das Wort »nicht«. Formulieren Sie den Satz »Ich bin dankbar, dass die Friseurin mir dieses Mal die Haare nicht zu kurz geschnitten hat« um in: »Ich bin dankbar, dass meine Friseurin mir heute die Haare in der richtigen Länge geschnitten hat.« Damit gewöhnen Sie sich an, Ihre Gedanken positiv zum Ausdruck zu bringen, was wiederum eine positive Auswirkung darauf hat, wie Sie reden, denken und zuhören.
- Seien Sie so spezifisch wie möglich. Statt der allgemeinen Aussage »Heute bin ich dankbar für das schöne Wetter« schreiben Sie: »Heute bin ich dankbar, dass die Sonne die Wolkendecke durchdrungen und die Gänseblümchen zum Blühen gebracht hat, die aus den Ritzen im Bürgersteig sprießen.« Der Vorteil einer spezifischen Danksagung besteht darin, dass es leichter ist, sich eine bestimmte positive Erfahrung zu vergegenwärtigen und positive Erinnerungen aufzubauen.
- Bei den Danksagungen geht es nicht um die eigenen Leistungen, sondern um Erfahrungen, um Beobachtungen und den Austausch mit anderen Menschen, um die Schönheit der Welt, um Glücksfälle. Zum Beispiel: »Ich bin dankbar, dass Russell mein Auto so fachmännisch repariert hat«; »Ich bin dankbar, dass Sofia mich heute Mittag in der Kantine gefragt hat, ob ich mich zu ihr setzen will«.
- Danksagungen müssen nichts Spektakuläres, Großes sein. Auch die kleinen Dinge im Leben zählen: das Lächeln eines Kindes, die perfekten Ohrringe zu einem erschwinglichen Preis, das Spiel mit einem kleinen Kätzchen, die zufällige Begegnung mit einem alten Freund, ein Tisch am Fenster in Ih-

rem Lieblingsrestaurant, die Ampeln, die grün waren, als Sie es heute Morgen eilig hatten.

- Dank kann man auch für einschneidende Erfahrungen sagen: dafür, einem nahe stehenden Menschen dabei zu helfen, eine Krankheit durchzustehen, endlich die Scheidungspapiere im Briefkasten vorzufinden, Geld vom Finanzamt zurückzubekommen.
- Wählen Sie einen Bereich für Ihre fünf Danksagungen aus, vorzugsweise denjenigen, auf den Sie sich derzeit fokussieren. Wenn Sie Ihr Bewusstsein geschärft haben, halten Sie nach weiteren Themenbereichen Ausschau. Wenn Sie beispielsweise schreiben, dass Sie dankbar sind, weil bei Ihrem Morgenspaziergang die Sonne geschienen hat, denken Sie an vier weitere Danksagungen, die nichts mit dem Wetter zu tun haben. Nutzen Sie Ihre Danksagungen als Chance, dankbar für jede Erfahrung zu sein, bei der die Angst geringer und die Freiheit größer wird.
- Nehmen Sie Ihre Gefühle wahr, wenn Sie die Danksagungen schreiben. Geht es Ihnen auf Anhieb besser? Fühlen Sie sich zu Tränen gerührt? Innerlich stark? Zuversichtlich? Inspiriert? Aufgeregt? Optimistisch? Froh, am Leben zu sein? Sie können diese Gefühle und Empfindungen neben die entsprechende Danksagung schreiben, um positive Gefühle mit den Erfahrungen in Ihrem Leben zu verknüpfen. Das ist vor allem dann wichtig, wenn Sie Ihr Selbstvertrauen stärken müssen, eine der wirksamsten Folgen der Danksagungen. Wenn Sie Ihr Archiv ständig aktualisieren, verändern sich nach und nach Ihr Filtersystem, Ihre Wahrnehmungen und Ihre Indizienbeweise, nach denen Sie suchen, um Ihren Standpunkt zu untermauern. Mit jeder Danksagung gewinnt Ihr Rad der Freiheit an Schwung.

Damals, als ich eine notorische Schwarzmalerin war, hätte ich die kostbaren Augenblicke nicht bemerkt, in denen alles nach Wunsch lief. Ich hätte sämtliche Erfahrungen in einen negativen Rahmen gestellt, etwa: Warum muss ich mir das antun, einen Vortrag vor hochkarätigen Managern zu halten, wo ich doch vor lauter Lampenfieber nur so bibbere? Solche Klagen bedeuten im Klartext: »Ich habe Angst, dass ich nicht gut genug bin, um Vorträge zu halten.«

Danksagungen zerstreuen diese Ängste jedoch. Sie bedeuten im Klartext: »Ich wäre nicht gebeten worden, den Vortrag zu halten, wenn ich nicht qualifiziert dafür wäre.« Danksagungen haben eine magische Wirkung. Sie aufzuschreiben ist ein Prozess, der dazu beiträgt, die Angst zu meistern und freizusetzen, was der Psychologe Maslow als grundlegendes Merkmal der menschlichen Natur bezeichnet, als »die Neigung, schöpferisch zu sein«. Mit Danksagungen schulen Sie Ihre Fähigkeit, zwischen der Welt der Angst und der Welt der Freiheit, zwischen angstbasiertem Gefühl und freiheitsbasierter Intuition zu unterscheiden. Die Neigung, Werturteile über sich selbst und andere zu fällen, schleift sich ab, wenn Sie lernen, allen Erfahrungen eine positive Seite abzugewinnen. Wenn Sie bewusst entscheiden, das Gute zu sehen, das in Ihrem Leben bereits vorhanden ist, öffnen Sie automatisch die Schleusen, um noch mehr Gutes hereinzulassen.

Unsere Intuition lügt nicht

Danksagungen bringen uns wieder mit unserer Intuition in Kontakt. Gefühlen kann man nicht immer trauen, wie wir gesehen haben. Aber die Intuition irrt sich nie. Sie ist klar. Sie müssen nur lernen, sie von der Stimme der Angst zu unterscheiden. Wenn ein angstbasiertes Gefühl in uns hochkommt, entsteht ein innerer Konflikt, und wir ringen damit, wie wir ihn lösen sollen. Jean wollte beispielsweise um eine Gehaltserhöhung bitten. Eine innere Stimme sagte ihr, sie sei nicht gut genug, während eine andere ihr riet, es auf einen Versuch ankommen zu lassen. Vielleicht haben Sie ähnliche Erfahrungen gemacht. Diese beiden Stimmen haben unterschiedliche Funktionen. Die erste ist die Stimme der Angst, die zweite die Stimme der Intuition, die Stimme der Freiheit. Auf welche hören Sie? Auf die Stimme der Angst, die Ihre wahre Natur einengen und klein halten will, den fantastischen, wunderbaren Kern Ihres Selbst?

Woher wissen Sie, welche Stimme von Angst motiviert ist und welche Ihre freiheitsbasierte Intuition respräsentiert? Die Stimme der Angst ist immer in Eile, stützt sich auf Indizien, die längst nicht mehr aktuell sind, möchte Ihnen einreden, dass nicht genug für alle da ist, schränkt die Bandbreite Ihrer Optionen durch den Hinweis darauf ein, was nicht funktioniert, will Sie mit Hilfe Ihrer eigenen logischen Argumente und Gefühle überzeugen und impft Ihnen generell ein geringes Selbstwertgefühl ein.

Als Kathy sich beruflich verändern wollte und am selben Tag zwei Angebote erhielt, riet ihr die Angst, den Job mit dem höheren Gehalt anzunehmen. Die Intuition sagte ihr, es sei wichtiger, Spaß an der Arbeit zu haben und sich jeden Morgen darauf freuen zu können. Die Angst empfahl ihr, sich für die Tätigkeit zu entscheiden, die sie aus langjähriger Erfahrung kannte. Die Intuition hielt dagegen, sie solle diejenige wählen, die sie vor neue Herausforderungen stellen würde. In solchen Konfliktsituationen legt die Intuition uns nahe, in uns selbst zu investieren, an unsere Gedanken und Ideen zu glauben, auf die eigenen Fähigkeiten zu vertrauen. Die Intuition erweitert unsere Optionen, weiß, dass in Wirklichkeit kein Mangel an Zeit und Geld herrscht, und hat eine Engelsgeduld. Die Intuition ist vierundzwanzig Stunden am Tag und an sieben Tagen in der Woche verfügbar, und doch machen nur wenige Menschen von dieser wichtigen Entscheidungshilfe Gebrauch. Wenn wir die Danksagungen benutzen, um unsere Angst in den Griff zu bekommen, wird die unterschwellig wirksame, friedvolle Stimme der Intuition zu unserer wichtigsten Orientierungshilfe. Sie weist uns den Weg zum Ziel und stärkt den Elan, den wir brauchen, um ein Risiko einzugehen und ein angstfreies Leben zu führen.

Danksagungen sind ein Tor zur Freiheit; sie verändern unverzüglich unseren Fokus, indem sie die Aufmerksamkeit auf unsere Intuition richten. Dafür gibt es unzählige Beispiele aus meiner Praxis. Doug, der einsame Wolf, der meinte, alle guten Frauen wären vergeben, schrieb nach mehreren Monaten »Training« an einem Samstag im Juni folgende Danksagungen auf:

»Ich bin dankbar, weil der Busfahrer mir nicht vor der Nase davongefahren ist, sondern gewartet hat. Ich bin dankbar, weil bei unserem Firmenpicknick die Sonne schien. Ich bin dankbar, weil ich eine wirksame Mückenlotion dabei hatte. Ich bin dankbar, weil ich den Geruch von Grillfleisch liebe. Ich bin dankbar, weil ich das Gras zwischen meinen Zehen mag, wenn ich barfuß laufe.« Doug hätte vor den Danksagungen nur das Negative gesehen, wie er selbst zugibt: »Warum konnten sie das Picknick nicht auf einen Arbeitstag verlegen? Ich hasse es, am Wochenende früh aufzustehen, und dann hätte ich auch noch um ein Haar den Bus verpasst. Bei der Hitze hätte ich lieber in meinem klimatisierten Büro gesessen. Muss der Treibhauseffekt sein; wahrscheinlich dauert es sowieso nicht mehr lange, bis der ganze Planet schmilzt. Warum müssen Mückenlotionen so ekelhaft riechen und kleben? Warum gab es beim Firmenpicknick nur rotes Fleisch – und dann auch noch vom Grill? Wollen die, dass wir Krebs kriegen? Warum war der Park so ungepflegt? Ich zahle schließlich Steuern! Jemand sollte hin und wieder den verdammten Rasen mähen!«

»Rückblickend kann ich kaum glauben, dass ich mich ständig über etwas aufgeregt habe«, sagte Doug. »Kein Wunder, dass ich bei Frauen keinen Blumentopf gewinnen konnte. Aber das hat sich geändert. Bei dem Firmenpicknick habe ich daran gedacht, wofür ich dankbar sein kann, und mich sofort gut und entspannt gefühlt, und plötzlich kommt die hübsche Buchhalterin und spricht mich an. ›Warum lächeln Sie?‹ Und ich sage: ›Ich genieße das Picknick und freue mich, dass ich dabei bin.‹ Wir verbrachten den Tag zusammen, und ich habe sie nach ihrer Telefonnummer gefragt. Seit zwei Monaten haben wir eine Beziehung. Wie man sieht, sind doch nicht alle guten Frauen vergeben!«

Judy, die sich darüber beklagte, dass ihr Job sie davon abhielt, Schauspielerin zu werden, begann ebenfalls, Danksagungen aufzuschreiben, die zu einer völlig neuen Einstellung führten. Sie war nun dankbar für die Arbeit, die sie verrichtete, weil sie damit den Schauspielunterricht finanzieren konnte. Sie war dankbar, weil sie ausgezeichnete Schauspiellehrer, einen guten

Fotografen und eine erstklassige Agentur fand. Bald darauf hatte sie den Mut, zum Vorsprechen zu gehen, und sie erhielt prompt ein Engagement!

ANGSTKILLER-ÜBUNG

- Schreiben Sie in der ersten Woche mindestens drei Danksagungen auf. Erweitern Sie die Anzahl auf fünf.
- Bitten Sie ein Mitglied Ihres Angstkiller-Teams, Ihr Kummerkasten-Partner zu sein.
- Ersetzen Sie die Klagen, die Sie aufgeschrieben haben (siehe Angstkiller-Übung auf Seite 228), durch Danksagungen.
- Wenn Sie sich bei verbalen Klagen ertappen, machen Sie Ihrem Kummer Luft oder ersetzen Sie jede Klage durch eine Danksagung.
- Wählen Sie eine der häufigsten Klagen aus und klammern Sie das Thema eine Woche lang bewusst aus Ihren Gesprächen aus.
- Streichen Sie jede Woche drei Klagen, indem Sie diese in einen neuen, konstruktiven Rahmen stellen, sich bei Ihrem Kummerkasten-Partner Luft machen oder das Problem auflösen.

Inzwischen sind Sie auf dem besten Weg, ein Ex-Schwarzmaler zu werden, und bereit, die wichtigsten und spannendsten Phasen des Fearless-Living-Programms in Angriff zu nehmen: Sie werden erfahren, wie wir aufhören, unser schlimmster Feind zu sein, unsere Selbstachtung fördern und unsere Spontaneität von der Leine lassen können, die von der Angst in Schach gehalten wird.

9 Keine Selbstzerfleischung

Ich werde Ihnen etwas anvertrauen, dessen ich mich jahrelag geschämt habe. Bevor ich lernte, angstfrei zu leben, wäre ich lieber gestorben, als etwas darüber verlauten zu lassen: Ich bin ein Mensch, der alles »auf den letzten Drücker« erledigt. Früher hätte ich mir wegen meiner Bummelei die Hölle heiß gemacht. Dabei wäre es vermutlich niemandem aufgefallen, weil die Ergebnisse unter dem Strich zufrieden stellend sind. Damals, als ich Dauergast auf dem Rad der Angst war, befürchtete ich, von anderen als Versagerin abgestempelt zu werden, wenn sie gewusst hätten, dass ich meine Zeit mit dem Umtopfen von Pflanzen »vertrödelte«, statt zielstrebig an einem Projekt zu arbeiten, gleich welcher Art. Ich verlangte von mir, jederzeit hart, effizient und perfekt zu arbeiten, und dass ich diesem Anspruch nicht genügte und alles in letzter Minute erledigte, machte mich fertig. Obwohl niemand sah, wie ich Pflanzen eintopfte, überzeugten mich meine Ängste, dass ich auf solche Ablenkungen verzichten müsse. Jedes Mal, wenn ich nicht lange im Voraus plante, hatte ich Scham- und Schuldgefühle und war mir sicher, es sei nicht recht, in den Tag hinein zu leben. Dann nahm ich mich zusammen und versuchte beim nächsten Mal, rechtzeitig mit einem Projekt zu beginnen und konsequent daran zu arbeiten; aber das funktionierte nicht, weil ich die ganze Zeit unruhig war. Ich wurde immer einfallsreicher darin, Ausreden zu finden und einen Bogen um meinen Schreibtisch zu machen.

Aber gleichgültig, ob ich nun versuchte, die Arbeit zu bewältigen oder zu vermeiden, die Folge war, dass ich mich wertlos und wie eine Versagerin fühlte. Ich war nie mit mir zufrieden. Wenn ich endlich an meinem Schreibtisch saß, haderte ich mit mir, wenn ich mein Pensum nicht schaffte und nicht schnell genug arbeitete. Wenn ich zum Einkaufen fuhr, machte ich mir Vorwürfe, weil ich damit andere wichtige Dinge auf die lange Bank schob. Und wenn ich zum Mittagessen ging, bot mir mein

Rad der Angst einen guten Grund, mich als faul, dumm oder gefräßig zu bezeichnen. Und dann schwor ich mir, ab sofort meine Zeit besser zu managen – eine Fähigkeit, die meiner Meinung nach alle Gewinner und wertvollen Menschen auszeichnete.

Diese Situation dauerte jahrelang an. Dann begann ich mein Programm zu entwickeln und erkannte, dass die Erledigung von Aufgaben »auf den letzten Drücker« offenbar mein ganz persönlicher Arbeitsstil war; er funktionierte am besten bei mir. Ich empfand ihn nicht als Bummelei. Ich brauche ein gewisses Maß an Druck, um zu persönlichen Bestleistungen aufzulaufen. Er bringt mich erst richtig auf Touren, und dann schaffe ich auch das, was ich mir vorgenommen habe. Ich erkannte außerdem, dass die Zeit, die ich mit anderen Dingen verbringe, keineswegs vergeudet ist. Aufgrund der Methode, wie wir Informationen verarbeiten, benötigt unser Gehirn einige Zeit, um Gedanken zu sortieren, die gespeicherten Bausteine zusammenzufügen und sie dann als Antwort auf eine Situation abzuspeichern, die zu unserer Lebensperspektive wird. Dieser Prozess läuft bei mir am besten ab, wenn ich nicht krampfhaft versuche, perfekt zu sein. Ideen kommen mir in den merkwürdigsten Augenblicken, wenn ich beispielsweise beim Umtopfen einer Geranie die Wurzelballen in den Händen halte oder wenn ich bastle.

Forschungen haben ergeben, dass die Erledigung von Aufgaben auf den letzten Drücker dem Lernprozess nicht förderlich ist. Und jeder Lehrer, den ich hatte, erteilte mir eine Rüge, weil ich eine Aufgabe nicht ruhig und konsequent beenden konnte. Erst als ich mein Programm entwickelte, hatte ich den Mut und das Selbstvertrauen, die Forschungsergebnisse und Ermahnungen meiner Lehrer in Frage zu stellen. Was, wenn diese Methode, bei der ich mein individuelles Arbeitstempo ihren Regeln anpassen musste, nicht die richtige für mich war, um mein Lernpotenzial und meine Kreativität zu entfalten? Was, wenn ich zu den Ausnahmen gehöre, die bekanntlich die Regel bestätigen? Was, wenn es gar keine allgemein gültigen Regeln gibt? Was, wenn ich keine Niete bin? Was, wenn ich keine hoffnungslose Trödlerin ohne einen Funken Selbstdisziplin bin? Was, wenn ich richtig bin, so wie ich bin, und Lern- und schöpferische Prozesse lediglich nach meinem eigenen Muster ablaufen? Was, wenn ich aufhöre, mich selbst zu entwerten, und stattdessen nach meiner eigenen Fasson selig werde, indem ich nur noch tue, was mich innerlich stärkt?

An diesem Punkt nahm ich mir vor, mir von jetzt an drei Monate lang keine Vorhaltungen mehr wegen meiner Arbeitsweise zu machen. Ich wollte mich loben für das, was ich geschafft hatte, und mochte es auch noch so unbedeutend sein. Ich würde kein Werturteil mehr über mich fällen. In diesen drei Monaten entdeckte ich, dass ich den Druck, die Spannung, den Stress brauche. Sie bereiten mich optimal auf den kreativen Prozess vor. Meine Besorgnis schwand, und mein schlechtes Gewissen verging. Ich schrieb das erste Begleitbuch für meine Seminare binnen weniger Wochen, und für das zweite brauchte ich auch nicht länger. Diese Projekte hatte ich schon seit langer Zeit in Angriff nehmen wollen, aber die Gewohnheit, mich ständig wegen meiner Arbeitsweise zu entwerten, hatte mich davon abgehalten, diese Pläne zu verwirklichen. Als ich begann, meine Kaffeepausen am Nachmittag und späten Abend unbeschwert zu genießen, fand ich meinen natürlichen Rhythmus, befreite mich von der Angst und begann, auf eine Weise schöpferisch zu sein, wie sie mir bestimmt war.

Keine negativen Selbstgespräche

Seither habe ich vielen Klienten geholfen, ihre von Angst motivierten, einengenden Verhaltensweisen zu überwinden; sie lernen, ihre Erfahrungen in einen neuen, konstruktiven Rahmen zu stellen und das Bedürfnis abzulegen, sich zu entwerten, weil sie glauben, sie müssten anders »funktionieren«. Ich möchte noch einmal betonen, wie wichtig es ist, sich auch dann nicht zu entwerten, wenn Ihr Verhalten tatsächlich selbstzerstörerisch oder unangemessen war. Wenn wir uns außerdem mit negativen Selbstgesprächen bestrafen, während wie uns auf dem Rad der

Angst drehen, richten wir noch größeren Schaden an. Selbstvertrauen, Mut und Selbstachtung sind auf einen Schlag vergessen. Wenn Sie sich selbst entwerten, motivieren Sie sich nie, etwas zu verändern.

Ich kenne niemanden, der die Selbstachtung und den Mut aufbrachte, tief greifende positive Veränderungen herbeizuführen, weil er sich immer wieder gesagt hatte: »Du bist ein Idiot! Wie konntest du nur? Du solltest es doch besser wissen!« Wenn Sie solche inneren Dialoge führen, verstärken Sie die Angst, dass Sie den Erwartungen nicht entsprechen *können*. Diese Stimme ist nicht Ihr höheres Selbst. Sie hat nichts mit dem Unterbewusstsein zu tun. Sie wird von Ihrem Rad der Angst beeinflusst, von Werturteilen, Verletzungen und falschen Überzeugungen, die seit Generationen überliefert wurden. Aber diese Stimme sind nicht Sie.

Erinnern Sie sich an Frank, den Immobilienverkäufer, der Angst hatte, in seinem Beruf zu versagen? Er bewies, dass man unter der Knute der Angst einiges im Leben erreichen kann. Doch hier geht es nicht um Status und Leistung, sondern um ein angstfreies Leben, in das Sie Ihre ganze Energie und Ihre wahre Natur einbringen. Wenn Sie dieses Ziel als das wichtigste im Auge behalten, gibt es keinen Grund, sich zu schwächen, indem Sie sich entwerten. Nicht einen einzigen!

Die Lösung liegt darin, bewusst darauf zu achten, wie Sie *mit* sich selbst und, im Beisein anderer, *über* sich selbst sprechen. Zunächst sei der Prozess erläutert, der stattfindet, wenn Sie erkennen, wie und wann Sie sich selbst entwerten. Um zu lernen, wie Sie diese eingefleischte Gewohnheit ablegen, bedarf es einer inneren Verpflichtung. Geben Sie sich mindestens drei Monate Zeit; so lange brauchen Sie, um Fortschritte festzustellen. Der Lernprozess umfasst mehrere Phasen. Die folgenden Orientierungshilfen sollen Ihnen helfen, sich von der entwertenden Stimme der Angst zu befreien.

Sobald Sie sich innerlich verpflichtet haben, auf Ihre negativen Gedanken zu achten, wird es folgendermaßen, unter Umständen mit leichten Abwandlungen, weitergehen: Nachdem Sie die negativen Auswirkungen Ihrer Selbstzerfleischung erkannt haben, beschließen Sie, diese Unsitte mit aller Macht aus Ihrem Alltag zu verbannen. Sie ziehen es vor, negative Gedanken umgehend zur Kenntnis zu nehmen, und nicht Minuten, Stunden oder Tage *danach*. Sie fallen ihnen vor allem dank ihrer Auswirkungen auf: als da wären ein angekratztes Selbstwertgefühl, eingeschränkte Optionen, Wut auf Gott und die Welt und so weiter. Sie bemerken, dass die Selbstzerfleischung meistens eine Folge des Gefühls ist, nicht gut genug zu sein, in welcher Hinsicht auch immer. In dieser Phase machen Sie erstmals ein bestimmtes Muster aus, wie ich, als mir klar wurde, dass ich mich ständig wegen meiner Arbeitsgewohnheiten selbst anklagte. Dann fühlen Sie sich noch schlechter, denn Sie stellen fest, dass Sie sich Vorwürfe machen, weil Sie sich Vorwürfe machen. So komplex kann das Rad der Angst sein. Wenn Ihre Wahrnehmung geschärft ist, entdecken Sie schneller die negativen Gedanken, die Sie über sich selbst und andere haben. Ihr Bewusstsein wird erweitert und geschärft. Am Schluss sind Sie in der Lage, negative Selbstgespräche schon in dem Moment wahrzunehmen, in dem sie stattfinden. Sie lernen also, sich schneller dabei zu ertappen. Die Zeit, die Sie für die »Aufklärung des Falls« brauchen, wird kürzer. Im Gespräch hören Sie deutlich heraus, wenn andere sich selbst »schlechtreden«. Das stößt Sie ab. Sie beschließen, noch achtsamer zu werden. Beim nächsten Mal merken Sie noch während des Dialogs, dass Sie sich selbst entwerten.

Das ist der entscheidende Augenblick: Er beweist, dass sich Ihr Bewusstsein erhöht hat. Wenn Sie sich entwerten, beeinträchtigen Sie Ihre Fähigkeit, Kontakt zu anderen herzustellen, Risiken einzugehen und authentisch zu sein – das wird Ihnen nun zunehmend klar. Sie versprechen sich hoch und heilig, dieser Unsitte ein für alle Mal einen Riegel vorzuschieben. Schluss damit! Wenn Sie wieder rückfällig werden, machen Sie sich Vorwürfe und entwerten sich anschließend, weil Sie sich Vorwürfe gemacht haben. Sie fallen immer wieder in Ihr altes Verhaltensmuster zurück und haben das Gefühl, es stünde nicht in Ihrer Macht, etwas daran zu ändern. Doch dann erinnern Sie sich daran, dass es sich um einen Lernprozess handelt. Zuerst müssen Sie erkennen, dass Sie sich auf dem Holzweg befinden, bevor Sie einen anderen Weg einschlagen können. Nun kommt die Empathie ins Bild, der liebevolle Umgang mit sich selbst. Sie gönnen sich eine Verschnaufpause.

Wenn Sie aufhören, sich zu quälen, weil Sie nicht mehr um jeden Preis perfekt sein wollen, identifizieren Sie die negativen Selbstgespräche, noch bevor Sie einen Gedanken zu Ende denken oder die Worte über Ihre Lippen kommen. Das ist ein wichtiger Schritt. Das Bewusstsein ist so weit geschärft, dass Sie Ihr Verhalten schon im Ansatz stoppen können. Sie merken, dass die Angst zum Angriff übergeht, wenn Sie besonders verwundbar sind – zum Beispiel, wenn Sie ein Risiko eingehen. Sie beginnen zwischen Denken und Aussprechen der Gedanken zu differenzieren. Wenn Sie hin und wieder noch negativ über sich selbst denken, behalten Sie es für sich. Das ist ein untrügliches Zeichen, dass Sie die Stimme der Angst inzwischen ganz gut im Griff haben. Sie hören den negativen inneren Dialog, und statt sich deshalb zu entwerten, beschließen Sie, die Ohren zu spitzen. Wenn Sie sich entwerten oder klein machen, kontern Sie sofort: »Das ist eine Lüge. Das bin ich nicht.« Sie sind in der Lage, sich bei einem negativen Gedanken zu ertappen und ihn umgehend in einen positiven, konstruktiven Rahmen zu stellen. Statt »Jetzt plündere ich schon wieder den Kühlschrank – ich bin eben verfressen«, sagen Sie sich: »Heute wurde ich auf eine harte Probe gestellt. Ich nehme die Herausforderung an, statt aus lauter Frust wahllos etwas in mich hineinzustopfen.« Dann nehmen Sie die Karteikarte heraus und wählen selbstbestimmte Verhaltensalternativen aus. Anschließend loben Sie sich für dieses selbstbestätigende neue Verhalten.

Oder Sie danken Ihrer Stimme der Angst, weil sie sich Sorgen um Sie macht und auf Ihre Sicherheit bedacht ist; dann erinnern Sie sie daran, dass Sie ganz gut auch ohne sie klarkommen. Die Stimme wird sich immer seltener zu Wort melden. Die positiven Gedanken überwiegen, die negativen schwinden. Sie achten an jedem Scheideweg auf den inneren Dialog, den Sie führen. Das wichtigste Kriterium für ein stärkendes Selbstgespräch ist nun die Frage: »Sind meine Worte liebevoll, einfühlsam, freundlich, unterstützend oder einsichtig?« Sie haben ein merkwürdiges Gefühl, wenn Sie sich entwerten. Kein gutes Gefühl. In Gesellschaft von Menschen, die sich selbst entwerten oder klein machen, fühlen Sie sich auch nicht mehr wohl. Sie werden nur noch selten rückfällig, und wenn, kontern Sie den Ausrutscher unverzüglich mit einer stärkenden Aussage. Die Kunst, einen negativen Gedanken in einen positiven Rahmen zu stellen, beherrschen Sie mittlerweile meisterhaft. Andere merken, dass Sie sich verändert haben, und wollen wissen, wie Ihnen das gelungen ist. Sie sind weniger ängstlich und können mehr, als Sie dachten.

Wie Sie sehen, gibt es viele Ansatzpunkte, die einen Ausstieg aus den alten, eingeschliffenen Verhaltensmustern ermöglichen, wenn wir das Rad der Angst unter Kontrolle bringen. Ich habe diese Ansatzpunkte beschrieben, um Sie zu ermutigen, in Ihrem Wachstums- und Entwicklungsprozess unbeirrt vorwärts zu gehen. Rückschläge sind unvermeidlich, aber sie sind von kurzer Dauer und treten meistens unmittelbar vor einem Quantensprung ein. Veränderung ist ein Prozess, und sobald wir ihn beherrschen, hat der Verstand den Freiraum, seine schöpferischen Kräfte zu entfalten und alles zu erreichen, was wir wollen.

Niemand ist perfekt

Wenn Sie durchhalten und die verschiedenen Phasen dieses Lernprozesses absolviert haben, haben Sie eine beachtliche Leistung vollbracht. Doch selbst dann, wenn Sie Ihre Angst beherrschen und über sich selbst hinauswachsen, hadern Sie unter Umständen mit sich selbst, weil die Metamorphose nicht vollständig oder von Dauer ist. Wie der Verhaltensforscher Maslow beklagt, sehen Menschen, die nach Wachstum und »Selbstverwirklichung« streben, in diesen Zielen oft ein »Nirwana der Perfektion«. Man glaubt, wenn man am Ziel angekommen ist, sei alles perfekt und man könne sich auf seinen Lorbeeren ausruhen. Doch so ist das Leben nicht. Leben hat mit Sein zu tun, aber immer auch mit Werden. Und manchmal auch damit, ein Stück zurückzugehen, auch wenn wir es nicht wollen.

Sie werden wie meine Klienten hin und wieder den Drang verspüren, Ihr Wachstum am Idealzustand zu messen, auch wenn Sie wissen, dass niemand perfekt ist. Doch solche Werturteile zementieren nur Ihre Ängste. Sie bringen unsere Unzulänglichkeiten wieder zum Vorschein und führen uns in Versuchung, uns mit anderen zu vergleichen – was zur Folge hat, dass wir noch mehr Angst haben, nicht mithalten zu können. Und damit untermauern wir unsere eigenen Unsicherheiten.

Wir sind so harsch mit unserer Selbstkritik, dass es uns oft schwer fällt, Komplimente entgegenzunehmen, wenn andere die Veränderung bemerken. Angenommen, jemand gratuliert Ihnen, weil Sie Ihr Vorhaben endlich wahrgemacht und die Firma gewechselt haben, und Sie denken: »Was soll das? Ich habe nur Bewerbungen losgeschickt und beim Vorstellungsgespräch einen passablen Eindruck gemacht; bleibt zu hoffen, dass mir der neue Job mehr Spaß macht als der alte.«

Vielleicht sprechen Sie diese Überlegungen sogar laut aus, statt einfach danke zu sagen. Wie dem auch sei, Sie können das Kompliment nicht annehmen. Sie genießen es nicht. Doch zu akzeptieren, was andere als unsere Stärke betrachten, ist von ausschlaggebender Bedeutung für eine ständige Weiterentwicklung. Komplimente sind ein Geschenk. Sie bieten uns und anderen die Gelegenheit, eine starke und positive Verbindung herzustellen.

In meinem Leben trat eine grundlegende Veränderung ein, als ich beschloss, die Komplimente anderer ohne Wenn und Aber zu akzeptieren. Eines Tages sah mein Sitznachbar im Flugzeug, wie ich mehrere Klarsichthüllen aus meinem Aktenkoffer nahm und auf dem Klapptisch vor mir stapelte. Die Hüllen waren mein persönliches Ordnungssystem; sie enthielten ein Manuskript. Während mir der Mann bei der Arbeit zusah, pfiff er anerkennend durch die Zähne und meinte: »Sie sind aber gut organisiert!« Damals war mein Rad der Angst aktiviert; ich zweifelte an meiner Fähigkeit, ein gutes Buch zu schreiben. Deshalb platzte ich heraus: »Woher wollen Sie das denn wissen? Sie kennen mich doch gar nicht!«

»Entschuldigen Sie. Ich dachte nur.«

Ich war verwirrt, verlegen, wusste nicht, wie ich mich verhalten sollte. Also bedankte ich mich für das Kompliment und arbeitete an meinem Manuskript weiter. Die Worte verschwammen vor meinen Augen, als ich an all die Komplimente dachte, die ich heruntergespielt hatte. Ob die Leute, von denen sie stammten, etwas in mir gesehen hatten, was mir entgangen war? Als ich über die Worte meines Sitznachbarn nachdachte, musste ich zugeben, dass ich wirklich ganz gut organisiert bin und immer war. Seit dem Moment, als ich mich auf diese Eigenschaft besann und sie wieder in meine Verantwortung zurückholte, hörte ich auf mir einzureden, ich sei unfähig, das Buch zu schreiben. Die Worte kamen plötzlich wie von selbst, und ich war stolz darauf. Sie drückten genau das aus, was ich zum Ausdruck bringen wollen. Ich konnte anderen damit helfen. Ich nahm den Kugelschreiber zur Hand und begann, meinen Text mit neuem Selbstvertrauen zu redigieren.

In dem Moment beschloss ich, mich künftig nur noch mit den Augen der Menschen zu betrachten, die mir ein Kompliment machten, statt meine Selbstsicht einzuschränken. Ich würde mich so sehen, wie sie mich sahen. Von da an begrüßte ich die Eigenschaften, die ich vorher entwertet oder ignoriert hatte. Wenn andere sie in mir sahen, vor allem, wenn mich mehr als eine Person darauf aufmerksam machte, wollte ich sie als wahr akzeptieren.

Während ich lernte, Komplimente anzunehmen, erkannte ich, dass man jemanden diffamiert und abwertet, wenn man seine Worte »auf die Goldwaage« legt. Wenn ein Kollege sagt: »Ich habe bei der Verkaufspräsentation heute Morgen einiges von Ihnen gelernt«, und Sie erwidern: »Eigentlich bin ich um die Zeit noch nicht richtig in Form. Ich habe einiges ausgelassen« statt »Vielen Dank, das freut mich«, haben Sie der Person vermittelt, dass sie keine Ahnung hat. Die Verbindung ist unterbrochen, das Vertrauen bröckelt. Die Entwertung blockiert den Weg zu einer echten Partnerschaft. Wenn Sie dagegen bereit sind, ein Kompliment als das anzunehmen, was es ist, mindern Sie Ihre Angst, fördern Ihre Fähigkeiten, würdigen Ihre Leistungen und stärken

Ihren Gesprächspartner in diesem Austausch. Eine Situation nach klassischem Muster, in der alle Beteiligten gewinnen. Mit der Unfähigkeit, ein Lob oder Kompliment vorbehaltlos anzunehmen, schüren Sie nicht nur die Angst, zu akzeptieren, wer und wie Sie wirklich sind, sondern kritisieren auch die Meinung Ihres Gesprächspartners. Sie lassen sich die Gelegenheit entgehen, Kontakt herzustellen und die Talente in den Vordergrund zu rücken, die Ihre Persönlichkeit ausmachen.

Noch ein Gedanke zum Thema Lob und Komplimente: Widerstehen Sie der Versuchung, sich ständig an den eigenen Spitzenleistungen zu messen. Als Studentin hatte ich Kleidergröße 36. Das ist lange her. Ich werde nie wieder Größe 36 tragen, das weiß ich. Wenn mir jemand ein Kompliment über meine Figur macht, könnte ich denken oder sagen: »Du hättest mich sehen sollen, als ich in Größe 36 passte. Damals hatte ich eine Superfigur und war richtig attraktiv!« Ich kann mich aber auch dazu entschließen, das Kompliment und mich selbst zu würdigen: »Vielen Dank.« Ich muss der Person, die mir das Kompliment macht, nicht zustimmen, aber ihr auch nicht widersprechen. Ich nehme es einfach an. Ein Kompliment anzunehmen ist ein weiterer Schritt im Lernprozess, der Ihnen hilft, Ihre Angst zu meistern und sich selbst zu akzeptieren.

ANGSTKILLER-ÜBUNG

Führen Sie Buch über die Komplimente, die man Ihnen macht:
• Schreiben Sie jedes Kompliment auf, ohne Werturteil oder Analyse.
• Schreiben Sie hinter jedes Kompliment: »Ich nehme es unbesehen an« oder »Ich beschließe zu glauben, dass es stimmt«.

Jedes Kompliment öffnet Ihnen die Augen für Ihre Stärken und Vorzüge.

Was ist daran so komisch?

Auch durch Witze entwerten wir uns oft selbst. Ich rede nicht über den gesunden Humor, der uns die Absurdität der Angst vor Augen führt.

Wenn Sie darüber lachen, dass Sie ein Großreinemachen veranstaltet und sogar die Bilderrahmen abgestaubt haben, nur weil der Monteur sich angekündigt hatte, um die Geschirrspülmaschine zu reparieren, ist das befreiend. Sie haben erkannt, dass die Angst, nicht gut genug zu sein, jeden Aspekt Ihres Lebens zu beherrschen versucht. Aber sich wegen der eigenen Unzulänglichkeiten zu verspotten, steht auf einem anderen Blatt; solche Gewohnheiten schwächen. Das Gleiche gilt für selbstironische Bemerkungen, über die andere lachen. Wenn Sie versehentlich eine Lampe umwerfen und sagen: »Wie ein Elefant im Porzellanladen!«, haben Sie die Lacher zwar auf Ihrer Seite, aber Sie fragen sich insgeheim, ob Sie nicht wirklich ungeschickt sind. Wenn Sie sich also das nächste Mal Schimpfnamen geben oder Witze über sich reißen, fragen Sie sich: »Habe ich mich damit gestärkt oder geschwächt?« Vergewissern Sie sich, dass Sie sich nicht auf diese Weise entwerten und kleiner machen, als Sie sind.

Wenn wir uns entwerten, ziehen wir uns herunter, geben die Hoffnung auf, dass wir uns jemals ändern, vergleichen uns mit anderen oder versuchen den Maßstäben anderer zu entsprechen. Wir reden uns ein, der schonungslose Umgang mit uns selbst sei besser, als von anderen auf unsere Unzulänglichkeiten hingewiesen zu werden. Doch in Wirklichkeit bestätigen wir nur ein negatives Verhaltensmuster, das unser Rad der Angst in Bewegung hält – indem wir uns nämlich immer wieder vor Augen halten, warum die Dinge so sind, wie sie sind. Das leistet dem Gefühl der Ohnmacht und Unfähigkeit Vorschub, unsere Lebensumstände zu verändern.

Die Neigung, sich selbst zu entwerten, kann auch die Form der falschen Bescheidenheit annehmen. Wir glauben, wir hätten mehr Chancen, geliebt zu werden, wenn wir nicht zu leistungsfähig, zu bedrohlich, zu stark erscheinen. Wir machen uns klein, damit andere sich größer fühlen können. Wir befürchten, man könnte uns für eitel halten, deshalb spielen wir unsere Stärken herunter. Wir können nicht zu intelligent, zu begabt oder zu sehr eins mit uns sein, aus Angst, andere gegen uns aufzubringen. Um diese Angst abzuwehren, so unsere Schlussfolgerung, müssen wir unsere Fehlleistungen lauter und häufiger verkünden als unsere Leistungen, damit sich niemand auf den Schlips getreten fühlt oder schlecht von uns denkt. Wir fühlen uns geneigt, unser Licht unter den Scheffel zu stellen, indem wir von Glück sprechen oder das Verdienst einem anderen zuschustern – aus Angst, die Gefühle anderer zu verletzen oder vor jemandem zu protzen.

Wir stellen uns dumm, um einen potenziellen Partner nicht abzuschrecken. Frauen sind besonders anfällig dafür: Sie befürchten, dass Männer sich durch kluge und erfolgreiche Frauen bedroht fühlen könnten. Es gibt gleichwohl viele Männer und Frauen, die nach einem Partner suchen, der ihnen das Wasser reichen kann. Eine Frau, die sich kleiner macht, als sie ist, um für einen Mann anziehend zu sein, wird nicht den für sie richtigen Mann anziehen. Sie hält ihr Potenzial unter Verschluss, in dem Glauben, damit etwas Gutes zu bewirken – aber ein solches Versteckspiel kann nie gut gehen. Wie Maslow sagte, leugnen wir unsere besten Seiten aus »Angst vor der Hybris«. Mit Hybris ist die Überheblichkeit gemeint. Doch wenn wir aufhören, uns selbst zu entwerten, und beginnen, unsere individuellen Besonderheiten zu feiern, werden wir auch die Angst vor der Hybris meistern.

ANGSTKILLER-ÜBUNG: WÜRDIGUNG

Ich habe ein wirksames Mittel gegen die Gewohnheit entdeckt, sich selbst zu entwerten. Es baut unsere Selbstachtung und die Fähigkeit auf, uns auf uns selbst zu verlassen. Ich habe diese Technik »Würdigung« genannt. Es handelt sich um eine spezifische Form des Eigenlobs, ein Eigenlob, das wahrscheinlich längst überfällig ist. Würdigungen sind der Treibstoff, der unseren emotionalen Motor mit Selbstvertrauen erfüllt. Wenn wir regelmäßig zu diesem Mittel greifen, wird es nie zu einem emotionalen Stillstand kommen.

Vielleicht haben Sie schon einmal etwas über »Affirmationen« oder Bestätigungen gehört. Sie sind wichtig, aber ihre Wirksamkeit wird durch unsere Fähigkeit bestimmt, an ihre Verwirklichung zu glauben. Wenn Sie sich sagen: »Ich bin für diese Aufgabe qualifiziert« oder »Ich kann mein Ziel erreichen«, fühlen Sie sich vielleicht gestärkt. Das ist wunderbar, aber mir haben solche Affirmationen zeitweilig wenig gebracht, weil ich nicht hundertprozentig davon überzeugt war, das bestätigte Ziel auch nur annähernd zu erreichen. Auf die Affirmation folgte die Entwertung, danach eine weitere Affimation und die nächste Entwertung. Sie wissen, was ich meine. Ich hatte noch keine Rücklagen gebildet, also keinen Fundus an nachweisbaren Ergebnissen. Ich lobte mich ja nicht für etwas, *was ich tatsächlich getan hatte*. Würdigungen registrieren, dass Sie wirklich einmal um den Häuserblock gejoggt sind. Oder dass Sie den Mut aufgebracht haben, die hübsche junge Frau im Café zu grüßen, die Sie letzte Woche angelächelt hat. Oder dass Sie einen Termin für eine Mammographie vereinbart haben. Das sind Fakten.

Bei einer Würdigung zählt jeder noch so kleine Schritt auf dem Weg zum Ziel. Und jedes Verhalten, das Mut erfordert. Sie basiert auf der Prämisse, dass schon eine Nasenlänge über den Sieg entscheiden kann. Alles zählt, ohne Ausnahme. Wenn Sie sich gerade eine Gardinenpredigt halten wollten und sich stattdessen von Ihrer Angstreaktion ablenken, indem Sie Ihre Knie unter dem Schreibtisch beugen und strecken, sich ein Glas Wasser holen, den Hund hinter den Ohren kraulen oder Ihre Brille polieren, dürfen Sie sich das hoch anrechnen. Und wenn schon so kleine Dinge zählen, dann erst recht Verhaltensweisen, die Sie auf Ihrem Weg zur erhofften Leistung ein großes Stück voranbringen. Stellen Sie sich Affirmationen und Würdigungen wie Geschäftspartner vor. Wenn Ihnen die Würdigungen in Fleisch und Blut übergegangen sind, können Sie die Affirmationen mühelos verinnerlichen und glauben.

Ein Beispiel: Eines Tages, bevor ich die Technik der Würdigung beherrschte, betrat ich einen Raum, in dem mir eine Frau mit einer sagenhaften Figur ins Auge stach; ich war auf Anhieb neidisch, wie ich zu meiner Schande gestehen muss. Sie war superschlank mit bewundernswertem Muskeltonus, perfekten Proportionen und anmutig wie eine Gazelle. Damals war ich nach medizinischen Maßstäben weit davon entfernt, übergewichtig zu sein. Aber ich kam mir plump und unsportlich vor. Von einer ausgewogenen Ernährung und ausreichender Bewegung konnte keine Rede sein. Also blieb mir nichts anderes übrig, als Schlabberkleidung zu tragen, alles andere saß ein bisschen stramm. Niemandem fiel mein Gewichtsproblem auf, außer mir. Deshalb hasste ich die Frau mit der Traumfigur, dem Waschbrettbauch und dem knackigen Po. Ich ging ihr aus dem Weg und unterhielt mich angeregt mit Leuten, die für mich kein wandelnder Vorwurf waren. Insgeheim schwor ich mir, mich gleich morgen früh in einem Fitnessstudio anzumelden und mit dem Training zu beginnen.

Am nächsten Morgen fand ich natürlich zahlreiche Gründe, warum ich keine Zeit hatte, ins Fitnessstudio zu gehen. Danach hatte ich ein schlechtes Gewissen, weil ich mich zu nichts aufraffen konnte. Ich betrachtete mich im Spiegel und schalt mich wegen meines Aussehens und der Kleidung, die ich trug. Ich schämte mich, weil ich es so weit hatte kommen lasssen. Ich redete mir ein, ich sei eine Niete; ich schaffte es ja nicht einmal, ins Fitnessstudio zu gehen. Als ich auch am nächsten Tag mein Versprechen nicht eingehalten hatte, fühlte ich mich noch miserabler. Mit meiner Entschlossenheit und dem Wunsch, mich durch Sport in Form bringen, war es aus und vorbei. »Wozu auch?«, dachte ich.

Überspringen wir ein paar Szenen und kommen wir zu der Zeit, als ich die Macht der Würdigung schon kannte. Wieder betrat ich einen Raum und sah eine Frau mit einer atemberaubenden Figur. Ich wusste, warum ich sie beneidete: Ich wünschte mir das, was sie hatte. Wieder beschloss ich, mich in einem Fitnessstudio anzumelden. Schluss mit den negativen Selbstgesprächen! Mir war klar, dass der Neid in meinen Minderwertigkeitskomplexen wurzelte; deshalb beschloss ich, auf mein Rad der Freiheit zu gelangen und etwas dagegen zu unternehmen. Zu Hause angekommen, schlug ich das Branchenverzeichnis bei den Einträgen der Fitnessstudios auf. Weiter kam ich nicht: Ich las weder die Werbeanzeigen, noch suchte ich mir einen Club in der Nähe heraus. Aber ich schrieb in mein Journal: »Ein dickes

Lob! Habe den ersten Schritt ins Fitnessstudio getan, das Branchenverzeichnis hervorgeholt und aufgeschlagen.«

Nächster Tag. Ich kaufte ein paar gute Laufschuhe und Sportkleidung. Ich zog sie nicht an. Ich suchte mir noch keinen Fitnessclub heraus. Ich trieb keinen Sport. Aber ich lobte mich für das, was ich getan hatte, statt mich für das, was ich unterlassen hatte, niederzumachen.

Schritt für Schritt gelangte ich bis zu dem Punkt, an dem ich mich endlich in einem Fitnessclub anmeldete. Und eines Tages ging ich auch hin. Ich stieg aufs Laufband. Wie bei der Übung »Logbuch des Lebens« bereits gesagt, reichen schon fünf Minuten aus, um vom Rad der Angst auf das Rad der Freiheit zu gelangen. Es ist der erste Schritt zur Integration eines neuen Verhaltensmusters. Inzwischen weiß ich, dass man sich zwanzig Minuten auf dem Laufband abstrampeln muss, um effektiv für Herz und Kreislauf zu trainieren. Ich hatte auch Artikel über die Vorteile des Walking gelesen; und ich wusste, dass ich noch drei Wochen danach Muskelkater haben würde, wenn ich mein Lauftraining mit Gewichten absolvierte, und infolgedessen vermutlich das Handtuch werfen würde. Wenn ich mich gezwungen hätte, strikt nach Plan zu trainieren, wäre der Misserfolg vorprogrammiert gewesen. Ich setzte aber auf das Rad der Freiheit. Ich setzte auf meine inneren Verpflichtungen.

Endlich hatte ich es also geschafft, mühte mich im Schweiße meines Angesichts auf dem Laufband ab. Und wer taucht auf und stellt sich auf das Laufband nebenan? Die Frau mit dem Waschbrettbauch und dem knackigen Po, neben der ich mir wie ein Trampel vorgekommen war. Wie sich herausstellte, war sie ein Profi. Sie hob, ohne mit der Wimper zu zucken, die schweren Gewichte. Allein an der Art, wie sie loslegte, konnte ich erkennen, dass eineinhalb Stunden Kraft- und Ausdauertraining kein Problem für sie waren.

Einen Moment lang trug meine Angst den Sieg davon. »Sei kein Jammerlappen!«, dachte ich. »Mach nicht schon nach fünf Minuten schlapp. Was andere können, kannst du auch. Zeig's ihr! Denk daran, wie peinlich es wäre, schon nach so kurzer Zeit aufzuhören.« Und dann fing ich mich. Ich erinnerte mich an meine Würdigungen, die Liste mit den Schritten, die zu persönlichen Spitzenleistungen geführt und mich überhaupt erst aufs Laufband gebracht hatten. Ich hörte auf, mich zu entwerten. Mir wurde klar: Wenn ich länger als fünf Minuten auf dem Laufband blieb, war das eine Angstreaktion und keine bewusste Entscheidung, die auf einem Gefühl der inneren Verpflichtung basierte. Ich würde *ihretwegen* die Zähne zusammenbeißen, würde ihr die Kontrolle über mein Leben überlassen. Das war für mich nicht mehr akzeptabel. Als die fünf Minuten zu Ende waren, stieg ich vom Band. Ich lobte mich, weil ich durchgehalten und mich an meine Verpflichtung gehalten hatte. Ich werde das Lauftraining stetig verlängern und die Gewichte dazunehmen, sagte ich mir. Und genau das tat ich. Am Ende der zwölften Woche schaffte ich bis zu vierzig Minuten auf dem Laufband, dreimal in der Woche mit Gewichten. Ich nahm fünf Kilo ab und passte wieder in meine alte Garderobe.

Die Lektion, die man daraus ableiten kann: Lob und Anerkennung tragen dazu bei, die Angst zu meistern und uns zu positivem Verhalten zu motivieren. Entwertung schürt die Angst und lähmt oder verstärkt den Hang zu Aktivitäten, die nicht gut für uns sind.

Sich selbst kennen lernen

Ein weiterer Aspekt der Würdigung ist, dass es dabei um unseren Wachstums- und Entwicklungsprozess geht, um die Art, wie wir mit Arbeit und Freizeit umgehen, um unseren Interaktionsstil und unsere Träume. Die Würdigung ist ein wirksames Instrument der Selbstfindung: Sie bietet uns die Möglichkeit, aufmerksamer wahrzunehmen, wer wir wirklich sind, und bestätigt gleichzeitig unsere persönlichen Leistungen. Und das ist eine große Hilfe, wenn Sie wachsen und beginnen, Risiken einzugehen.

Amy, eine Frau Anfang dreißig, ist ein anschauliches Beispiel. Sie lebt in New York und arbeitet überwiegend zu Hause am Bildschirm als Grafikerin für eine Internetfirma mit Niederlassungen in Kalifornien. Meistens kommuniziert sie via E-Mail, und manchmal ruft die Firma sie an oder schickt ein Fax. Deshalb hat Amy ihren Lebensrhythmus der Westküstenzeit angespasst. Sie geht spät zu Bett und steht mittags auf, wenn sich ihre Kollegen auf den Weg ins Büro begeben. Wenn sie keine Lust hat, sich anzuziehen, lässt sie es. Sie nimmt eine Tasse Kaffee, ein Bagel mit Butter und ihren Laptop mit ins Schlafzimmer und macht es sich im Bett bequem.

Amy, deren Mutter ihr von Kindesbeinen an eingetrichtert hatte, dass man mit den Hühnern ins Bett gehen und früh aus den Federn sein soll, hatte Angst davor, was andere von ihr denken könnten. Die Vorstellung, dass die Nachbarn mitbekommen könnten, dass die Zeitung noch lange nach der Auslieferung um 6 Uhr früh vor der Tür lag, war ihr unerträglich. Sie hatte deswegen ein schlechtes Gewissen und nahm sich vor, den Wecker zu stellen, um aufzustehen und die Zeitung hereinzuholen, aber sie schaffte es nie, was noch mehr Schuldgefühle in ihr weckte. Außerdem ging ihr oft der aberwitzige Gedanke durch den Kopf, dass ihre Gesprächspartner am anderen Ende der Leitung sehen konnten, dass sie noch im Schlafanzug war und weder Kontaktlinsen trug noch geschminkt war. Sie schwor sich, in Zukunft früher aufzustehen und sich zurechtzumachen, als ginge sie ins Büro; damit konnte sie gleich zwei Fliegen mit einer Klappe schlagen und mehr Disziplin in ihr Leben bringen. Das gelang ihr auch eine Weile, aber sie vertrödelte morgens so viel Zeit mit solchen Nebensächlichkeiten, dass ihre Produktivität deutlich zurückging. Sie machte sich deswegen Vorwürfe. Dann verfiel sie nach und nach wieder in ihre alten Gewohnheiten, und das Rad der Angst drehte sich immer schneller. Sie war sicher, dass ihre Nachbarn sie für eine Schlampe hielten, und sie kam sich auch selbst so vor.

Amy kam zu einem meiner Vorträge, die ich bei einem Seminar an der Westküste hielt, wo sie an einer Mitarbeiterbesprechung in ihrer Firma teilnahm. Kurz danach begannen wir mit der Arbeit, via Telefon und E-Mail. Sie lernte im Rahmen des Fearless-Living-Programms auch die Technik der Würdigung kennen. Nach und nach hörte Amy auf, sich wegen ihrer Arbeit im Bett Vorwürfe zu machen, und lobte sich, weil ihr die besten Ideen morgens kamen, unmittelbar nach dem Aufwachen. Sie lobte sich, weil sie die Ideen sofort in den Laptop eingab. Sie lobte sich, weil sie sich das Vergnügen, die Zeitung zu lesen, erst dann gönnte, wenn sie jeden Tag ein paar Stunden gearbeitet hatte. Sie lobte sich, weil sie die Selbstdisziplin besaß, eine Tätigkeit ohne »Sklaventreiber« zu verrichten. Sie lobte sich, weil sie talentiert war und fantasievolle Designs entwickelte. Sie lobte sich, weil sie einen Job gefunden hatte, der ihrer Persönlichkeit entsprach und ihr Spaß machte. Sie hielt jede einzelne Würdigung schriftlich fest.

Im Zuge dieses Veränderungsprozesses machte Amy sozusagen Bekanntschaft mit sich selbst. Sie lernte eine begabte, zuverlässige, einfallsreiche, kreative Person kennen – sich selbst. Sie hörte auf, sich den Kopf darüber zu zerbrechen, was die Nachbarn und der Hausmeister über ihre Arbeitsgewohnheiten denken könnten. Sie merkte mit einem Hauch Wehmut, dass sie nicht der Nabel der Welt war und die Leute ihrer Lebensweise ohnehin wenig Beachtung schenkten. Ihr wurde bewusst, dass es ihr gutes Recht war, nach ihrer eigenen Fasson selig zu werden.

Die Würdigungen setzten Amys Argwohn ein Ende, andere könnten jeden ihrer Schritte mit Argusaugen verfolgen, als stünde sie ständig unter Beobachtung. Sie halfen Amy, keine Werturteile mehr über sich selbst zu fällen und ihre negativen Gedanken in einen positiven Rahmen zu stellen. Amy wurde klar, dass ihr Rad der Freiheit auf dem Fundament der Kreativität gedieh; daraus leitete sie die Inspiration ab, die sie brauchte, um eine Arbeit zu verrichten, die ihr Spaß machte. Sie würdigt nun ihren Lebensrhythmus, ihre wahre Natur und ihre Fähigkeiten. Sie befindet sich auf dem richtigen Weg, ihre Angst zu meistern, und gesteht sich die Freiheit zu, alle Aspekte der Persönlichkeit zu verwirklichen, die tatsächlich zu ihr gehören.

Nicht nur Amy, sondern auch die Menschen, mit denen sie in Berührung kommt, profitieren von diesem grundlegenden Wandel. Herauszufinden, welchen Beitrag man leisten kann, hat nichts mit Egoismus oder Genusssucht zu tun. Wenn man ein erfülltes Leben führt, arbeitet man gern. Die Arbeit ist keine Tretmühle mehr, sondern eine Quelle der Energie und spannend. Und die Arbeit hat positive Auswirkungen auf andere. Ob Sie einen Blumenstrauß in einer Vase arrangieren, das Haus mit Holz verkleiden oder als Steuerberater, Gehirnchirurg, Leiter einer Kindertagesstätte, Delphintrainer oder Mitarbeiter einer Sozialstation tätig sind – Sie investieren hundert Prozent Ihrer selbst. Seitdem Sie Ihre Angst beherrschen, haben Sie Kräfte freigesetzt, die Sie für andere einsetzen können. Wenn Sie nicht mehr aus Pflichtgefühl funktionieren, weil Sie Angst vor Vergeltung haben, leiten Sie den nächsten Schritt im Wachstums- und Entwicklungsprozess ein. Und dieser Schritt kommt auch Ihrem Umfeld und der Welt schlechthin zugute.

Angst vor Würdigungen

Würdigungen aufzuschreiben kann eine Herausforderung sein, die uns Angst macht. Das liegt zum Teil daran, wie Amy entdecken musste, dass es dabei nicht nur um Verhaltensmuster, sondern auch um tiefe Erkenntnisse geht, die uns selbst betreffen. Der Gedanke, zu erfahren, wer wir wirklich sind, weckt bei vielen ein unbehagliches Gefühl. Dabei kommen oft tief greifende Erkenntnisse oder Einsichten über uns selbst zutage, die unser Leben von Grund auf verändern. Wenn Ihnen das für den Anfang zu viel ist, wählen Sie einen anderen Schritt aus, der Sie auf Ihrem Weg voranbringt, gleich welcher Art. Er kann klein sein – indem Sie sich beispielsweise dazu gratulieren, dass Sie darüber *nachgedacht* haben, ob Sie sich nicht öfter ein Lob aussprechen sollten. Das A und O besteht darin, anzufangen.

Würdigungen fallen uns auch deshalb so schwer, weil wir darin ein Zeichen von Überheblichkeit oder Selbstsucht sehen. Wir haben Angst, dass andere uns für egoistisch oder arrogant halten könnten. Oder schlimmer noch, dass wir wirklich eingebildet und aufgeblasen sind. Doch ohne ein starkes Selbstgefühl gelingt es uns nicht, Risiken einzugehen – und die sind nun einmal unabdingbar, um die Hürde der Angst zu überwinden. Erst unsere einzigartige Kombination aus Talenten und Eigenschaften macht unsere Identität aus. Die Summe dieser Persönlichkeitsmerkmale kann der Beitrag sein, der allen Menschen, die Sie lieben, und Ihrem Umfeld zugute kommt. Wenn Sie sich selbst loben und anerkennen, machen Sie von Ihrer Freiheit Gebrauch, stolz auf sich zu sein. Sie führen ein Leben, das von Freude und Großzügigkeit gekennzeichnet ist, kein selbstzentriertes, das andere verletzt.

Sich zu würdigen fällt vielen auch deshalb schwer, weil sie befürchten, selbstgefällig zu werden und sich auf ihren Lorbeeren auszuruhen. Aber das genaue Gegenteil ist der Fall. Mit dem Selbstvertrauen wächst unsere Energie und Kreativität, mehr als je zuvor. Wir werden neugierig auf das Leben und sind versessen darauf, das Unbekannte zu erforschen, statt uns bedroht zu fühlen. Wenn unsere Angst nachlässt, freuen wir uns auf jede neue Herausforderung.

Wie Sie die Macht der Würdigung nutzen

Diese Technik befähigt Sie, die Macht der Würdigung in Ihrem Alltag zu nutzen:

- Schreiben Sie jeden Tag fünf Würdigungen in der Gegenwartsform nieder: »Heute lobe ich mich, weil ...« Vielleicht kostet es Sie anfangs Überwindung, weil Sie überall ein Haar in der Suppe finden. Sie haben den Bericht zwar pünktlich abgeliefert, aber eigentlich hätten Sie eine Woche früher damit anfangen sollen; deshalb mussten Sie ihn unter Zeitdruck schreiben. Sie sind nicht perfekt und können sich deshalb auch nicht auf die Schulter klopfen. Bei einer Würdigung geht es aber nicht um das, was Sie tun sollten, sondern um das, was Sie getan haben. Die Frage lautet: Haben Sie es getan? Oder haben Sie wenigstens einen Schritt in die angestrebte Richtung getan? Wenn Sie dies bejahen können, schreiben Sie auf, worin dieser Schritt bestand.
- Am besten beginnen Sie, Ihre Verdienste in demjenigen Lebensbereich zu würdigen, den Sie als Fokusbereich für eine

Verhaltensänderung gewählt haben. Oder sprechen Sie sich immer dann ein Lob aus, wenn Sie g*emerkt haben*, dass Sie sich auf dem Rad der Angst befinden. Denken Sie daran: Niemand ist perfekt. Es geht um den Schritt, den Sie getan haben: Er hat Sie über Ihre Grenzen hinauswachsen, aus der Norm oder Routine ausbrechen lassen, und er hat dabei das Selbstvertrauen in Ihnen geweckt, etwas zu riskieren.

- Genau wie bei den Danksagungen sollten Sie auch die Würdigungen in einen positiven Rahmen stellen. Fragen Sie sich: »Ist das, was ich würdige, liebevoll, einfühlsam, warmherzig, bestärkend oder einsichtsvoll?«
- Wie bei den Danksagungen gilt auch hier: Je spezifischer Sie die Würdigungen formulieren, desto wirksamer sind sie, weil sie auf einem soliden Fundament aus einzelnen Bausteinen ruhen. Je mehr Sie ins Detail gehen, desto schneller und leichter können Sie sich ihre Macht zu Eigen machen.
- Achten Sie darauf, wie leicht oder schwer Ihnen das Aufschreiben von der Hand geht. Vielleicht bereitet Ihnen der Satz »Ich lobe mich, weil ich die Recherche für meinen Artikel durchgeführt habe« keinerlei Probleme. Aber Sie würden zusammenzucken, wenn Sie schreiben müssten: »Ich lobe mich, weil ich eine sinnvolle Beschäftigung gefunden habe, nachdem meine Frau unsere Einladung abgesagt hat. Ich habe die Zeit genutzt, um mit einem Buch anzufangen, das ich schon lange lesen wollte.« In diesem Fall sind Sie zu der Erkenntnis gelangt, dass Sie im beruflichen Bereich weniger Angst haben als auf der Beziehungsebene.
- Sprechen Sie Ihre Würdigungen laut aus, vorzugsweise im Beisein einer Person, die Ihr Vertrauen genießt. Was können Sie aufschreiben, aber nur schwer einem anderen Menschen sagen? Worin besteht der Unterschied? Vielleicht loben Sie sich in Gegenwart anderer nur für Ihre »anerkennenswerten« Leistungen, bringen es aber nicht über die Lippen zu sagen: »Ich lobe mich, weil ich meine Rechnungen pünktlich bezahlt habe und keine Mahngebühren angefallen sind.« Das ist in Ordnung. Sie müssen Ihre Schwächen nicht offenbaren, zumindest so lange nicht, bis Ihr Selbstvertrauen unerschüt-

terlich ist. Im Augenblick dürfen Sie bestimmte Würdigungen für sich behalten. Sie sind Ihre geheime Stärke.

- Bitten Sie ein Mitglied Ihres Angstkiller-Teams, sich jeden Tag eine Würdigung anzuhören, ohne zu werten, und Ihnen danach zu gratulieren, als hätten Sie den Friedensnobelpreis gewonnen. Schließlich ist es für die meisten Menschen genauso wichtig, konsequent und dauerhaft etwas Positives für sich selbst zu tun. Jahrelang war ich nicht im Stande, länger als eine Millisekunde an mich selbst zu glauben, weil ich in der Vergangenheit so oft gescheitert war. Inzwischen war ich einigermaßen erfolgreich gewesen, aber ich hatte immer noch Angst, zu versagen und mich zum Gespött der Leute zu machen. Zu hören, wie die Angehörigen meines Teams mir gratulierten, half mir, eine dauerhafte Veränderung zu bewirken: Ich lernte Schritt für Schritt, an mich selbst zu glauben und einen Erfolg zu erzielen, von dem ich nicht einmal zu träumen gewagt hätte.
- Sobald Sie sich beim Aufschreiben gut fühlen, beginnen Sie damit, die Würdigungen auf einer tieferen Ebene zu verinnerlichen, indem Sie sie sich fünfmal laut und langsam vorlesen. Dieses Verfahren kann aufgrund unserer früheren Konditionierungen zunächst ein Gräuel sein; aber es ist wichtig, weil es die Botschaft der Würdigungen positiv verstärkt.
- Betrachten Sie sich im Spiegel und sprechen Sie sich laut ein Lob aus. Versuchen Sie, sich dabei in die Augen zu schauen. Das ist eine wirkungsvolle Übung zur Förderung der Selbstliebe.
- Sobald Sie sich an die Würdigungen gewöhnt haben, erweitern Sie Ihre Fähigkeit, indem Sie anderen Lob und Anerkennung zollen. Sie werden feststellen, dass es Ihnen nun leicht fällt, jemandem ein aufrichtiges Kompliment zu machen. Und denken Sie daran: Jeder Mensch hat das Bedürfnis, wahrgenommen zu werden. Das größte Geschenk, das Sie jemandem machen können, besteht darin, ihn als Person anzuerkennen. Wie selbstsicher jemand nach außen hin auch erscheinen mag – wir alle haben Ängste und Zweifel, in dem einen oder anderen Bereich nicht den Erwartungen zu

genügen. Sparen Sie Ihr Lob nicht für Heldentaten auf, sondern würdigen Sie auch die kleinen Entwicklungsschritte, wie Sie es bei sich selbst gelernt haben. Sagen Sie: »Ich weiß es zu schätzen, dass Sie pünktlich sind. Sie wissen ja, mein Terminkalender ist randvoll.« Oder: »Vielen Dank, dass Sie mir bei der Besprechung den Rücken gestärkt haben. Ich schätze Ihre Meinung sehr.« Oder: »Die Farbe passt gut zu dir. Du hast ein Gespür dafür, was dir steht.«

Wenn Sie sich selbst jeden Tag loben und anderen so oft wie möglich Anerkennung zollen, Komplimente mit Leichtigkeit annehmen und den unrealistischen Anspruch aufgeben, in allem perfekt zu sein, verwandeln Sie die existenzielle Angst, nicht gut genug zu sein, in eine Kraft, die Sie befreit und dazu befähigt, Ihre wahre Natur zu leben, Ihrem angeborenen Gefühl des Einsseins mit sich selbst Ausdruck zu verleihen und dadurch der Mensch werden, der zu sein Ihnen bestimmt ist. Angst verwandelt sich in positive Spannung. Besorgnis verwandelt sich in freudige Erregung. Stress verwandelt sich in Stimulation. Unsicherheit verwandelt sich in das Bedürfnis, sich auf die Suche zu machen. Ungeduld verwandelt sich in Eifer. Furcht verwandelt sich in Ehrfurcht angesichts der Wunder und Möglichkeiten, die das Leben für uns bereithält. Sie werden die Fesseln Ihrer Erwartungen abstreifen und das unbegrenzte Potenzial Ihres angstfreien Lebens begrüßen.

10 Der angstfreie Weg

Als James B. Conant Präsident der Harvard University war, stand auf seinem Schreibtisch die Skulptur einer Schildkröte. Die Inschrift auf dem Sockel lautete: »Denk an die Schildkröte. Sie macht nur dann Fortschritte, wenn sie sich aus ihrem Panzer wagt.«

Angstfrei zu leben bedeutet, sich aus dem eigenen Panzer herauszuwagen. Es bedeutet, den Mut aufzubringen, um Risiken einzugehen, etwas zu verändern und den eingeschlagenen Weg auch dann fortzusetzen, wenn wir ins Stolpern geraten. Es bedeutet, unserer Angst Herr zu werden (die entsteht, wenn wir der Vergangenheit nachtrauern) und die Schubkraft der Angst als Impuls zu nutzen, um einen zweiten Anlauf zu versuchen. Es bedeutet, etwas zu wagen und nichts zu bereuen.

Durch die Wachstums- und Entwicklungsarbeit, die Sie bisher geleistet haben, verfügen Sie nun über ein ganzes Arsenal von Möglichkeiten, um Ihre Ängste zu meistern und auf dem Weg der Freiheit, der Ihr wahres Selbst repräsentiert, stetig voranzukommen.

Da Sie gelernt haben, aufmerksam zu sein, werden Sie ein weiteres Geheimnis auf diesem Weg entdecken: Der Akt der Befreiung von der eigenen Angst schützt Sie vor dem emotionalen Schmerz, den Sie um jeden Preis vermeiden wollten. Das Paradoxe am angstfreien Leben ist, dass wir in Freiheit sicherer sind, als wenn wir versuchen, auf der sicheren Seite des Lebens zu bleiben, indem wir jedem Risiko aus dem Weg gehen.

Meine Freundin Marta ist ein klassisches Beispiel dafür. Sie wollte früher Sängerin werden, aber nach einem Fehlstart in jungen Jahren hatte sie ihren Traum aufgegeben. In der Lebensmitte begann sie wieder darüber nachzudenken. Sie erzählte mir von ihren Plänen. Sie wollte eine Solokarriere starten, sich eine musikalische Begleitung besorgen, die geeigneten Räumlichkeiten für einen Auftritt mieten, Bühnentechniker anheuern und die Werbetrommel für sich selbst rühren. Ich hörte zu, wie sie sich das Ganze in allen Einzelheiten ausmalte, monatelang. Obwohl ich nicht mit Lob gespart hatte – eine zündende Idee kann uns anspornen, ein Risiko einzugehen –, fragte ich mich nach einer Weile, ob es beim Reden über ihren Traum bleiben würde. Sie hatte noch nicht einmal die Musik ausgesucht. Sie meinte, diesmal müsse alles perfekt sein, schließlich sei es der zweite Anlauf. Sobald sie die richtigen Musikstücke gefunden habe, könne es losgehen. Mir wurde klar, dass die Angst vor einem weiteren Flop sie davon abhielt, ihren Traum zu verwirklichen. Sie klammerte sich an den Gedanken, alles müsse perfekt sein. Als Power-Partnerin hatte ich die Aufgabe, Klartext mit ihr zu reden.

Als sich die Gelegenheit dazu bot, sagte ich sanft, aber mit Nachdruck, dass sie sich selbst etwas vormache. Ihre Augen weiteten sich ungläubig. »Was?« – »Du machst dir selbst etwas vor!«, wiederholte ich. Dann wies ich sie darauf hin, dass sie seit mehr als einem Jahr über die Vorstellung redete, ohne einen Schritt weiterzukommen. Ich sagte ihr, dass ich sie mag und immer unterstützen werde, dass ich aber meine Zweifel hätte, ob sie die Show jemals auf die Beine stellen würde. Sie sei beherrscht vom Rad der Angst.

Marta war wütend. Sie stürmte aus dem Restaurant. Wir redeten tagelang kein Wort miteinander. Dann rief sie mich an.

Sie gestand, dass sie wütend geworden war, als ich sie mit der Tatsache konfrontiert hatte, dass sie ihr Comeback auf die lange Bank zu schieben versuchte. Sie war nach Hause gefahren und hatte bei ihrem Mann Dampf abgelassen. Er hatte aufmerksam zugehört, als sie ihrem Kummer Luft machte. Dann hatte sie ihn gefragt: »Das glaubst du doch nicht auch, oder?« Er hatte den Mut, mir Recht zu geben. Auch er war der Ansicht, dass sie nur Luftschlösser baute. Sie habe kein Programm, keine musikalische Begleitung, keine Räumlichkeiten für den Auftritt. Weil ihr nichts gut genug oder hundertprozentig richtig erschien. Alles musste perfekt sein. Er sagte ihr klipp und klar, die Angst, ein zweites Mal zu scheitern, rede ihr ein, alles müsse bis ins Kleinste stimmen. Dieses unerreichbare Ziel halte sie davon ab, das Risiko einzugehen und ihren Traum zu verwirklichen.

Marta gab ihren Widerstand auf. Ihr Mann und ihre beste Freundin hatten den Mut aufgebracht, sie mit der schmerzlichen Wahrheit zu konfrontieren. Sie hatte verstanden, dass man auch einmal ein Risiko eingehen muss, und bat mich, ihr dabei zu helfen. Ich erklärte ihr die Erfolgsformel, das »Konzentrat« des Fearless-Living-Programms. Marta kannte das Programm, aber erst die Formel ermöglichte ihr, den Zusammenhang zwischen den einzelnen Aspekten zu erkennen und sie als Orientierungshilfe auf dem Weg von der Angst zur Freiheit zu nutzen. Die Erfahrung hat gezeigt, dass diese Formel am einfachsten anzuwenden ist, wenn man bereits gelernt hat, an sich selbst zu arbeiten. Zum richtigen Zeitpunkt eingesetzt, verstärkt das »Konzentrat« die eingeleiteten Veränderungen.

Diese Formel ist Ihr wohlverdienter Lohn, weil Sie hart an sich gearbeitet und sich verpflichtet haben, den Wachstums- und Lernprozess fortzusetzen. Sie haben die Prinzipien und Übungen des Fearless-Living-Programms bereits verinnerlicht. Deshalb können Sie von nun an die Formel benutzen, um noch schneller und sicherer auf das Rad der Freiheit überzuwechseln, wenn Ihr Rad der Angst in Bewegung gerät.

WAGE

Wirf die Gewohnheit über Bord, dich auf das Ergebnis zu fixieren.
Achte darauf, immer deinen eigenen Weg zu gehen.
Gib der Wahrheit eine Chance und mach dich für sie stark.
Erinnere dich daran, dem freundlichen Umgang mit dir selbst und anderen Priorität einzuräumen.

Wirf die Gewohnheit über Bord, dich auf das Ergebnis zu fixieren
Sie haben gelernt, unrealistische und unausgesprochene Erwartungen loszulassen. Das ist der erste grundlegende Schritt, um das Fearless-Living-Programm in Ihrem Alltag umzusetzen.

Wenn Sie ihn auslassen, beeinträchtigen Sie die Wirkung aller weiteren Lernschritte.

Das »W« wird Ihnen helfen, die Bürde der Erwartungen umgehend abzuwerfen. Die Bereitschaft, ein Risiko einzugehen – das wichtigste Element eines angstfreien Lebens, das in allen anderen Aspekten inbegriffen ist – hat nichts mit Gewinnen oder Verlieren zu tun, sondern mit dem Mut, etwas Neues zu versuchen. Etwas zu wagen bedeutet nicht, waghalsig zu sein. Menschen, die keine Angst vor dem Leben haben, wägen die Folgen eines Risikos gründlich ab – vor allem, wenn das Risiko groß ist, wie bei der Gründung einer eigenen Firma. Sie informieren sich so umfassend wie möglich über das, was sie erwartet. Sie lassen sich Zeit, um sich kundig zu machen, aber nicht aus Angst vor einem Fehlschlag. Wenn es so weit ist, lassen sie das Ziel los und konzentrieren sich auf den Weg. Wenn sie das Ziel verfehlen, sind sie nicht am Boden zerstört. Sie haben die emotionale Stärke, sich aufzurappeln und ein neues Risiko einzugehen. Dadurch gewinnen sie die innere Kraft, stetig zu wachsen und sich weiterzuentwickeln, weil sie wissen, dass sie mit jedem Risiko authentischer werden.

Jedes Mal, wenn Sie ein Risiko eingehen, sollten Sie sich ehrlich fragen, ob Sie bestimmte Erwartungen hinsichtlich des Ergebnisses haben. Spielen Sie beispielsweise schon beim ersten Rendezvous heimlich mit dem Gedanken, ob der oder die Betreffende als Ehepartner in Betracht käme? Legen Sie jedes Wort und jede Tat auf die Goldwaage, um zu prüfen, ob Sie den Partner fürs Leben gefunden haben? Oder genießen Sie, was Sie aneinander haben, lernen voneinander, lachen miteinander und lieben einander, ohne auf ein bestimmtes Ziel fixiert zu sein? Wenn Ihnen das gelingt, wird sich das *für Sie* richtige Ergebnis von allein einstellen: Wenn die Beziehung stimmt, wird sie Bestand haben. Wenn nicht, wird am Ende jeder seiner Wege ziehen. So oder so, Sie werden nichts zu bereuen haben.

Das gilt für jeden Lebensbereich. Arbeiten Sie an einem Roman, weil Sie insgeheim hoffen, reich und berühmt zu werden? Oder schreiben Sie, weil Sie der Meinung sind, dass Sie etwas zu sagen haben und der schöpferische Prozess befriedigend für

Sie ist? Gründen Sie eine eigene Firma, um Ihren Eltern zu beweisen, dass Sie nicht auf den Kopf gefallen sind und mehr Geld als Ihr Bruder verdienen können? Oder brennen Sie darauf, sich selbstständig zu machen, weil Sie lieber in Ihre eigene Tasche arbeiten und eine Tätigkeit ausüben wollen, an die Sie glauben? Wünschen Sie sich nur deshalb ein Kind, um mitreden zu können, da Ihre Schwester und Ihre beste Freundin nur noch dieses Thema kennen? Oder ist es Ihr ureigener Wunsch, ein Kind zu behüten, zu lieben und ein Stück des Weges in eine Zeit zu begleiten, die Sie selbst nicht mehr kennen lernen werden? Und sind Sie darüber hinaus bereit, den Gedanken zu akzeptieren, dass Ihr Roman von den Kritikern verrissen werden könnte? Dass Ihre Firma nicht in die Gänge kommt? Dass Ihr Kind krank geboren werden könnte? Angstfrei zu leben beinhaltet immer die Bereitschaft, ein Risiko einzugehen ohne Erwartungen, alles zu tun, damit es lohnt, und das Ergebnis ohne Reue und Bedauern zu akzeptieren.

Achte darauf, immer deinen eigenen Weg zu gehen
Das »A« in der Fearless-Living-Formel erinnert Sie daran, dass der eigene Weg das beste Mittel ist, um Erwartungen auszuheben. Es ermutigt Sie, das Logbuch des Lebens weiterzuführen, mit dem Sie begonnen haben, um den Entschuldigungen ein Ende zu setzen, mit denen Sie Ihre kostbare Zeit vergeuden. Sobald Sie Ihren eigenen Weg und Ihre wahren Intentionen erforscht und entdeckt haben – Sie wollen zum Beispiel Ihren Roman schreiben, weil Sie etwas zu sagen haben, und nicht, weil Sie hoffen, berühmt zu werden –, verfolgen Sie Ihr Ziel mit aller Kraft, die Ihnen zur Verfügung steht. Führen Sie das Logbuch wahrheitsgemäß, damit Sie nicht in alte Gewohnheiten zurückfallen und sich einreden, Sie hätten keine Zeit.

Schaffen Sie sich die Zeit, die Sie brauchen. Treiben Sie das Startkapital für Ihre eigene Firma auf. Lernen Sie über die Branche, was es zu lernen gibt, damit Sie sattelfest sind. Ignorieren Sie jedwede Ablenkung. Sichern Sie sich die Unterstützung Ihres Angstkiller-Teams. Und zeigen Sie, dass Sie Durchhaltevermögen besitzen, auch dann, wenn die Firmengründung im Labyrinth der Bürokratie ins Stocken gerät, wenn Sie eine wichtige Besprechung verpassen, wenn Ihnen eine Krankheit die Energie raubt oder ein Mensch, der Ihnen nahe steht, Ihrer ganzen Zeit und Aufmerksamkeit bedarf. Verschieben Sie Ihr Projekt wenn nötig, aber geben Sie nicht auf. Sie sind dem Schicksal nicht auf Gedeih und Verderb ausgeliefert. Sie erreichen Ihr Ziel nur, wenn Sie voll und bewusst in sich selbst investieren. Das Logbuch des Lebens dokumentiert diese Investitionen.

Gib der Wahrheit eine Chance und mach dich für sie stark

Wie Sie jetzt wissen, sind Klagen nichts weiter als der Versuch, der Wahrheit über sich selbst aus dem Weg zu gehen. Danksagungen zielen darauf ab, authentisch zu werden in Ihren Worten und Verhaltensweisen. Sie geben Aufschluss über Ihre Fähigkeit, negative Erfahrungen in sinnhafte, positive Lektionen umzuwandeln. Oft kommen wir vom Kurs ab, weil wir uns im Labyrinth unserer angstbasierten Gefühle und Geschichten verirren und vergessen, wozu wir uns innerlich verpflichtet haben. In solchen Augenblicken weigern wir uns, uns auf das Leben einzulassen, das vor uns liegen könnte, und das Geschenk anzunehmen, das es darstellt. Wenn jemand uns durch sein Verhalten blockiert, verlieren wir unsere wahre Natur aus den Augen.

Doch der einzige Mensch, dem Sie am Ende eines langen Tages ins Gesicht sehen müssen, sind Sie selbst. Und Ihr Leben spiegelt wider, wie Sie die Welt wahrnehmen. Danksagungen verlagern Ihre Wahrnehmung und verleihen Ihnen die Klarheit, sich wieder auf Ihre wahren, inneren Verpflichtungen zu besinnen. Ohne diesen inneren Kompass gehen Sie leicht in die Irre und verlieren Kraft. Schlagen Sie daher einen Weg ein, der auf Ihren eigenen Werthaltungen basiert, und werden Sie der Mensch, auf den Sie stolz wären. Das »F« in der Fearless-Living-Formel hilft Ihnen, sich für Ihre wahre Natur stark zu machen, ihr treu zu sein und Ihren Blick auf alles zu richten, wofür Sie dankbar sein können. Wenn Sie aufhören, zu beklagen, was Ihnen fehlt, wird sich das Gefühl der Ganzheit und des Einsseins mit sich selbst von allein einstellen.

Erinnere dich daran, dem freundlichen Umgang
mit dir selbst und anderen Priorität einzuräumen
Sie haben versprochen, sich nicht mehr selbst zu entwerten! Lob und Anerkennung fallen stärker ins Gewicht als negative Selbstgespräche; solche Würdigungen sind Streicheleinheiten für die Seele. Sie sind das A und O der Fähigkeit, sich selbst und andere freundlich zu behandeln, was ein angstfreies Leben fördert. Dadurch gelangen Sie auf den Weg zu Freude und Seelenfrieden und setzen sich nicht ständig unter Druck, besser oder perfekter zu sein. Der pflegliche Umgang mit anderen fordert Ihnen Einfühlungsvermögen ab und setzt sich über das Bedürfnis hinweg, immer »Recht« behalten zu müssen. Er lässt Ihnen Luft zum Atmen, wenn Sie die gewünschten Veränderungen Schritt für Schritt in Ihr Leben integrieren, und die Zeit, sie innerlich zu verarbeiten. Sich in jeder Situation lieben zu lernen, statt nur die Schokoladenseiten anzunehmen, die Sie sich selbst und anderen präsentieren, ist dazu unerlässlich. Dieser Lernschritt ist ein unverzichtbarer Bestandteil der inneren Erlaubnis, die Sie sich erteilen müssen, um Ihren eigenen angstfreien Weg zu gehen.

Die WAGE-Formel kann auch Ihr Leben verändern. Als Marta ihre Angst losließ und auf den Perfektionsanspruch verzichtete, konnte sie das Risiko eingehen. Sie begann, sich auf den Weg zu konzentrieren statt auf das Ziel. Sie begann, jeden Augenblick dieses Entwicklungsprozesses zu genießen. Wenige Monate danach gab sie ihr erstes Solokonzert.

Seit der Zeit hatte sie den Mut, ein Risiko nach dem anderen einzugehen. Sie gründete einen A-cappella-Chor, der ausschließlich aus Frauen bestand. Sie organisierte Auftritte in Restaurants, Bars und Clubs, engagierte einen PR-Agenten und lud die Presse ein. Zu ihrer großen Freude erhielt ihre Truppe überall glänzende Kritiken.

Doch auch dann, wenn nicht alles glatt läuft – wenn eine Kritik verhalten oder schlecht, eine Vorstellung nicht ausverkauft oder ihre Leistung nicht absolute Spitze ist –, weiß sich Marta zu helfen, sobald sich das Rad der Angst wieder zu drehen beginnt. Das Wissen um die eigene Fähigkeit, sich von der Angst und dem damit verbundenen emotionalen Schmerz zu befreien, hat ihr »emotionales Immunsystem« gestärkt. Natürlich ist sie froh, wenn alles wie am Schnürchen läuft; sie geht ja auch eigenverantwortlich und professionell an ihre Karriere als Sängerin heran. Aber sie lässt sich von ihrem Rad der Angst nicht mehr ausbremsen. Die Freude, konsequent den eigenen Weg zu gehen, setzt die Angst außer Kraft.

Wenn der Weg das Ziel ist, profitieren nicht nur risikofreudige Menschen wie Marta davon, sondern auch ihr Publikum, das in den Genuss ihrer Stimme kommt. Das ist ein Nebenprodukt der Freude, den eigenen Weg zu gehen. Marta leistet letztlich einen Beitrag zur Zufriedenheit anderer Menschen. Und das ist das wahre Maß des Erfolges.

Denken Sie an Ihre Definition von »Risiko«. Besteht es darin, noch einmal die Schulbank zu drücken, sich zu verlieben oder Ihrer Karriere auf die Sprünge zu helfen? Oder sich zu entschuldigen, einzugestehen, dass Sie Hilfe brauchen, oder jemandem, den Sie lieben, Ihre Gefühle zu offenbaren? Ein Risiko stellt sich für jeden Menschen anders dar, genau wie das Rad der Angst und das Rad der Freiheit. Allein deshalb gilt es, Einfühlungsvermögen gegenüber sich selbst und anderen zu entwickeln. Unser Rad der Angst erinnert uns daran, dass wir mehr riskieren, als wir bereit sind, uns zuzutrauen. Nehmen Sie sich selbst wahr, würdigen Sie Ihre Verdienste. Das Rad der Freiheit führt uns heraus aus dem Teufelskreis der Angst und verleiht uns den Mut, das Risiko einzugehen, unser wahres Selbst zu leben.

Jeder von uns geht Risiken ein, manchmal sogar ohne dass es uns bewusst ist. Manchmal meinen wir, sie wären nicht groß, nicht schwierig oder nicht spektakulär genug, um die Bezeichnung »Risiko« zu verdienen. Doch jedes Mal, wenn wir diese Risiken würdigen, wie geringfügig sie auch sein mögen, schaffen wir ein solides Fundament, auf dem wir in Zeiten der Angst aufbauen können. Wir wissen, dass Verlass auf uns ist, wenn es gilt, unbeirrt unseren Weg zu gehen, und glauben daran, dass wir einen wichtigen Beitrag leisten können, wenn wir bereit sind, wir selbst zu sein. Das ist das größte Risiko, das es gibt. Ein Risiko einzugehen heißt, für unser wahres Selbst zu kämpfen, für das Selbst, das zu träumen wagt. Sie haben die Formel, die man für den wahren Lebenserfolg braucht: Wagen Sie es.

ANGSTKILLER-ÜBUNG

Um sich optimal darauf vorzubereiten, Risiken einzugehen, listen Sie nun alle Situationen in Ihrem Leben auf, die Sie gern verändern würden.

- Nennen Sie drei Situationen in Ihrem Leben, die in Ihren Augen mit dem größten Risiko behaftet sind.
- Was macht sie so riskant?
- Auf welche Elemente dieser Situationen haben Sie Einfluss?
- Was entzieht sich Ihrer Kontrolle?
- Sammeln Sie spontan und ohne zu werten zehn Ideen, was Sie tun könnten, um eine Situation zu ändern, auf die Sie ein gewisses Maß an Einfluss haben. Bitten Sie Ihre Angstkiller-Team, Ihnen beim Brainstorming zu helfen.
- Sammeln Sie spontan und ohne zu werten mindestens zehn Ideen, was Sie tun könnten, um eine Situation zu ändern. die sich, wie Sie meinen, Ihrer Kontrolle entzieht.
- Worin unterscheiden sich die Bereiche, die Sie beeinflussen bzw. nicht beeinflussen können? Geld? Autorität? Regeln? Beziehungen? Familie?
- Akzeptieren Sie die Bereiche, die sich Ihrer Kontrolle entziehen, und halten Sie nach Möglichkeiten Ausschau, sich zu stärken und Ihr Leben selbst in die Hand zu nehmen. Lesen Sie noch einmal die Abschnitte über den eigenen Weg und das, was Sie loslassen sollten. Schreiben Sie mindestens drei Würdigungen in diesen Bereichen auf, um sich den Rücken zu stärken. Denken Sie daran: Wenn wir unser Augenmerk ständig auf das Warum richten, haben wir keine Kontrolle über eine Situation und verschwenden kostbare Ressourcen, nämlich unsere Energie, unsere Kreativität und unsere Zeit.

- Wählen Sie unter den zehn Aktivitäten eine aus dem Bereich aus, auf den Sie ein gewisses Maß an Einfluss haben, und beschäftigen Sie sich in den nächsten drei Tagen damit. Wenn Sie schon immer Klavier spielen wollten, rufen Sie im Musikladen an und erkundigen Sie sich, was es kosten würde, ein Instrument zu leihen. Wenn Sie sich einsam fühlen, nachdem Sie gerade eine Beziehung beendet haben, schließen Sie sich Menschen mit gleichen Interessen an – einer Gruppe von Umweltschützern, die unentgeltlich die Grünanlagen säubern, Wanderern, dem Laientheater in Ihrer Gemeinde, einem Stammtisch für Alleinerziehende. Wenn Sie merken, dass Sie den falschen Beruf gewählt haben, eröffnen Sie ein Sparkonto, um sich das nötige finanzielle Polster zuzulegen und umzusatteln. Risiken einzugehen bedeutet oft, dass man einen Weg in kleinen Schritten geht. Das Ergebnis ist genauso gut, als würde man mit einem Riesensatz über den Abgrund springen, wenn es nicht anders geht.
- Wählen Sie unter den zehn Aktivitäten eine aus dem Bereich aus, der sich Ihrer Kontrolle entzieht, und beschäftigen Sie sich in den nächsten vierundzwanzig Stunden damit. Sie sollen nicht darüber nachdenken, sie nicht bewerten und nicht darüber debattieren. Tun Sie einfach das, was Sie sich vorgenommen haben. Wenn Sie das Gefühl haben, in puncto Vermögenssteuer zu hoch veranlagt worden zu sein, rufen Sie einen Makler an und lassen Sie Ihre Immobilie schätzen. Wenn Ihre Familie vorbelastet ist und Sie gerade erfahren haben, dass auch Sie an Diabetes leiden, beschaffen Sie sich Informationen und nehmen Sie Kontakt zu einer Selbsthilfegruppe auf. Wenn Sie sich Sorgen machen, wie das Wetter am Tag Ihrer Hochzeit sein wird, die Sie im Garten feiern wollen, mieten Sie vorsichtshalber einen Saal dazu, in den Sie bei Regen ausweichen können.

Wenn wir Bewegung in einen Bereich bringen, in dem wir uns im Kreis drehen und machtlos fühlen, werden wir feststellen, dass wir mehr Macht besitzen, als uns bewusst ist.

Die Gefahrenzone

Die Aktivitäten im Rahmen dieser Angstkiller-Übung tragen entscheidend dazu bei, dass Sie die Angst in den Griff bekommen und den Mut aufbringen, ein Risiko einzugehen. Wie der Dichter Ralph Waldo Emerson sagte: »Tu das, was dir Angst macht, und der Tod der Angst ist dir gewiss.« Die Angst vor dem Unbekannten verliert sich, sobald Sie es kennen und damit vertraut geworden sind. Dieser Prozess ist jedoch kein »Selbstläufer«. Der Übergang zwischen dem Menschen, der Sie waren, und dem Menschen, der Sie werden wollen, erzeugt Angst. Wir fühlen uns nicht wohl in unserer Haut, geraten in die »Gefahrenzone«. Wir erkennen uns oft selbst nicht mehr wieder, wissen nicht mehr, wer wir wirklich sind. Am liebsten würden wir rufen: »Hallo! Ist mein wahres Ich zu Hause?«

Diese Identitätskrise ist ganz normal. In dieser Übergangsphase entwickeln wir eine neue Selbstdefinition, der wir unsere Aktivitäten, Verhaltensweisen und Gedanken Schritt für Schritt anpassen. Der Gedanke, unser altes vermeintliches Ich aufzugeben, um unser wahres Ich anzunehmen, kann bedrohlich sein. Mit an Sicherheit grenzender Wahrscheinlichkeit wird er das Rad der Angst in Bewegung setzen. Lassen Sie sich dadurch nicht beirren, Ihren Weg zu gehen; das Rad der Angst hat Sie schon viel zu oft daran gehindert. Sie werden Ihrer Angst leichter Herr, wenn Sie die drei Phasen kennen, die Risikofreudige in der Regel erwarten.

Phase 1: An die Botschaften der Vergangenheit glauben

Wenn Sie ein Risiko eingehen, tauchen die alten Ängste wieder aus der Versenkung auf. »Du bist ein Versager, hast du das vergessen?«, flüstern sie Ihnen zu. »Warum legst du es darauf an, verletzt zu werden? Versuch es lieber gar nicht erst. Du möchtest dich doch nicht lächerlich machen, oder? Erinnerst du dich an das letzte Mal, als du mit einem Mann ausgegangen bist? Er hat sich nie wieder bei dir gemeldet! Und was war mit deinem Nebenjob? Ein absoluter Reinfall. Warum bist du nicht zufrieden mit dem, was du hast?«

Martas Botschaft aus der Vergangenheit war ziemlich eindeutig: »Weißt du nicht mehr, dass dir dieser bekannte Agent vor zwanzig Jahren bescheinigt hat, deine Stimme sei nichts Besonderes? Er muss es schließlich wissen.« Damit kam ihre Karriere zum Stillstand. Diese Botschaft aus der Vergangenheit hätte auch den zweiten Anlauf ausgebremst, aber durch die Arbeit an sich selbst wusste sie, dass es lediglich ihr Rad der Angst war, das sie vor einer potenziellen Gefahr warnte. Diesmal entschied sie sich für das Risiko, statt auf Nummer sicher zu gehen.

Schenken Sie den Botschaften aus der Vergangenheit keinen Glauben, denn sonst liebäugeln Sie mit der Angst. Vielleicht gelingt es Ihnen, die Angst in Schach zu halten, aber das hat nichts mit Meistern zu tun. Die Angst in Schach zu halten ist nur eine zeitweilige Lösung, als würden Sie den Dampfkochtopf mit einem Deckel versehen, der nicht richtig schließt, sodass der Topf früher oder später explodieren muss. Die Angst meistern heißt sie akzeptieren, zu ihr stehen und sie nicht als *Feind*, sondern als *Verbündeten* betrachten. Es ist eine Ironie des Schicksals, dass die Angst mächtiger ist als je zuvor, wenn Sie sich auf dem Weg der Freiheit befinden.

Das sollte Sie nicht überraschen. Die Angst versucht Sie in Watte zu packen und vor jedem Risiko zu bewahren. Kehren Sie nicht um, denn die Angst bestätigt nur, dass Sie wachsen und sich weiterentwickeln. Wenn Sie Ihren Weg unbeirrt fortsetzen, wird die Angst irgendwann die Macht über Sie verlieren, Ihnen keine Knüppel mehr zwischen die Beine werfen und sich in einen Impuls verwandeln, der Sie vorwärts treibt. Das kann ich Ihnen versprechen.

Phase 2: Sich wie ein Hochstapler oder Dilettant vorkommen

Wenn Sie etwas Neues versuchen, haben Sie vielleicht das beklemmende Gefühl, ein Dilettant zu sein. Sie möchten Romane schreiben, aber wenn Sie anfangen, Ihre Abende damit zu verbringen, Ihren Handlungsstrang und die Personen zu skizzieren, entwerten Sie sich selbst: Joyce Carol Oates schreibt Romane. Günter Grass schreibt Romane. Marguerite Duras schreibt Romane. Das sind echte Schriftsteller, während Sie nur dilettieren. Dass Sie damit Ihre Kreativität, Ihre Selbstachtung und Ihre Produktivität nicht gerade fördern, versteht sich von selbst.

Ginger, eine Klientin, ist ein anschauliches Beispiel dafür. Sie verkauft mit beachtlichem Erfolg Kosmetikartikel, kam aber zu mir, weil sie sich nicht dazu aufraffen konnte, weitere Beraterinnen zu rekrutieren, um zu expandieren. »Meine Nachbarin stellte sich als Gastgeberin für eine Präsentation zur Verfügung, um den Umsatz anzukurbeln, als ich vor neun Monaten mit dem Verkauf anfing«, sagte Ginger. »Der Abend war ein Riesenerfolg, und ich gewann mehrere gute Kundinnen. Das machte mir Mut. Ich ließ Handzettel drucken. Das Ergebnis war, dass ich meinen Kundenstamm beträchtlich ausweiten konnte, und die Mund-zu-Mund-Propaganda tat ihr Übriges. Ich habe mein persönliches Umsatzziel sogar noch übertroffen. Aber ich bringe es nicht fertig, irgendwelche Frauen anzurufen und mich als die große Verkaufstrainerin anzupreisen. Ich hätte das Gefühl, ihnen etwas vorzumachen. Alles, was ich weiß, habe ich in der Praxis gelernt, und die habe ich erst seit ein paar Monaten. Wer bin ich, um mich als Expertin auszugeben?«

Ich arbeitete mehrere Wochen mit Ginger. Sie war bei ihrer Arbeit zu sehr auf das Ziel fixiert und maß ihre berufliche Erfahrung an der Zeit statt an der Qualität ihrer Leistungen. Wir kamen ihren Erwartungen und ihrem Rad der Angst auf die Spur. Sie zögerte noch und war nicht restlos überzeugt, dass ihr das Fearless-Living-Programm helfen könne; doch dann nahm sie sich vor, ihr Gefühl der Unzulänglichkeit zu ignorieren, sich auf das Risiko einzulassen, ihrer inneren Verpflichtung zu folgen und ihren Weg zu gehen. Der erste konkrete Schritt bestand darin, eine potenzielle Kundin anrufen und über die Zufriedenheit und den Erfolg zu sprechen, die Ginger als Beraterin hatte. Diese Aktivität stimmte mit ihrem Rad der Freiheit und den selbstbestimmten Verhaltensalternativen überein. Ginger wählte die Nachbarin aus, bei der die Kosmetikpräsentation stattgefunden hatte.

In der darauf folgenden Woche berichtete sie: »Ich habe mich an Ihren Rat gehalten; sie fand das so toll, dass sie unbedingt wissen wollte, wie ich Kosmetikberaterin geworden war. Ich erzählte ihr, dass ich eine Tätigkeit ausüben wollte, bei der ich mich auch als Mensch weiterentwickeln und anderen Frauen helfen kann, das Beste aus sich zu machen. Sie gestand mir, das sei auch ihr Traum. Ich wusste, hier bot sich eine Gelegenheit, über mich selbst hinauszuwachsen und etwas zu riskieren. Ich sagte ihr, dass ich gerade weitere Beraterinnen suche. Sie war Feuer und Flamme. Am Wochenende wollen wir uns zusammensetzen, um die Einzelheiten zu besprechen. Aber um ehrlich zu sein, ich fühle mich immer noch wie eine Dilettantin. Sogar bei unserem Telefongespräch, als sie so begeistert war, dachte ich: ›Wieso bildest du dir ein, du könntest ihr etwas beibringen?‹«

Ginger befindet sich mit dieser Einstellung in guter Gesellschaft. Die meisten Leute machen ähnliche Erfahrungen an dieser Kreuzung auf ihrem Weg der Freiheit. Ich gratulierte ihr zu der mutigen Initiative und spornte sie an weiterzumachen, ungeachtet ihrer Gefühle und Gedanken. Wenn Sie sich wie ein Hochstapler oder Dilettant vorkommen, sollen Sie es genauso halten. Die Angst will einen neuen Versuch starten, um Ihnen ein Bein zu stellen, damit Sie im alten Trott verharren und auf der sicheren Seite des Lebens bleiben. Wenn Sie nicht verstehen, dass sich das Rad der Angst wieder dreht, könnten Sie zu der Schlussfolgerung gelangen, dass Ihre Intuition Sie warnen will, diese Chance zu ergreifen. Die Intuition schwächt Sie aber nicht, sondern unterstützt Sie darin, Ihren Weg zu gehen. Das Gefühl, unter falscher Flagge zu segeln oder ein Lügner zu sein, zehrt aber fraglos an Ihren Kräften. Sie zögern, haben das Bedürfnis, Ihr neues Ich aufzugeben und zum alten, vertrauten zurückzukehren. Sie ertappen sich bei dem Gedanken: »Was glaubst du denn, wer du bist? Das schaffst du nie!« Aber wann ist der richtige Zeitpunkt gekommen? Marta schob ihre Karriere immer wieder auf die lange Bank, weil ihr der Zeitpunkt nicht richtig erschien. Sie hatte den Anspruch an sich selbst, es müsse alles perfekt sein, um vor sich selbst und anderen bestehen zu können.

Aber selbst dann, wenn wir meinen, es sei alles unter Kontrolle, schwindet das Gefühl nicht, unter falscher Flagge zu segeln oder ein Dilettant zu sein. Die Angst, zu versagen und dabei entlarvt zu werden, ist ein Produkt unserer gesammelten konditionierten Überzeugungen und Denkmuster; sie reden uns ein, dass wir uns eine neue Identität zugelegt haben, die wir nicht ausfüllen können.

Es gibt keinen richtigen Zeitpunkt, um Ihre wahre Natur voll zur Entfaltung zu bringen. Die Angst kann Ihnen immer wieder einreden, noch zu warten, sich in Geduld zu fassen: »Du hast genug Zeit, jemanden kennen zu lernen, der dir gefällt, zu studieren oder beruflich umzusatteln.« Aber Sie und ich wissen, dass wir den Absprung nie schaffen, wenn wir warten und warten. Ginger unternahm etwas: Sie konzentrierte sich auf die WAGE-Formel und die selbstbestimmte, zu ihrem Rad der Freiheit gehörende Liste mit Verhaltensalternativen. Es dauerte nicht lange, und sie hatte vier produktive Mitglieder in ihrem Verkaufsteam, denen sie Unterstützung und Orientierungshilfen bot – und sie glaubte nicht länger, eine Dilettantin zu sein. »Ich bin gut in meinem Job. Das weiß ich inzwischen«, sagt sie. »Es gibt nichts, was mich aufhalten könnte. Ich habe es auf den pinkfarbenen Cadillac abgesehen, der den absoluten Spitzenverkäufern bei meinem Kosmetikhersteller vorbehalten ist. Und selbst wenn ich ihn nicht bekomme, bin ich zufrieden. Ich wachse als Mensch, liebe meine Arbeit und bin stolz auf meine Mannschaft. Das ist es, was im Leben wirklich zählt!«

Phase 3: Sich verloren fühlen

Verwirrung, Orientierungslosigkeit, die Unfähigkeit, eine Entscheidung zu treffen: All das kann uns treffen, wenn wir ein Risiko eingehen. Die Benommenheit, eine Art emotionales Schwindelgefühl, stellt sich unweigerlich auf dem Weg in eine Welt ein, die uns unbekannt ist. Wir wissen nicht mehr, wo uns der Kopf steht. Setzen Sie Ihren Weg trotz aller Bedenken unbeirrt fort. Sie sind nur ein weiteres Warnsignal, mit dem Ihr Rad der Angst Sie darauf aufmerksam macht, dass Sie dabei sind, Ihre Wohlfühlzone zu verlassen. Erst in dem Moment, in dem Sie sich Ihrer eigenen Identität nicht mehr sicher sind, können Sie wirklich frei wählen, wer Sie sein wollen. Es wird nicht lange dauern, bis Sie Ihr Gleichgewicht wieder gefunden und Tritt gefasst haben.

Wie Brent, ein Klient, der seit frühester Kindheit auf den Tag »getrimmt« worden war, an dem er das Familienunternehmen übernehmen würde. »Mein Vater war ein brillanter Geschäftsmann, das reinste Energiebündel«, erzählte er. »Als er seine Import-Export-Firma gründete, war er noch nicht einmal dreißig und verdiente bereits ein Vermögen. Ich bin der älteste Sohn, und es wurde erwartet, dass ich in seine Fußstapfen trete. Schon als Kind nahm er mich mit und zeigte mir das Reich, das mir eines Tages gehören würde. Der Kronprinz zu sein kam mir zunächst wie das Paradies auf Erden vor, doch nach dem College merkte ich schon in der ersten Woche, dass sein Traum nicht mein Traum war. Aber wie sollte ich ihm das schonend beibringen? Ich meine, ich hatte keine Vorstellung, was ich mit meinem Leben anfangen wollte. Was ich werden sollte, wenn nicht sein Nachfolger. Ich überlegte, was mir als Kind Spaß gemacht hatte. Plötzlich fiel mir eine Fernsehsendung ein, die ich im Discovery Channel gesehen hatte, als ich ungefähr acht war. Es ging um die unberührte Natur, um Berge und Flüsse, das hatte mich fasziniert. In dem Moment wurde mir klar, dass ich im Umweltschutz arbeiten wollte. Das war mein Weg, aber wie sollte ich ihn verwirklichen? Ich würde mir das Studium selbst finanzieren müssen; mit Unterstützung konnte ich nicht rechnen. Meine Eltern würden am Boden zerstört sein, wenn sie das erfuhren. Und mein Vater hatte schwer gearbeitet, um das Unternehmen aufzubauen. Ich konnte mich doch nicht einfach aus der Verantwortung stehlen. Er verließ sich auf mich.«

Brent begann mit dem Programm und begann mit einer kleinen Veränderung in seiner Freizeit. Er arbeitete an den freien Wochenenden ehrenamtlich in einer Umweltschutzorganisationen mit – genau das, wovon er immer geträumt hatte. Nach und nach wurde ihm bewusst, dass er die Arbeit in der Firma seines Vaters aufgeben musste. Dann wurde Brent eine feste Anstellung bei einer Umweltschutzorganisation angeboten, was den

Absprung erleichterte. Er nahm sich vor, seinem Vater reinen Wein einzuschenken, und rüstete sich für die Stunde der Wahrheit.

Als er die Enttäuschung seines Vater sah, zögerte Brent; er wusste nicht mehr, was richtig oder falsch für ihn war. Die Erwartungen seines Vaters waren so lange eine Realität und Orientierungshilfe für ihn gewesen, dass er sich ohne sie verloren vorkam. Statt seinen Standpunkt mit Nachdruck zu vertreten, ließ er sich um ein Haar zum Bleiben überreden. Zum Glück schaffte er den Absprung doch noch. Binnen kurzer Zeit hatte er seinen eigenen Weg gefunden.

Solche Orientierungsprobleme sind keine Seltenheit. Sie verlieren den Überblick, fühlen sich verunsichert. Das Gefühl der Angst und das Bedürfnis nach Freiheit halten sich die Waage, die Fäden geraten durcheinander. Wenn Sie nicht mehr wissen, wo oben und unten ist, halten Sie inne. Atmen Sie tief durch. Lassen Sie alles Revue passieren, was mit Ihrem Rad der Angst und dem Rad der Freiheit verbunden ist. Untersuchen Sie die Gefühle, die Sie hinsichtlich des Konflikts haben: Wenn Sie unter Zeitdruck, Stress oder dem Zwang stehen, umgehend zu handeln, weil Sie etwas versäumen könnten, ist das ein Zeichen, dass Ihr Rad der Angst das Kommando übernommen hat. Wenn dagegen Gelassenheit und Vorfreude überwiegen, hat Ihr Rad der Freiheit die Oberhand. Es wird Ihnen zunehmend leichter fallen, den Unterschied zu erkennen. Denken Sie daran, dass es sich auch hier wieder um einen Lernprozess handelt, den Sie durch fortwährende Übung in Ihren Alltag integrieren.

Als ich das letzte Mal von Brent hörte, war er Leiter einer Gruppe von Umweltschützern, die in den Wäldern an der pazifischen Nordwestküste eine Bestandsaufnahme durchführten. Brent musste zu seiner Überraschung feststellen, dass sein Vater keinen Groll mehr gegen ihn hegt, sondern im Gegenteil stolz auf die Pionierarbeit seines Sohnes ist.

ANGSTKILLER-ÜBUNG

Die folgende Übung hilft Ihnen, Ihren Weg weiterzugehen, wenn die drei Phasen der Gefahrenzone Sie auf eine harte Probe stellen und Sie den Botschaften der Vergangenheit Glauben schenken, sich wie ein Hochstapler oder Dilettant vorkommen und das Gefühl der Orientierungslosigkeit haben.

- Wie würde ich mich fühlen, wenn ich mir selbst jeden Tag Lob und Anerkennung ausspräche?
- Wie würde sich mein Leben verändern, wenn ich mir jeden Tag bewusst machte, wofür ich dankbar sein kann?
- Was würde ich erreichen, wenn ich Herr meiner Zeit wäre, statt mich von ihr beherrschen zu lassen?
- Wie würde sich mein Leben in einem Monat verändern, wenn ich die Übungen in diesem Buch gewissenhaft machte? In einem halben Jahr? In einem Jahr?
- Welche Übung will ich heute in Angriff nehmen und beenden?
- Heute werde ich fünf Minuten lang ...
- Ich werde einem Mitglied meines Angstkiller-Teams sagen, welche Übungen und Arbeit an mir selbst ich mir täglich und wöchentlich zur Pflicht gemacht habe. Wenn es mir nicht gelingt, diesen »Vertrag« zu erfüllen, werde ich die Verantwortung dafür übernehmen und die Bedingungen notfalls neu aushandeln.
- In einem Jahr möchte ich sagen können: ...
- Dazu muss ich ...
- Blicken Sie in den Spiegel und wiederholen Sie jeden Tag laut: »Ich bin gewillt und bereit, angstfrei zu leben.«
- Das Wichtigste an einem angstfreien Leben ist für mich ...

Heimkehr ohne Angst

Ich hoffe, dass Sie die oben beschriebene Übung und alle anderen Angstkiller-Übungen durchführen, nicht nur einmal, sondern immer wieder – immer dann nämlich, wenn Ihr Rad der

Angst aktiviert ist. Ich kann aus eigener Erfahrung bestätigen, dass dieser fortwährende Lernprozess funktioniert. Ich bin meine beste Schülerin geworden. Ich habe jede Übung meines Fearless-Living-Programms durchgearbeitet, und ich lese auch heute noch jeden Tag meine Zielbeschreibung und schreibe meine Danksagungen und Würdigungen. Ich führe auch heute noch mein Logbuch. Meine Karteikarte ist inzwischen ziemlich abgegriffen. Ich benutze die WAGE-Formel, wenn die Angst mich daran zu hindern droht, in der Gegenwart zu leben und auf meinem Weg voranzukommen.

So werde ich meiner wahren Natur gerecht und habe das Gefühl des Einsseins mit mir selbst. Eine tiefe Freude erfüllt meine Seele, die immer dann aus der Tiefe aufperlt, wenn ich es am wenigsten erwarte. Das geschieht ohne Vorwarnung. Das spontane Bedürfnis, zu lächeln und für alles dankbar zu sein, was ich habe oder als Herausforderung betrachte, ist ein Ziel, das zu erreichen ich nie geglaubt hätte. Als meine Eltern starben, dachte ich, mich nie mehr über etwas freuen zu können. Aber ich war bereit, mich zu irren. Ich suchte einen Weg, der mir mehr Möglichkeiten eröffnen würde. Ich fand ihn im Fearless-Living-Programm.

Der Tag, an dem ich mit letzter Klarheit erkannte, dass sich mein Leben von Grund auf geändert hatte, war das Klassentreffen zwanzig Jahre nach Beendigung der Highschool, zu dem ich in meine kleine Heimatstadt im Norden von Michigan zurückkehrte. Ich war inzwischen eine erfolgreiche Beraterin und gefragte Referentin. Meine Kassetten, Videos und Arbeitsbücher verkauften sich sehr gut. In Los Angeles, wo ich mich seit meiner Volljährigkeit häuslich niedergelassen hatte, und bei meinen Reisen durchs ganze Land zu meinen Seminaren und Vorträgen galt ich als Musterbeispiel eines angstfreien Lebens. Nicht, dass ich nie mehr Angst empfunden hätte: Angst gehört zum Leben. Aber ich stand auf vertrautem Fuß mit meinen Ängsten und wusste, wie man sie als Mitstreiter für die Sache der Freiheit gewinnt.

Aber ich war nicht auf die Erfahrung vorbereitet, mit meiner Angst genau in dem Umfeld konfrontiert zu werden, in dem sie entstanden war. Als ich dem Organisationskomitee meine Zusage schickte, dachte ich nur daran, wie aufregend es sein würde, meine ehemaligen Mitschüler wieder zu sehen und ihnen zu zeigen, dass sich für mich letzten Endes doch noch alles zum Guten gewendet hatte. Es ging mir so gut, dass ich sogar beschlossen hatte, in einem Motel meines Heimatorts einen Vortrag zum Thema angstfreies Leben zu halten. Ich hatte dort einen Raum gemietet und Informationsmaterial an die Radiostationen in der Region, die einzige Fernsehstation und die Zeitung geschickt. Ich konnte es kaum noch erwarten, mein Programm einem Kreis von Menschen vorzustellen, die mich von früher kannten, als ich von Angst besessen und unfähig war, die Familientragödie zu verkraften.

Am Flughafen nahm ich einen Mietwagen, und als ich die Straße erreichte, die zu beiden Seiten von den vertrauten majestätischen Kiefern gesäumt war, an dem Ort, wo ich meine Kindheit und Jugend verbracht hatte, überkam mich mit einem Mal die alte Angst. Ich war eine Versagerin. Ich war wertlos. Was ich gelernt und in meinem Vortrag zu sagen hatte, erschien mir völlig ohne Belang. Ich würde mich zum Gespött der Leute machen. Bei dem Gedanken brach mir der kalte Schweiß aus. Als ich auf den Parkplatz des Motels einbog, hatte ich mich schon in meine Angst hineingesteigert. Doch dann hielt ich inne.

WAGE, Rhonda, WAGE, sagte ich mir. »W«: Wirf die Gewohnheit über Bord, dich auf das Ergebnis zu fixieren! Keine Erwartungen! Was war schon dabei, wenn außer Onkel David und Onkel Evald, die versprochen hatten, mit beim Aufstellen der Stühle zu helfen, niemand kam? Vielleicht entdeckten die beiden etwas in meiner Botschaft, das für ihr Leben von Nutzen war. Was war schon dabei, wenn außer ihnen nur noch Leute auftauchten, die meine Eltern gekannt hatten und sehen wollten, was aus der selbstmordgefährdeten kleinen Waise geworden war, die jetzt in Los Angeles lebte und nur Flausen im Kopf hatte? Vielleicht kaufte der eine oder andere das Programm auf Video und beschloss, sein Leben zu verändern. Ich holte meine Wegbeschreibung heraus und las sie mir laut vor.

Dann überdachte ich das »A«: Achte darauf, immer deinen eigenen Weg zu gehen. Ich gab das Seminar nicht, um mich wichtig zu machen. Ich wollte nicht beweisen, dass ich besser als meine ehemaligen Klassenkameraden war. Ich hatte nicht vor, Hinz und Kunz mit meinen Erfolgen zu beeindrucken. Ich hielt den Vortrag, weil ich an meine Botschaft glaubte und sie den Bewohnern meiner Heimatstadt nahe bringen wollte, genau wie anderen Menschen an anderen Orten.

Was das »G« anging – Gib der Wahrheit eine Chance und mach dich für sie stark –, so listete ich fünf Danksagungen auf, die mich zu meiner Mitte und meiner wahren Natur zurückbrachten, darunter: »Heute bin ich für die Chance dankbar, andere an meinem Fearless-Living-Programm teilhaben zu lassen.«

Und schließlich kam das »E« an die Reihe: Erinnere dich daran, dem freundlichen Umgang mit dir selbst und anderen Priorität einzuräumen. Ich hörte bewusst auf, mich zu entwerten und klein zu machen. Wenn mein Gehirn einen Gedanken wie »Warum hast du dich überhaupt darauf eingelassen?« zu formulieren begann, stellte ich ihn in einen konstruktiven Rahmen: »Ich lobe mich dafür, dass ich das Risiko eingegangen bin, mich lächerlich zu machen, weil ich glaube, dass ich mit meinem Programm anderen helfen kann, sich selbst zu helfen.«

Onkel Evald stellte die Stühle auf. Onkel David arrangierte die Kassetten, Videos und Arbeitsbücher auf einem Tisch. Die beiden redeten nicht viel. Aber sie machten ohnehin nicht gern große Worte; die Kommunikation beschränkte sich auf ein paar Scherze, die ich als kaum verhohlene Demütigung empfand. Schweigen war immer noch besser als Kritik. Die Uhr tickte. Endlich war es so weit, wir konnten aufsperren. Wir hatten vierzig Stühle aufgestellt. Ich rechnete mit maximal zehn Zuhörern.

Als die Tür aufging, war ich völlig perplex. In der Halle und rund um den Swimmingpool des Motels hatte sich eine Schlange gebildet. Ich erkannte das eine oder andere Gesicht, aber es waren auch viele Fremde darunter, Touristen aus Detroit und Chicago, wie sich herausstellte, auf dem Weg in den Urlaub zu einem der Großen Seen. Die vierzig Plätze waren schnell belegt. Das Hotelpersonal schaffte weitere Sitzgelegenheiten herbei und brachte es auf insgesamt fünfundsechzig. Zehn Zuhörer, die leer ausgegangen waren, nahmen mit einem Stehplatz an der Rückwand vorlieb, nur um meinen Vortrag nicht zu verpassen.

Von der Begeisterung beflügelt, die ich bei den Zuhörern spürte, und durch ein schnelles, stummes Abhaken der WAGE-Checkliste angespornt, übertraf ich mich selbst und lieferte die beste Präsentation meines Lebens. Nach dem Vortrag gingen die mitgebrachten Bücher und Kassetten weg wie warme Semmeln, die Leute kamen, um Bestellungen aufzugeben, sich zu bedanken und mich um ein Autogramm zu bitten.

Tammy, meine Freundin aus der Highschool, mit der ich bei der Beerdigung meiner Mutter »I honestly love you« gesungen hatten, kam als Letzte, um mich zu begrüßen. Wir fielen uns in die Arme und vergossen Freudentränen.

»Ich leite eine Agentur für Zeitarbeit in Atlanta«, erzählte sie mir. »Einmal im Jahr findet dort eine überregionale Fachtagung statt. Du musst dieses Jahr unbedingt kommen und einen Vortrag halten. Gerade in meiner Branche kann man von deinem Fearless-Living-Programm profitieren. Aber das gilt im Grunde für jeden. Du bist schließlich der beste Beweis dafür, was man damit bewirken kann.«

Und dann kam mein Onkel Evald zu mir, der die Stühle aufgeräumt hatte, als der Saal leer war. Er räusperte sich. Dann lächelte er, was selten vorkam, und machte mir eines der größten Komplimente, die ich je erhalten habe: »Gut gemacht, Mädel!« Onkel David nickte zustimmend. Diesmal war es an mir, sprachlos zu sein. Aber meine Augen füllten sich mit Tränen, so dankbar war ich für dieses Lob.

Am Abend fand als krönender Abschluss der Wiedersehensfeier der Schulball statt, und ich tanzte. Die alte furchtsame Rhonda gehörte der Vergangenheit an. Die furchtlose Rhonda stand mit beiden Beinen in der Gegenwart, lachte, liebte und fühlte sich geliebt, als sie ihr neues Leben feierte.

Zukunftsvision ohne Angst

Stellen Sie sich vor, was in einem Jahr sein wird. Sie haben nicht mit Lob und Anerkennung gegeizt, um sich und Ihre Verdienste zu würdigen. Die Danksagungen sind Ihnen in Fleisch und Blut übergegangen, sodass sie Ihnen auf Anhieb einfallen, wenn Sie sich hinsetzen, um sie aufzuschreiben. Sie haben Ihre Wegbeschreibung verinnerlicht, die zu einem unverzichtbaren Element Ihres Alltags geworden ist. Das Logbuch des Lebens ermöglicht Ihnen, Zeit für die Dinge zu erübrigen, die Sie wirklich anstreben, und zu erkennen, dass Sie selbst für Ihr Leben verantwortlich sind. Wenn Sie auf das vergangene Jahr zurückblicken, wird Ihnen bewusst, dass die Angstkiller-Übungen in Ihrem Archiv gespeichert sind – als mentale Datei, auf die Sie jederzeit zugreifen können, um die kleinen und großen Veränderungen in Ihrem Leben schwarz auf weiß vor sich zu sehen. Sich darauf zu programmieren ist leichter geworden, genauso wie die Rückbesinnung auf Ihre wahre Natur. Das Gefühl des Einsseins mit sich selbst ist der Zustand, in dem Sie sich überwiegend befinden.

Sie haben Ihre Gewohnheit über Bord geworfen, sich von anderen abhängig zu machen, anderen den schwarzen Peter zuzuschieben, Klagelieder zu siegen, etwas persönlich zu nehmen, Ihre innere Kraft zu vergeuden, sich zu entwerten und kleiner zu machen, als Sie sind, Komplimente abzuschmettern, sich Chancen entgehen zu lassen, Zeit zu verschwenden und Groll, Bitterkeit oder Wut in sich hineinzufressen. Sie haben den Anspruch losgelassen, perfekt zu sein und alles unter Kontrolle zu haben. Dank Ihrer täglichen »Hausarbeit« haben Sie einen konkreten Nachweis für diese bahnbrechenden Veränderungen in Ihrem Leben geschaffen. Herzlichen Glückwunsch!

Ihr Rad der Angst dient nur noch dazu, Ihnen bewusst zu machen, dass Sie immer mehr der Mensch werden, der zu sein Ihnen bestimmt ist, und dass Sie Ihr Potenzial voll entfalten. Die selbstbestimmten Verhaltensalternativen auf dem Rad der Freiheit sind Ihnen in Fleisch und Blut übergegangen, genau wie das selbstbestätigende Verhalten. Sie haben die Fesseln, die

Ihnen sagen, wie Sie sich verhalten »sollten«, gesprengt und erkannt, dass die Wahl ganz allein bei Ihnen liegt. Sie haben gelernt, einfühlsam und selbstverantwortlich zu handeln, sodass Sie sich selbst (und anderen) die verdiente Verschnaufpause gönnen, aber weder sich noch andere als unverbesserlich abschreiben. Sie verstehen genau, was es bedeutet, hundertprozentig in alles zu investieren, wovon Sie träumen, sich aber nicht daran zu klammern. Es ist spannend, einen Blick in die Zukunft zu werfen, um zu ergründen, was für ein Mensch Sie in einem Jahr sein werden. Wenn Sie in den Spiegel schauen, sind Sie stolz darauf, sich zu kennen. Sie fühlen sich bei sich selbst und in sich selbst zu Hause.

So sieht Ihre Zukunft aus, wenn ein angstfreies Leben kein abstraktes Lebensprogramm bleibt, sondern zum praktischen Lebensweg wird; darauf gebe ich Ihnen Brief und Siegel. Wenn Sie anfangen, in Ihr Leben zu investieren, wird Ihr Weg zunehmend klarer, und Sie bringen sich voll ein bei allem, was Sie tun. Denken Sie nun einen Moment darüber nach, wie sich Beruf, Freizeit, Beziehungen und Familie – alle wichtigen Aspekte Ihres Lebens – in einem Jahr verändert haben könnten. Was wäre anders, wenn Sie angstfrei leben würden? Es geht dabei nicht um Leistungen. Es kann sich um etwas ebenso Spektakuläres, aber nicht Messbares wie Seelenfrieden handeln oder um die Fähigkeit, einfühlsam mit sich selbst umzugehen oder etwas Unverzeihliches zu verzeihen.

Ich bin der festen Überzeugung: Wenn ich es geschafft habe, bei mir selbst anzukommen, können auch Sie Ihr Potenzial erfüllen, indem Sie Ihre wahre Natur leben. Früher war ich überzeugt, dass ich nicht leben wollte oder nicht zu leben verdiente. Heute liegen mir solche Gedanken fern. Ich lebe, und ich möchte so lange leben, wie es mir vergönnt ist. Ohne Angst. Und das ist der Unterschied.

Ein neuer Anfang ohne Angst

Das Fearless-Living-Programm ist mehr als ein Selbsthilfeprogramm mit einem glücklichen Ende. Es geht dabei auch um einen neuen Anfang ohne Angst. Es geht um spannende Herausforderungen, die wir annehmen, anstatt vor ihnen zurückzuschrecken. Es geht um Neugier und Kreativität ohne Angst vor Spott oder Strafe. Es geht um den Mut, zu erforschen, zu verändern, zu wachsen. Es geht darum, die unvermeidlichen Verluste des Lebens in Gewinne und die Niederlagen in Siege umzumünzen. Es geht darum, jeden Augenblick voll auszuschöpfen, statt Zeit damit zu vergeuden, das Leben auf die lange Bank zu schieben. Es geht um die Freuden des Weges und nicht um den blinden Ehrgeiz, das Ziel zu erreichen.

Wenn Sie die Angst loslassen, verwandelt sie sich in ein Leitsystem. Sie zeigt Ihnen, wo Sie etwas riskieren und wo Sie auf Nummer sicher gehen. Das ist eine natürliche Funktion der Angst. Angst ist eine Bestätigung, dass Sie wachsen und sich weiterentwickeln, denn sie beweist, dass Sie sich aus Ihrem Schutzpanzer wagen und ein Risiko eingehen. Sie haben gelernt, die Angst zu nutzen, statt sich von ihr benutzen zu lassen. Statt klein beizugeben und sich von ihr unterjochen zu lassen, erleben Sie die Angst nun als positive, innerlich beflügelnde, impulsgebende Kraft, die Sie auf Ihrem Weg voranbringt und Ihnen hilft, die gewonnene Freiheit zu bewahren.

Denken Sie an Meredith, Kara und Doug, an Connie, Ginger, Frank und Marta und an unzählige andere. Auch Ihnen wird es gelingen, ans Ziel zu gelangen, Schritt für Schritt. Ich wünsche Ihnen, dass Sie erkennen, wer Sie wirklich sind und was in Ihnen steckt. Und ich wünsche Ihnen, dass Sie jeden Tag Ihres Lebens ohne Angst, Entschuldigungen oder Reue beschließen.

Es ist Ihr Leben. Arbeiten Sie daran. Sie schaffen es.

Danksagung

Heute danke ich:

Sondra Forsyth, die selbst angesichts extremer Herausforderungen unerschrocken blieb. Als meine Mitarbeiterin richtete sie sich nach den einfachen Prinzipien des Fearless-Living-Programms. Mit ihrer Schreiberfahrung, die meine Worte tanzen ließ, fing Sondra meine Vision ein und brachte sie zum Leuchten. Ihr Glaube, ihre Unterstützung und ihre Fürsorge sind ein unermessliches Geschenk.

Linda Sivertsen, deren Begeisterung für Fearless Living meinen Vorstellungen Leben einhauchte, sodass dieses Buch Wirklichkeit wurde.

Elly Sidel, einer außergewöhnlichen Agentin. Sie begleitete mich vom ersten Schritt an durch diesen Prozess. Als meine wichtigste Power-Partnerin im beruflichen Bereich kümmert sie sich um die Einzelheiten – was es mir ermöglicht, mich auch weiterhin auf das Gesamtbild zu konzentrieren. Elly ist als Agentin und Freundin unverzichtbar.

Brian Tart, Cheflektor von Dutton Books. Brian verstand auf Anhieb meine Begeisterung für diese Arbeit und das, was ich damit zu erreichen hoffte; er hielt das Buch auf Kurs während der verschiedenen Korrekturen und Neufassungen des Manuskripts. Er war über jede Pflicht hinaus für mich da, als Gentleman, Mentor und Freund.

Jennifer Repo, Lektorin von Perigee Books. Ihre Entschlossenheit, das Fearless-Living-Programm zwischen zwei Buchdeckel zu bringen, war unerlässlich, um einen Traum zu verwirklichen.

Lisa Johnson, Kathleen Schmidt, Erin Sinesky, Robert Kempe und dem restlichen PR- und Marketingteam bei Dutton, die sich meine Botschaft zu Herzen genommen und ihre Zeit und Ressourcen darauf verwendet haben, die Werbetrommel dafür zu rühren.

Kara Howland, die Tag für Tag unzählige Details mit Charme und leichter Hand meisterte.

Der gesamten Mannschaft von Dutton für ihre liebevolle Unterstützung. Ihr habt dafür gesorgt, dass dieses Projekt reibungslos über die Bühne ging.

Und natürlich Carole Baron, Verlegerin von Dutton, die grünes Licht gab. Ich bin dankbar für ihr Vertrauen und stolz, zu ihrer Verlagsfamilie zu gehören.

Meinen Lektoren im Ausland: Danke für Ihr Engagement. Ihr Glaube an dieses Projekt verschlägt mir die Sprache. Ich danke Rowena Webb von Hodder Headline Großbritannien für ihre enthusiastische Unterstützung. Und Lisa Highton, Leiterin von Hodder Headline Australia, für ihre Bereitschaft, die Botschaft von Fearless Living auf dem fünften Kontinent zu verbreiten.

Aline Akelis, meiner für die Auslandsrechte zuständigen Agentin, die mit ihrem Engagement das Buch einem größeren, weltweiten Leserkreis zugänglich gemacht hat.

Meinem Rat der Weisen, dem ich nicht genug für die Ratschläge und fortwährenden Beiträge danken kann: Dr. Rev. Michael Beckwith, Breck Costin, Barbara Duetsch, Richard Golden, Warren Hogan, Paul Roth, Rev. Joan Steadman, Rev. Coco Stewart, Marianne Williamson und Lou Paget, Autorin von *Der perfekte Liebhaber*, die bereit war, einen Neuling an ihren unschätzbar wertvollen Erfahrungen mit Veröffentlichungen teilhaben zu lassen.

Meinen Stimmen der Erfahrung für ihre liebevolle Anleitung, Kreativität und kompetente Unterstützung: Jenna DeAngeles, Michele Cohn, Debbie Leaper, Dave Morton, Sarah Reeves-Victory, Dr. Mark Stein, Vicki Sullivan und Gary Tharler.

Meinem unterstützenden Netzwerk für die Bereitschaft, die verschiedenen Versionen dieses Buches zu lesen. Sie behandelten mich während dieses Prozesses mit liebevoller Nachsicht und beflügelten mich dazu, über mich selbst hinauszuwachsen; sie verdienen eine Eins mit Stern: Anni und Bert Atkinson, Suze Baez, Bonnie Barnard, Debbie Bermont, Greg Cortopassi, Stephanie Davis, Kathryn Fadness, Kandace Forseca, Sam Khoury, Doug Knoll, Terry Oxford, David Powell, Mark Sansoucy, Sandra Silvey, Steve Sisneros, Ras und Tina Smith, Kaiopa Stage, Kim Terranova und Jodi Walker.

Meiner *Wild Women's Writing Support Group*, die mir während der Entstehung des Buches zur Seite stand. Ich bin euch unendlich dankbar für eure Aufmunterung, eure Tipps, euer Engagement und eure Liebe: Carol Allen, Chellie Campbell, Linda Sivertsen und Victoria Loveland Coen.

Minda Burr, Stephanie Hagen und Nancy Harin, die viel in Bewegung gebracht haben.

Ein besonderes Dankeschön geht an Alexandra Reichler und ihre beiden fabelhaften Zimmergenossinnen Amy und Laura für die Gastfreundschaft in ihrem New Yorker Domizil. Und Bill und Wendy Ostlund für das Gleiche in St. Paul; ein weiteres Dankeschön an Wendy für ihre akribische Genauigkeit beim Lesen der ersten Versionen dieses Buches.

Meinen Power-Partnern danke ich für ihre fortgesetzte Unterstützung, ihr Engagement und ihren Fokus: Greg Cortopassi, Direktor von Team Works; Grant Doyle, Direktor von GetSpeakers.com; Lori Otelsberg, Direktor von Signature Entertainment; Craig Robinson und David Naishtut, Leiter von Discovery Concepts; Laura Rubinstein von LBR and Associates und meiner Marketingmanagerin Susan Guzzetta.

Herzlichen Dank sage ich Ann Ben-Porat und Joe Decker, den ersten Beratern, die eine Ausbildung am *Fearless Living Institute* gemacht haben. Ihr Engagement und Interesse an den Menschen und am Programm sind unbezahlbar.

Danken möchte ich auch meiner Assistentin Jennifer Brynes, die mich auf Trab hält, sich um meine Angelegenheiten kümmert und Spaß an der Arbeit hat.

In meinen orientierungslosen Jahre erlebte ich Augenblicke der Synchronizität, die mich auf meinem Weg voranbrachten. Damals hatte ich keine Ahnung, welche Auswirkungen sie auf mein Leben haben würden. Rückblickend danke ich folgenden Personen, die zur richtigen Zeit am richtigen Ort waren, um mir einen liebevollen Schubs, Fürsorge und Beistand oder einen klugen Rat zu geben, und mir dadurch halfen, den Sinn meines Lebens zu finden:

Sharon Eckholm Hill, die immer zur Stelle war, wenn meine Schwestern und ich einen Erwachsenen brauchten, der uns zur Seite stand, wenn es galt, eine Herausforderung zu bewältigen oder einen Erfolg zu feiern. Joe Berini, meinem Highschool-Berater, der mein Angstabzeichen erkannte und mich dazu ermutigte, mein Potenzial voll zu entfalten. Bob Caton, der mir die Augen für meine Kreativität öffnete. Bob Cooper, der mir *Leben im Licht* von Shakti Gawain lieh. Bill Gamble, der mir zur Besonnenheit riet. Maria Gobetti, die mich mit der Frage »Warum lässt du niemanden an dich herankommen?« aus meinem Dornröschenschlaf weckte. Samantha, meiner Beraterin, deren Nachnamen ich schon lange vergessen habe, für ihre Anleitung, klugen Ratschläge und das Buch *Father Loss*. Den Mitarbeitern von *Tony Roma's*, die mir immer wieder sagten, dass sie mich amüsant fanden. Laura Clear, die mich einlud, Marianne Williamson zu hören. Mark Chaet, der mich in die Welt der Beratung einführte. Gil Christner für den ersten bezahlten Job als Autorin.

Und Lisa Ferguson Lessa. Meiner ersten Klientin, die auftauchte, als ich jemanden brauchte, der mir eine Chance gab. Sie war unermüdlich in ihrem Verlangen nach Veränderung und bereit, die nötige Arbeit an sich selbst zu leisten. Lisa befreite Fearless Living aus dem Bereich der Einzelberatung: Ihre Begeisterung und Liebe zur Arbeit war für mich ein Ansporn, meinen ersten Workshop abzuhalten. Vielen Dank, Lisa, für die stetige Erinnerung, dass mein Programm dein Leben grundlegend verändert hat. Du hast dafür mein Leben verändert.

Ich danke Marta und meinen Schwestern Cindy und Linda.

Worte reichen nicht aus, um die Dankbarkeit zu beschreiben, die ich meiner besten Freundin Marta Weiskopf schulde. Sie hat meinen Wandel wie ein Schutzengel begleitet, der mich zu mir selbst zurückführen sollte. Sie teilte Freud und Leid mit mir, half mir bei der Heilung meiner Wunden und öffnete mir die Augen für die Wahrheit. Ich danke dir für die Bereitschaft, diesen Weg mit mir zu gehen. Ich danke dir dafür, dass du meine beste Freundin bist. Danken möchte ich auch ihrem Mann Kreigh, der meine nächtlichen Anrufe und Verabredungen zum

Mittagessen mit seiner Frau hinnahm, die sich zu Marathonsitzungen entwickelten. Er ist ein Mann, wie man sich ihn nur wünschen kann, und seine Beziehung zu Marta inspiriert mich. Danke, dass es euch in meinem Leben gibt.

Meine ältere Schwester Cindy war bereit, sich der Wahrheit zu stellen, sich mit ihren eigenen Ängsten zu konfrontieren und mir ihre Geheimnisse anzuvertrauen. Unsere enge Beziehung und fröhlichen Einkaufsbummel sind Erinnerungen, die ich nicht missen möchte. Ich weiß, dass ich in eurer Familie immer ein Zuhause habe, Dean, Jason, Deena und Adam. Danke, dass ihr mir meine Fehler nachgesehen und mir erlaubt habt, mich vor euren Augen zu verändern. Ihr seid echte Power-Partner.

Meine jüngere Schwester Linda erfuhr als Heranwachsende mehr Liebe und ließ mich großmütig an dieser Fülle teilhaben. Ihre aufrichtige Begeisterung für Fearless Living und ihre ununterbrochene Unterstützung sind unschätzbar wertvoll. Sie stellt meine Lesezeichen in ihren Bastelkursen aus, erzählt ihren Lehrerkollegen von meinem Buch und ist stolz auf ihre ältere Schwester. Ihre Familie, Joel, Rachel und Zachary, lässt immer einen Platz für mich bei den Weihnachtsessen frei und ist mir ein zweites Zuhause. Vielen Dank, Linda, dass du mich so akzeptierst, wie ich bin, und meine Träume unterstützt.

Meinen Eltern: Ich möchte euch für die Chance danken, eure Tochter zu sein. Unser Schicksalsweg wurde am 15. Juni 1975 eins, als Fearless Living geboren wurde. Ich brauchte lediglich eine Weile, um das zu verstehen. Euch verdanke ich, dass ich gelernt habe, dem Menschen, der ich bin, zu verzeihen, ihn zu lieben und zu akzeptieren. Danke für alles, was ihr mir zu euren Lebzeiten gegeben habt, und dafür, dass ihr nach eurem Tod über mich wacht. Ich kann aufrichtig sagen, dass ich euch liebe, ohne Zweifel, Zögern und Einschränkungen. Danke, dass ihr mich geliebt habt, so gut ihr konntet. Ich vermisse euch.

Und zum Schluss möchte ich allen danken, die meine Vorträge besucht, meine Kassetten gehört, meine Bücher gelesen, mir Gedanken oder Fragen per E-Mail geschickt, an meinen Workshops teilgenommen oder sich zu einer Einzelberatung entschlossen haben. Dieses Buch habe ich für euch geschrieben.

Das aufrichtige Interesse und der Wunsch, mehr über ein angstfreies Leben zu erfahren, haben mich dazu motiviert. Ohne
euch gäbe es kein Fearless-Living-Programm. Danke für eure
Bereitschaft, an euch zu arbeiten und mir euer Vertrauen zu
schenken. Ich finde keine Worte, um die Freude zum Ausdruck
zu bringen, die ich empfinde, wenn ich euch von innen heraus
strahlen sehe. Euer Mut berührt meine Seele. Euer Licht inspiriert mich. Danke.

Wir würden gern etwas von Ihnen hören ...

Wie hat Fearless Living Sie verändert, verwandelt oder Ihnen geholfen? Welche Eigenschaften oder Verhaltensweisen haben Sie in Ihren Alltag integriert? Wie wurden Ihre Arbeit oder Ihre häuslichen Beziehungen beeinflusst? Welche Ziele haben Sie verwirklicht, Ziele, die Ihnen vorher unerreichbar schienen? Wir würden uns freuen, mehr darüber zu erfahren!

Wir wüssten gern, welche Auswirkungen Fearless Living auf Sie und Ihr Leben hat. Wie ist es Ihnen gelungen, jeden Tag ein wenig angstfreier zu leben? Bitte schicken Sie uns Ihre Geschichte mit Namen, Adresse, Telefonnummer und E-Mail (falls vorhanden). Vielen Dank im Voraus!

Fearless Living Success Story
P.O. Box 261775
Encino, CA 91426
USA
http://www.FearlessLiving.org. Klicken Sie auf »Institute«.

Informationen erhalten Sie bei:
Fearless Living Institute, P.O.Box 261775, Encino, CA 91426
Oder auf meiner persönlichen Website:
http://www.RhondaBritten.com

Danke für Ihre Unterstützung und Ihren Enthusiasmus. Leben Sie ohne Angst!